应用型本科院校"十四五"思想政治理论课教学用书

U0653224

高校思想政治理论课
实践教程

主　　编　李明建

副主编　唐献玲　吕甜甜　程　薇

扫码加入读者圈，轻松解决重难点

南京大学出版社

图书在版编目(CIP)数据

高校思想政治理论课实践教程 / 李明建主编. —南京：南京大学出版社，2022.3(2023.7 重印)
ISBN 978 - 7 - 305 - 25254 - 9

Ⅰ.①高…　Ⅱ.①李…　Ⅲ.①思想政治教育－中国－高等学校－教材　Ⅳ.①G641

中国版本图书馆 CIP 数据核字(2021)第 277858 号

出版发行　南京大学出版社
社　　址　南京市汉口路 22 号　　　邮　　编　210093
出 版 人　王文军

书　　名　高校思想政治理论课实践教程
主　　编　李明建
责任编辑　吴　华　　　　　　　编辑热线　025 - 83596997

照　　排　南京开卷文化传媒有限公司
印　　刷　南京人文印务有限公司
开　　本　787×1092　1/16　印张 13.75　字数 326 千
版　　次　2022 年 3 月第 1 版　2023 年 7 月第 3 次印刷
ISBN　978 - 7 - 305 - 25254 - 9
定　　价　39.80 元

网　　址:http://www.njupco.com
官方微博:http://weibo.com/njupco
微信服务号:njuyuexue
销售咨询热线:025 - 83594756

教师扫码可免费
申请教学资源

前　言

　　思想政治理论课是落实立德树人根本任务的关键课程。高校思想政治理论课关系高校培养什么样的人、怎样培养人、为谁培养人这一根本问题。思想政治理论课实践教学是在思想政治理论课课堂教学内外由教师组织指导学生参与完成一定实践任务的教学活动。思想政治理论课实践教学是理论教学的延续和拓展，是思想政治理论课教学体系不可缺少的重要环节。

　　习近平总书记在学校思想政治理论课教师座谈会上强调，推动思政课改革创新要坚持理论性和实践性相统一，"思政课要用科学理论培养人，遵循不同学段学生的认知规律，把马克思主义基本原理讲清楚、讲透彻。同时，马克思主义是在实践中形成并不断发展的，要高度重视思政课的实践性，把思政小课堂同社会大课堂结合起来，在理论和实践的结合中，教育引导学生把人生抱负落实到脚踏实地的实际行动中来，把学习奋斗的具体目标同民族复兴的伟大目标结合起来，立鸿鹄志，做奋斗者"。

　　当前，一些高校思想政治理论课教学中存在重视理论教学轻视实践教学的情况，思想政治理论课铸魂育人的作用发挥不足，未能满足新时代青年大学生成长成才的需求。一些高校思政课实践教学还处在探索阶段，有的高校思政课实践教学仅是组织少数学生参观考察，或者与共青团组织的社会实践活动混同，思政课实践教学的系统化、规范化要求尚未达到。总体上看，高校思政课实践教学存在组织形式单一、实践教学主题不鲜明、师生的互动交流少、实践教学资源不足等情况，这也导致思想政治理论课实践教学的效果不佳，有待提升。

　　本书认为系统整合思想政治理论课实践教学资源，推进集中专题实践、分散个人实践、春节专项实践、学期团队实践、课程改革实践五大实践平台建设，可以有效提升思想政治理论课实践教学效果。本教材在综合实践篇部分介绍了集中专题实践、分散个人实践、春节专项实践、学期团队实践的教学方案，在课程实践篇部分结合"思想道德与法治""马克思主义基本原理""中国近现代史纲要""毛泽东思想和中国特色社会主义理论体系概论"课程教学实际编写了20个课程改革实践项目。这些项目经过多年试点，不断完善，在提升思想政治理论课实践教学效果中发挥了较好作用。

　　本书由李明建担任主编,唐献玲、吕甜甜、程薇担任副主编。李明建拟定编写大纲,制定编写计划,组织编写工作,并对全书进行统稿、定稿。李明建、唐献玲、吕甜甜、程薇、王敏、张祖晏、罗前娥、李敏、范晓丽、李利平、高飞、花俊国、朱险峰、邵焕举、周东虎、顾玲玲、王智汪、李正治、张凤莲、乔永刚、徐古祥、王四正、张红侠、赵菊连、马腾飞、裴婉婷、董千千、蒋红艳、毕书姝、陈丽杰、孙成娟、李淼、孙朝晖、刘春蕾等参加了编写工作。由于编写时间紧、任务重,编者水平有限,难免存在不足,敬请专家学者和读者朋友们批评指正。

编者

2021 年 12 月

目 录

综合实践篇

第一章　高校思想政治理论课集中专题实践教学 ……………………………… 3

实践项目一　"百年党史　砥砺奋进"集中专题调研 ………………………… 3

实践项目二　"城乡基层文化建设情况"集中专题调研 …………………… 9

实践项目三　"生态文明建设情况"集中专题调研 ………………………… 15

实践项目四　"电子商务产业发展现状"集中专题调研 …………………… 19

实践项目五　"推动实施乡村振兴战略情况"集中专题调研 …………… 24

第二章　高校思想政治理论课分散个人实践教学 …………………………… 32

第一节　思想政治理论课分散个人实践教学的制度 …………………… 32

第二节　思想政治理论课分散个人实践教学的选题 …………………… 33

第三章　高校思想政治理论课春节专项实践教学 …………………………… 39

第一节　思想政治理论课春节专项实践教学的意义 …………………… 39

第二节　思想政治理论课春节专项实践教学的组织 …………………… 42

第四章　高校思想政治理论课学期团队实践教学 …………………………… 50

第一节　思想政治理论课学期团队实践教学的组织 …………………… 50

第二节　思想政治理论课学期团队实践教学的选题 …………………… 58

课程实践篇

第一章　《思想道德与法治》课程实践项目 ………………………………… 66

实践项目一　校园热点微评 ………………………………………………… 66

实践项目二　户外经典诵读 70

实践项目三　道德与法治案例分析 84

实践项目四　"德法"课学习汇报演出 92

第二章　《马克思主义基本原理》课程实践项目 98

实践项目一　哲理诗画作品创作 98

实践项目二　经典著作读书报告会 101

实践项目三　社会热点分析 107

实践项目四　"原理"课学习汇报演出 112

第三章　《中国近现代史纲要》课程实践项目 117

实践项目一　近现代史演讲(诵读)作品创作 117

实践项目二　近现代史人事评说 121

实践项目三　近现代史好书好文推荐 126

实践项目四　近现代史情景剧 132

实践项目五　"纲要"课学习汇报演出 165

第四章　《毛泽东思想和中国特色社会主义理论体系概论》课程实践项目 ... 169

实践项目一　走近马克思主义者 169

实践项目二　时事政治评论 173

实践项目三　我为地方发展献计策 176

实践项目四　中国发展作品创作 181

实践项目五　社会调查研究 185

实践项目六　热点问题分析 199

实践项目七　"概论"课学习汇报演出 202

参考书目 212

综合实践篇

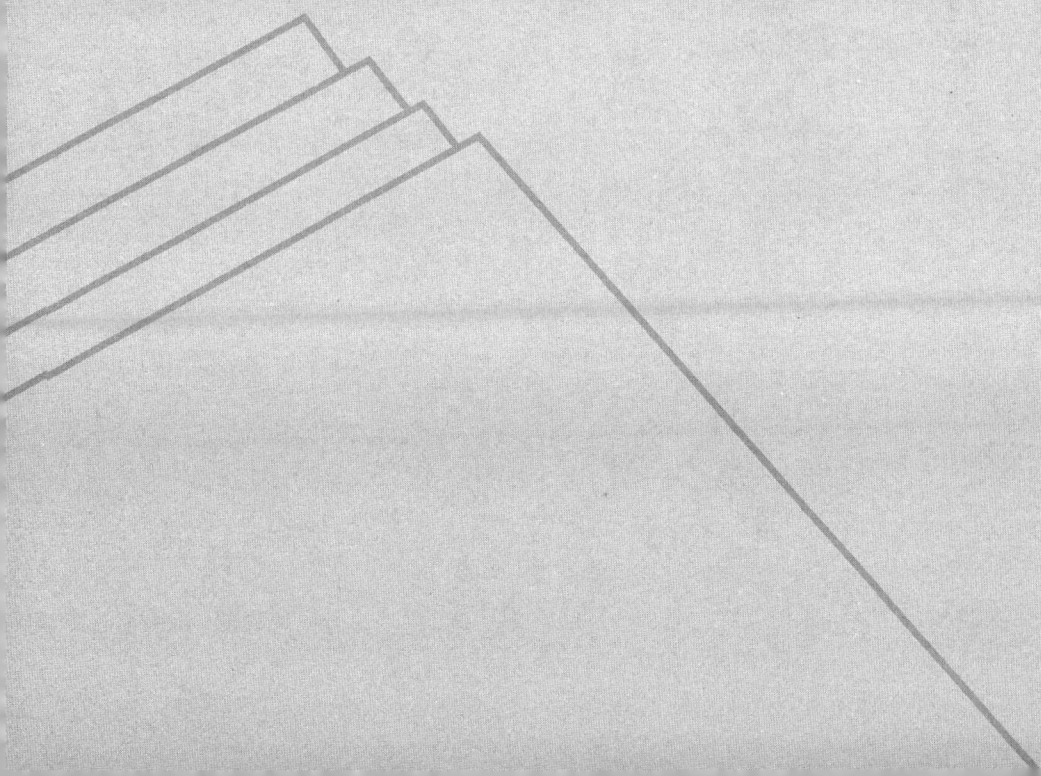

第一章
高校思想政治理论课集中专题实践教学

实践项目一 "百年党史 砥砺奋进"集中专题调研

一、专题调研的目的意义

为进一步提升广大学生的思想道德境界,提升其思想政治素质,增强对所学的思想政治理论与实践结合的能力,激发广大青少年热爱党、热爱祖国、热爱社会主义的感情,增强做中国人的志气、骨气、底气,不负时代、不负韶华、不负党和人民的殷切希望,特别要引导广大青年学子充分了解和认识历史和人民是怎样选择了马克思主义,选择了中国共产党,选择了社会主义道路、选择了改革开放,了解和认识党全心全意为人民服务的根本宗旨和立党为公、执政为民的本质,从而增强对党和社会主义祖国的认同和热爱,更好地把坚持爱国主义与坚持社会主义和党的领导统一起来,坚定跟党走中国特色社会主义道路的信念,积极传承党的优良传统,砥砺前行。

二、专题调研的方案方式

首先,组织动员阶段。确定主题后与相关学生做好对接工作。教师利用课堂讲解实践教学的重要性,鼓励学生查阅书籍,复习课本。教师做好学生报名的汇总与筛选,将参加的学生分为几个小分队,任命调研小组长,围绕所选课题进行调研前的理论背景学习和文字资料收集,拟定调查表。

其次,调研开展阶段。通过聆听专场报告,参观纪念馆、博物馆、展览馆等活动,让学生增强对党性党情党心的认识。在教师带领下,调研小组克服困难,通过问卷调查和实地访谈等方式收集信息,各小组组长认真负责,注意分工协作、团结组员、齐心协力、相互支持,对走访的经过做详细的纪录,并拍照存档。充分发扬同学们艰苦奋斗、敢于实践、勇于创新的精神。同学们的社会实践能力与团结互助意识在这次活动中得到很好的加强。此外,在走访中,提醒同学们注重礼仪礼貌,体现大学生的风采和能力。

最后,成果交流阶段。调研结束后马克思主义学院及时举行专题实践交流会,同学们交流实践活动中"最深刻"的印象,发现问题及时探讨。教师指导学生写好专题报告,做好优选调研报告等工作。

三、专题调研的注意事项

1. 紧紧围绕活动主题，做好专题活动意义的讲解。让学生广泛学党史知党情，坚定跟党走，需抓好正面典型。

2. 参观调研阶段注意做好意识形态领域的积极引导与党史党情的宣传，做好相关背景知识的介绍。

3. 做好相关的安全工作与服务工作，及时提醒学生注意安全，培养与人相处之道。

4. 与学生讲明调研报告撰写中需要注意的问题。避免以纯学术论文的形式写调查报告。不能抄袭（不能网上下载或互相抄袭），避免记流水账，空洞无物，没有理论分析，如发现以上现象取消成绩。

四、专题调研的收获反思

1. 通过"百年党史　砥砺奋进"的专题实践活动，切实加强大学生对党的正确认识。以中国共产党成立 100 周年为契机，组织开展"百年党史　砥砺奋进"主题教育活动，提高大学生思想道德素质。

2. 把握正确导向。要坚持以正面宣传教育为主，引导大学生把握好历史的主流和本质。

3. 充分调研走基层，广泛吸引大学生参与。要注重普遍性、整体性，了解基层群众对党的感情与基层的发展变化。

五、撰写调研报告的基本要求

1. 调研报告的基本属性

（1）调研报告的学术性

调研报告是对科学研究的总结，因此，首先要体现其学术性。主要表现为：有新的科学发现；对原有理论提出重大修改和发展建议；建立新的理论体系；研究报告有充分的理论依据（旁征博引、言之有理）。其学术性还体现为研究课题是前人未发现或攻克过的。因此，要对选题意义进行正确评估和掌握充足的文献资料。研究者本人要有较强的理论思维能力和较高的研究水平。

（2）调研报告的规范性

调研报告的撰写有一定的规范要求。主要包括格式、文字和术语使用的规范、图表符号的规范、字数的规范等。尤其是报告内容的规范（如概念的准确性、研究设计的严密性、研究实施的可操作性、数据计算的精确性、讨论和结论的逻辑性等）。

（3）调研报告的客观性

调研报告必须将研究工作的计划、过程、主要环节、使用方法、测定结果等资料和数据进行如实记载和表述，不允许修改数据和编造结果，对研究结果的分析和讨论要持客观态度，用事实和理论得出符合逻辑的、经严密论证的结论。应把原始记录作为附录一同递交有关部门审核。

（4）调研报告的针对性

科学研究一般分为基础研究和应用研究。前者针对具有普遍意义的基本规律、基本理论的探讨，主要满足学术和理论发展的需要；后者针对现实中存在的问题，依据有关理论和规律提出解决的途径和方法。调研往往很难同时兼顾理论和应用两个方面。只有经过许多人做出的大量研究和长期不懈的努力，才有可能逐渐掌握和揭示事物发展变化的规律。

2. 调研报告的构成和要求

（1）报告题目

题目反映了研究的主要内容和中心思想，要用概括和确切的文字涵盖和表述研究的目的和意图。具体要求：言简意赅（措辞准确、规范，一般不用形容词），使用简单陈述句，不宜过长，字数不超过 20 个汉字。

（2）作者署名

（3）内容摘要和关键词

主要包括研究目的和背景，所用方法和材料、被试的特征、主要结果和代表性数据、统计检验的推断和研究结论，必要时可用数据资料说明。一般在文章完成后再修改。内容摘要要求 300 字左右。还应附有英文摘要，以便于国内外学术交流。摘要后面要有 3—5 个关键词。

（4）报告正文

报告的正文要求内容系统而全面，数据可靠而准确，文字流畅而通顺，用词规范而准确，分析中肯而深刻，推论合理而客观。字数控制在 5000—8000 字之间。具体要求：

第一，前言。应开宗明义地阐述问题的提出背景，课题选择的理论依据和现实需要，同类研究的发展简史和目前概况，本研究的主要目的、研究角度、必要性和研究意义、价值，应简明扼要，篇幅不宜过长。

第二，研究方法。实证研究报告需要阐明研究所使用的方法。包括研究所确定的自变量和因变量及其指标，对无关因素的控制及具体措施，被试的取样和分配，研究的时间地点和环境条件，仪器设备和指导语，数据资料的收集方法等，必要时还可以用图表进行说明。研究方法的表述要有可操作性，以便其他研究者能据此进行反复验证。

第三，研究结果。这是报告的核心内容。内容必须要真实和准确。对原始数据进行初步的加工和归纳后，系统地予以表述。最常用的方法是用描述统计的集中量值和差异量值的方式进行表述。其中在研究结果中最常用的表述形式是算术平均值和标准差。若研究内容的数据种类繁多，可按照不同的方面分别说明。

第四，分析和讨论。这是研究报告的重点。一般要求：对研究结果进行统计分析；对统计检验的结果进行分析和讨论；将本研究结果和其他同类研究进行比较；对研究中提出的假设做出确定的回答；说明研究意义、推广价值和存在的问题。

第五，结论或小结。要用简明扼要的语句进行高度概括，由一个或几个陈述句组成。每个句子要明确表达一个完整的概念，不能含糊不清和模棱两可。对研究意义和进展进行充分肯定，但不允许任意夸大或贬低；对未解决的问题和不足，不要回避或隐瞒；对研究发展的趋势和方向,应提出中肯的建议。

(5)参考文献

(6)附录

范例

宿迁党史故事宣传现状分析报告

在地方党史故事宣传过程中,不仅要结合思想政治教育工作,还要结合各个地方的革命文化,有目的、有创新地将人民群众尤其是学生培养成有理想、有担当、有抱负的人。此外,我们需要去理清它与地方思想政治教育工作的关系,从而在一定程度上促进地方思想政治教育发展。

一、宿迁党史故事宣传现状

本次的调研与资料收集方法采取问卷调查与访谈等方式,通过向个体发放《宿迁党史故事宣传情况》调查问卷,来了解宿迁党史故事宣传情况。随机抽取宿迁市300人进行问卷调查,收回有效问卷295份。本次问卷调查的主体人群为00后学生,从调查结果来看,其中有87.5%的人属于00后,8.75%的人属于90后,3.75%的人属于70后、80后。

(一)线下教材缺乏

通过调查,了解到62.5%的人认为宿迁党史故事教材有待改进,其次是16.67%的人认为教材很好,剩下的20.83%的人认为无所谓。

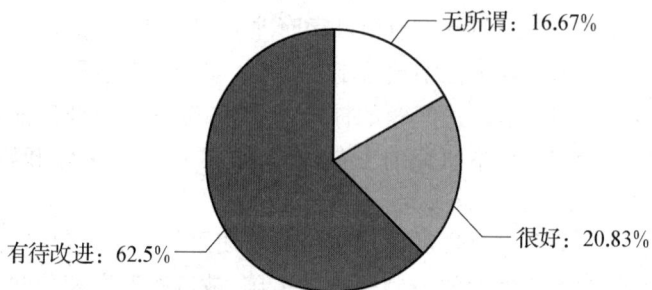

图表1 对宿迁党史故事教材的评价

一方面,宿迁党史故事缺少合适的教材,部分教师对地方党史故事的了解还不到位,而且缺乏合适的教学方法。另一方面,学生学习地方党史故事的积极性也不高。总的来说,宿迁党史故事宣传的线下教材与教学方法尚待完善。

(二)线上资源不足

在被问到在网络上是否看见过与宿迁党史相关的问题时,61.54%人表示通过短视频看过相关党史故事,53.85%的

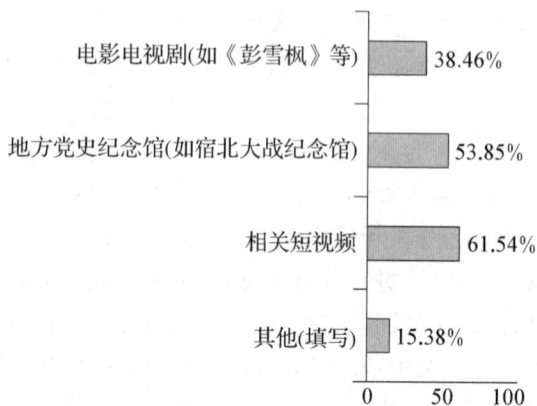

图表2 获取宿迁党史故事的途径

人去过宿迁红色文化纪念馆,38.46%的人看过部分人物的电影电视剧,还有15.38%的人通过其他途径了解过。

其中,短视频传播速度快、宣传效果好,能够给大家提供一个新地方党史故事的学习平台,但相关的短视频很少,宿迁也缺乏与地方党史故事相关的线上资源。

(三)发展形式单一

经过调查发现,有69.23%的人希望举行校园讲学来进行宿迁党史故事的宣传,84.62%的人建议通过观看地方党史的相关短视频、电影的方式来了解地方党史故事,84.62%的人希望宿迁党史故事的宣传可以与经济、旅游融合,形成多元化宣传,84.62%的人建议丰富相关纪念馆的内容和设备。

这些建议也暴露了宿迁党史故事宣传形式的单一化问题,这样的问题会导致地方党史故事宣传效果不理想。一方面,无法激发青年学生的学习兴趣;另一方面,无法让远离校园的人们接触到宿迁党史文化。

二、宿迁党史故事宣传建议

(一)加强线下思政课党史故事宣讲

一是要以中国共产党百年发展中的重要时期为大框架。党史故事以中国共产党为叙事对象,以发展历程为叙事顺序,以党的重大事件为叙事线索,全景式回顾中国共产党从建党伊始到开启建设社会主义现代化国家新征程中的典型事例与辉煌成就。[①] 通过不同的时间节点,如土地革命战争时期、抗日战争时期、解放战争时期、社会主义过渡时期、社会主义建设探索时期、改革开放和社会主义现代化建设时期等等来讲述好建党大事,讲述好宿迁地方党史故事。宿迁的党史文化中包括著名战役宿北战役,此战役发生在解放战争时期,向学生讲述好宿北战役的前提便是了解解放战争的历史大框架。在对宿迁本地的相关党史文化的讲述中穿插着整个中国革命的党史文化,让学生更容易理解学习党史的意义以及党史与宿迁本地的关系。

二是要以不同革命时期的当地革命英雄及其事迹为支线来讲述党史故事。全国各地都有丰富的地方红色文化资源,讲好党史故事,不仅仅是讲好全国性的党史故事,还要深入挖掘各地独具特色的红色文化资源,讲好当地的党史故事,使党史教育和思想政治教育具有乡土气息,更接地气,更具亲和力和说服力,提升教育效果。[②] 每个学校所处的地理位置不同,所拥有的红色文化资源也会有所不同。"我们是历史主义者,给大家讲讲历史,只有讲历史

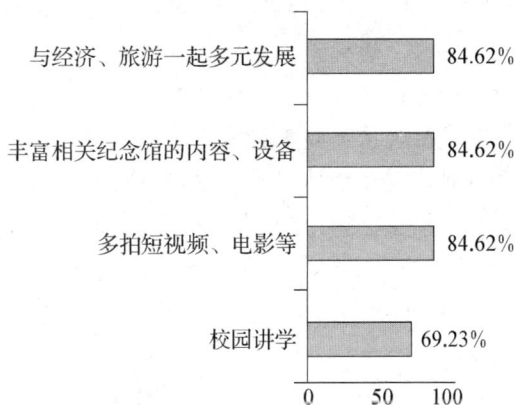

图表3 建议发展方式

---

① 李真真.思政课向青年"讲好党史故事"的时代意蕴、内容定位与叙事策略[J].新生代,2021(04):41-46.

② 郑丽萍.党史学习教育融入高职思政课的实践路径与长效机制的构建[J].阜阳职业技术学院学报,2021,32(02):14-17,64.

才能说服人。"①通过对"共产党人的好榜样"彭雪枫、"青天白云寄丹心"的炮兵之父——朱瑞、宿迁地区第一位中共党员——吴苓生、宿迁第一位女共产党员——苏同仁、"淮北刘胡兰"喻尊霞、"华东一级人民英雄"鲁锐等革命英雄人物故事的激情讲述,让青年学子深切地感受到宿迁地区人民在不同革命时期的艰苦斗争,从而更好地激发学习党史的热情。讲好宿迁党史故事就必须要深入地结合当地的红色文化资源来打造有宿迁特色的党史故事教育课程。

(二)推进线上思政课党史故事传播

一是要运用人民大众喜闻乐见的形式,提高融媒体的传播水平,利用各大新媒体网络平台,开展形式多样的活动。泗洪县青阳街道老庄社区利用3D影像和VR技术帮助党史学习"升级",让故事和人物重新活起来,打造出沉浸式体验的"3D党史馆",将群众的积极性充分地调动起来。邀请地方相关革命前辈和老一辈革命家后代及专家、史志工作者、知情者等来讲述革命事迹并进行录制和线上播放,充分发挥新科技来宣传地方党史故事。

二是要注重对故事精神的讲述,不能停在故事表面。立足宿迁地方红色文化实际,将党领导人民实现了由站起来、富起来到强起来的历史历程与广播、电视、网络等各类媒体相融合,向普通民众进行体验式宣传。鼓励青年来讲述地方党史故事,在党史故事中体会到理想信念、艰苦奋斗等精神。深刻地认识地方党史故事,感受到当下幸福的来之不易。在党史故事中找准"小切口",将"大故事"转化为"小情景",用融媒体技术将这样的"小情景"传递给人民群众。

(三)践行行走的思政课党史故事

一是要以当地的特色红色纪念馆为具体载体,带领当地人民群众去参观,加深群众对特定历史情景的感悟,进行沉浸式的体验。讲述地方党史故事融入,围绕中国共产党为什么"能"、马克思主义为什么"行"、中国特色社会主义为什么"好"等重大问题,广泛开展宣传教育,加强思想舆论引导,坚定广大干部群众对中国特色社会主义的道路自信、理论自信、制度自信、文化自信,进一步激发全体人民爱党、爱国、爱社会主义的巨大热情。② 宿迁朱瑞纪念馆中便运用了声像结合的技术,"声"指在纪念馆里面回放着历史的音效,"像"是指馆内的一幅画或者是一尊雕像,这样的声像结合强化了这一场景的感受,放大了视听觉的刺激,更好地帮助人民群众进行沉浸式体验。将这样的沉浸式体验继续以红色纪念馆为具体载体进行完善,形成视觉、听觉、嗅觉、触觉等多种感官结合的体验,能够创新性地点燃群众学习党史的热情。

二是将党史文化的社会效益和经济效益结合起来,多元发展红色旅游产业。利用地方特色地理环境或者气候特点来打造特色红色旅游基地,与地方相关学校进行合作,积极传播红色文化基因,不断地推动红色文物由物质性保存转向精神性传承的转变。在社会效益方面,宿迁市沭阳县将党员活动日搬到群众家门口,用地方话让一个个党史小

---

① 毛泽东.总结经验,教育干部(1961年6月12日)[M]//毛泽东文集(第8卷).北京:人民出版社,1999:275-276.

② 二○一九年四月十五日至十七日在重庆考察并主持召开解决"两不愁三保障"突出问题座谈会时的讲话。

故事变为点燃百姓的学习热情的起点。在经济效益方面,宿迁市以"红色文化"为主脉,深入挖掘黄河故道沿线的红色资源,既让党史故事"活"了起来,又使旅游产业"红"了起来。

综上所述,引用习近平的话进行总结:"现在,我们正在进行实现中华民族伟大复兴的新长征,广大党员干部必须牢记党的理想信念和根本宗旨,必须弘扬伟大的长征精神,必须发扬革命战争年代那种敢于战斗、不怕困难的奋斗精神,勇于战胜各种艰难险阻、风险挑战,奋力夺取新时代中国特色社会主义新胜利。"[①]地方党史故事的思想政治教育价值有爱国主义教育、理想信念教育、艰苦奋斗教育、民族团结教育等。而在这项思想政治教育工作之中,我们需要去关注地方党史故事本身的内涵,在这其中还需要去思考讲好党史故事与当地思想政治教育工作的关系,进一步通过开展实体思政课、行走思政课和云端思政课等方式来讲好宿迁地方党史故事。

(作者:郑文静;指导老师:李明建)

实践项目二　"城乡基层文化建设情况"集中专题调研

一、专题调研的目的意义

城乡基层公共文化建设,作为推动我国社会主义文化大发展大繁荣的基础,是我国社会主义文化的重要组成部分。

城乡居民文化权益是指城乡居民获得文化教育、文化服务、文化消费等方面的权利,是城乡居民的基本权益之一,是衡量城乡居民生活质量的重要内容。基层公共文化建设是满足广大人民群众精神文化需求的一个重要手段,是保障广大人民群众基本文化权益的一个重要途径,是实现广大人民群众根本利益的一个重要方面。只有切实加强城乡基层公共文化建设,不断提高公共文化服务的质量和水平,才能丰富城乡居民的精神生活,增强城乡居民的精神力量,满足城乡居民的精神需求。

当今时代,文化与经济相互渗透、相互融合、相互促进、相互支撑,已经发展到了非常广泛的程度。有人认为:"今天的文化是明天的经济,经济的背后渗透着文化。"有人认为:"十九世纪靠军事改变世界,二十世纪靠经济改变世界,二十一世纪靠文化改变世界。"毋庸讳言,在这种情况之下,文化软实力已经成为国家核心竞争力的重要因素,我们必须切实加强城乡基层公共文化建设,才能促进城乡文化产业经济持续健康地向前发展,并使之成为推动城乡经济社会发展的新亮点。

促进城乡统筹协调发展、构建社会主义和谐社会,物质是基础,文化是支撑。随着经济的快速发展和人均 GDP 的大幅提高,人民群众对精神文化的需求日益增长,社会转型

---

① 习近平.在"不忘初心,牢记使命"主题教育工作会议上的讲话[J].思想政治工作研究,2019(7):5—6.

时期人与人、人与自然、人与社会之间的矛盾也不可避免。发展城乡基层公共文化,有利于发挥文化的社会功能,不仅能够满足城乡居民日益增长的精神文化需求,而且能够形成良好的人际关系,有利于社会稳定,从而为加快城乡和谐社会建设营造良好的人文环境。

二、专题调研活动的组织

1."基层文化建设"专题报告

在报告中,报告者应该主要从如下几个方面阐释探讨基层文化建设问题:从基层文化的特点及表现形态、加强基层文化建设的意义、当前本地基层文化的发展状况、促进基层文化实现大发展大繁荣的措施等四个方面展开论述。

2.开展社区文化建设情况调研

思政课专题社会实践小分队赴街道、社区开展社区文化建设情况调研。听取基层文化建设负责人关于本地区社区文化建设的情况介绍,参观文化活动室等文化建设阵地。实践小分队要深入小区,入户进行问卷调查、访谈,了解社区文化建设与开展的真实情况。

3.开展乡村文化建设情况调研

开展乡村文化建设情况调研。专题社会实践小分队听取各乡镇文广中心负责人(乡镇文化站站长)关于本地区乡村文化建设的情况介绍,参观农家书屋、乡村文化广场等文化建设阵地。了解各地非物质文化遗产保护和发展情况,与乡村居民随机访谈,了解文化下乡情况与本土化文娱节目情况等。

范例一

浅论对基层文化的认识

摘要:随着社会经济的发展,基层文化越来越受到人们的关注,基层文化的重要性也日益显现。因此,在追求物质文明的同时,我们应该追求精神文明的富足。经济基础决定上层建筑,一方面,各社区应集中力量大力发展生产力;另一方面,面对现阶段基层文化存在的缺陷与新文化的诞生,文化站的相关人员应做好批判与总结工作,从基层做起,让文化形成一种规模,同时加强对特色文化的建设,打造属于自己的文化品牌。

主题词:基层文化;文化产业;文化品牌

文化是人们精神的粮食。这次社会实践调研的对象是宿迁市具有代表性的城镇居民。我们团小组分别走访到家到户,针对各个城镇的百姓对基层文化的了解情况展开调查。调查结果真实地反映出现阶段基层文化存在的不足与缺陷,并有针对性地对文化设施及文化政策进行改进。

——序言

阴雨连绵,我们思政部小组成员热情不减。在阴雨中,我们走访了好多地方:宿城区,宿豫区,宿迁经济开发区,泗洪县。给我印象最深的是老百姓们热情的笑脸,但是当我们一提到文化二字,他们便皱起了眉头,推辞说:"俺不是文化人。"其实文化不仅仅是指那些文绉绉的文字,也不仅仅是指课本里的知识,更不仅仅是那些高层次的文化鉴赏活动。其实,文化就在我们身边。一首嘹亮的民歌,一张漂亮的剪纸,乃至自娱自乐的舞蹈、象棋、跑步健身等等,这些都是文化,属于我们的基层文化。

基层文化又名草根文化,即草根群体在生产、生活、交往活动中直接或间接、自发或是自为地为适应和改造其生存的自然环境、社会环境而形成的具有主体独立意识有话语权实践表达的文化体系。简而言之,基层文化狭义上讲是为百姓提供各种服务,广义上讲是指以各种设施满足广大人民群众的需要这一统一范畴。

党的十七届六中全会明确提出,应提高国家的软实力,建设社会主义文化强国。只有促进国家软实力的发展,才能促进国民素质的全面提高,塑造人民价值观,进而在国际上更有影响力。

促进基层文化的发展,让百姓的业余生活更加丰富多彩,让广大人民群众摆脱"电脑迷"的角色,走出房门去感受文化的斑斓多姿,生活的绚烂多彩!

现阶段,基层文化的建设虽取得了很大的进步,但是依然存在着诸多不足。

调查发现,各乡镇文化站普遍存在这些问题:文化设备开放不彻底,阅览室、棋牌室、健身房等设备上竟有着一层厚厚的灰尘;其次,文化站与居民所需有所差异,农家书屋里的书不仅不具代表性,而且图书数量少,内容片面,满足不了广大人民的需求;文化内容范围狭义,只局限于送戏下乡;基层文化的概念脱离群众,龙河镇的文化建设在进行中,但是这种文化导向却只是由政府把持,而半城镇的草根文化是由人民主导,因而更具活力;大部分乡镇重视招商引资,极度重视GDP的增长,对文化建设重视不够。

针对上述问题,我们不得不进行反思:加强基层文化建设刻不容缓!

首先,经济基础决定上层建筑。调查结果显示,文化组织、文化活动参与者的年龄大多55岁以上,素质低,因为大多数演出都是自费,所以演出不频繁、无规模、主动性不强、管理错位。促进基层文化的发展,必须加大资金投入,倡导政府补贴,进而加强公共文化设施建设,创办综合性的文化活动场所。据了解,多数乡镇文化站数量少,文化馆少,开展活动少。针对这一问题,文化站一方面应着力完备完善阅览室、图书室、健身房、棋牌室、教育培训室等设施。另一方面应完善村居文化综合性活动场所,完善长效文化经济投入机制。

这方面三棵树乡就做得很好。自从三棵树乡划分为经济开发区,该乡不仅大力拆迁、招商引资,还因地制宜将文化站与小区建设结合起来,让百姓在家就可享受文化发展成果,让该小区成为真正的幸福之区。还记得古城街道新苑区的一位老奶奶那期盼的眼神,她说道:"家里人都去城里打工了,就我和这个娃留在家,要是能有个小孩子的活动场所就好喽。"不同年龄阶层对文化有着不同的需求,因此,应根据不同年龄阶段的需求再来建设文化活动场所。

其次,发展城镇特色文化。所谓特色,是指可以吸引我们的地方。一个社区,一个乡镇的特色文化可以说是这个地方的灵魂。因此乡镇文化建设不仅要打造属于自己的特色文化,更需要增加特色文化的吸引力。例如新庄的打梭;丁嘴的跑驴;古城街道的古城精神;半城镇的草根文化;埠子镇的剪纸艺术和五小特色:小展厅、小喇叭、小团队、小广播、小舞台;

还有三棵树乡的三棵树传说和刘陵古墓、康庄枯井的传说……一个乡镇的特色既可以成为乡民的娱乐项目,还可以发展成一项文化产业、一种文化品牌,让文化带动经济更快地发展,让经济促进文化更好地完善!

最后,加强人才培养,教育投入,提高工作人员的素质和数量。现阶段流行这么一个名词:大学生村官。随着大学教育的普及,大学生村官的数量也在增加。然而,据调查大部分文化站仍无专职人员,无固定人员。教育是兴国之本,也是文化之基。针对人们的参与度不强这一现象,更需要专业人员进行宣传。这方面如果相关人员可以专门到户与百姓进行面对面交流,一定会取得满意的成果。不可否认,大多数人都只是为了完成指标,对文化的理解狭隘,因而宣传力度亟待增加。

文化是为人民服务、为基层服务的。经济文化的发展都应以服务百姓为目的,这要求我们将非物质文化保护与人们的需求联系在一起,将经济发展与文化基础设施建设联系在一起,将物质文明与精神文明联系在一起,让文化形成一种规模、一种产业,让文化更好地服务百姓,服务人民!

（作者:胡雪;指导教师:唐献玲）

范例二

社区文化发展情况调研报告
——以南京市部分社区为例

一、调查的背景

文化兴则国兴,文化强则国强。我们党一向重视文化的建设与发展,特别是十八大以来,习总书记把文化建设摆在更高位置。而社区文化的建设和发展不仅关系到社会主义文化强国的建设,还关乎普通群众文化需求的满足,意义十分重大。在社会实践教师的指导下,我就围绕社区文化的发展这一主题开展了专项社会调查,从我所在的周边社区入手,通过问卷调查与访谈的方式,了解南京市部分社区文化建设发展的现状,指出建设中存在的问题与不足,并提出针对性的措施,从而更好地促进社区文化建设与发展。

二、调查的基本情况

调查的方式:主要是调查问卷与个人访谈。对社区居民发放问卷500份,回收问卷491份。问卷回收率是98.2%。调查的对象是:女生占90%,男生占10%。年龄是:18岁以下占17%,18—30岁占70%,30—60岁占11%,60岁以上占2%。

三、调查的具体内容和结论

（一）社区文化发展的现况分析

1.居民对社区文化了解不足

问卷调查结果显示,71%的居民对"社区文化"不太清楚,22%的居民对"社区文化"完全不了解,仅有7%的居民是清楚了解"社区文化"的。由此可见,一般群众对于社区文化的认识还需要进一步加深。

2.居民社区文化活动参与度不高

从调查问卷得到的数据来看,约66%的居民表示他们不经常参与社区文化活动,约10%的居民积极投身于社区文化活动中,而约24%的居民表示他们甚至不曾参加过社区文化活动。

3. 社区文化设施建设较为齐全

问卷调查结果显示,大于70%的居民表示他们对社区的文化设施建设较为满意,但也有约30%的居民认为社区文化设施建设不齐全。

4. 居民对社区文化发展状况满意度一般

据问卷调查结果显示,49%的居民普遍认为社区文化生活一般,较单调,13%的居民对目前的社区文化生活不满意,32%的居民认为比较满意,很满意的只有4%。可见,社区文化的建设发展无法很好地满足居民对于文化上的需求。

5. 社区文化发展前景晴朗

问卷调查结果显示,65%的居民希望社区文化有所创新,并都赞同社区是大家的,与每个人都有密切的联系,都表示愿意积极参加到和谐社区文化活动中来。持反对意见的只有5%。可见,大多数居民都有自觉参与社区文化建设的意识,并希望通过自己的努力,让社区文化建设变得更好,社区文化的发展前景明朗。

(二) 社区文化发展存在的问题分析

1. 社区文化设施的建设不平衡

在一些经济条件较好的街道、社区,管理层较为重视社区文化发展,文化设施较为齐全,文化活动开展得较好,活动质量较高,一些新规划、开发的小区,文化配套设施较为完善,充分发挥了它的文化功能,而部分老的居民小区文化设施则比较落后,配套性差,活动难以开展。

2. 社区文化活动形式单一,内容远离生活

社区文化建设在我国还是一个新生事物,在建设中受主观条件的限制,社区文化建设经费没有保障,文化活动的丰富完善缺少可持续性。尽管一些社区对文化建设的重视程度逐年增加,但通过一些居民反馈表示,近年来的社区文化活动过于注重形式,内容不贴近生活。在这种状态下,受众吸引力不强,特别是对年轻社区群众没有吸引力。

3. 社区文化管理机制不健全

参加问卷调查的居民指出,社区文化活动有以下三点让他们备感不满。(1)体验感不好;(2)文化活动工作人员服务态度较差,管理机构缺乏经验,服务不周到;(3)过于封闭,对外交流少。通过资料查询和实地调查,我了解到社区文化工作者中兼职人员多,根本没有专职文化工作者,都是身兼数职。他们由于工作、时间、精力等多种原因,使得他们很难全身心地投身到社区文化建设中来。再者,社区文化骨干队伍缺乏。我个人认为,搞好社区文化建设,需要有一支具有较高文化素质和道德水平,同时具有专业方面的一技之长、热心于社区文化的骨干队伍。然而,现实的情况是社区文化建设的骨干力量、各类文化人才普遍较为缺乏,支撑社区文化工作的多数为年纪较大、专业层次偏低的非专业工作人员。且由于开展文化活动和培训的经费不足,社区文化骨干队伍的培养力度不够。这种情况严重地制约了社区文化活动档次和水平的提高。

4. 居民对参与社区文化活动的目的缺乏科学认知

社区文化作为一种群众性的文化活动,具有娱乐休闲功能和宣传教化功能。但根据此次调查统计显示,大多数社区居民参与社区活动的目的仍停留在娱乐消遣、打发时间、扩大

人际交往上。人们对社区文化认识的不到位,造成了社区文化发展的不平衡,难以满足不同层次人们的需要。

（三）促进社区文化发展的措施

1. 完善社区文化基础设施建设

一是政府要加大专项资金的投入力度。各政府部门要将社区文化建设摆在重要发展位置,通力合作,共同建设社区文化。二是拓宽资金来源渠道,引入市场机制。社区文化建设不能一味地靠政府主导和扶持,应逐渐摆脱对政府的依赖,实现自治自理。与此同时,要对当前所建设的公益性的文化设施及活动场所进行最大限度地开发和利用。此外,成立周末文化广场、老年活动中心等也是很好的选择,这样可以让广大群众积极参与到社区活动中,以便享受到更多的精神文化成果。

2. 打造一支能力强、素质硬的社区管理专兼队伍

社区文化要建设好与管理好,需要打造一支能力强、素质硬的社区文化管理队伍。首先,重视抓好专业社区文化工作者队伍的建设和管理,创造条件,真正稳定社区文化工作者队伍。加强对现有社区文化工作者专业技能的培训,提高其专业技能与职业素养。其次,要充分发挥社区业余文化工作者的作用。社区业余文化工作者通常是真正热爱社区文化事业的热心人士,他们或者本身就是文艺工作者,或者是长期居住在本社区的老居民,充分发挥他们的力量与作用,有助于整合社区内的文化资源,提高社区文化资源的利用效率。再次,也可以通过公开招聘、民主选举、竞争上岗的办法引进社会优秀人才以及高校的优秀毕业生,充实到社区文化服务行列当中来。

3. 与居民建立联系

世界上大部分的工作都是在与人打交道,社区活动开展也是这样。作为活动的组织者,首先要对社区的方方面面有一个大致的了解,尤其是对居民的了解。对居民了解最好的方式就是沟通,这也是彼此建立紧密联系的最好渠道。通过对社区居民的多次沟通交流后,能增加双方的信任度。当然,与居民建立联系的方式也不必拘泥于一种,只要把居民的需求放在第一位,在工作中持之以恒,后续工作的开展就会顺利很多。

4. 创新社区文化的内容与形式

社区活动不应一成不变,被传统活动类型所束缚,社区活动人员及参与者应积极开放创新,为新兴的社区文化活动贡献出自己的力量。在各个方面满足居民的不同人群、不同层次的需求,如举办社区读书会,满足社区居民的精神需求;开设书法班、烹饪班、英语班等,发掘居民学习潜力,打造终生学习型社区;推行环保活动,提升居民环保意识,打造绿色社区;恢复传统祭典,让居民了解地方长期积累的文化色彩,使其体会前人的信仰,为重建社区生命力而助力。

5. 加强社区文化活动的宣传

虽然活动参与人数的多少不是判定一个活动成败的关键,但它却能反映出这个活动的受欢迎程度。社区文化活动要更多的人参与,前提是要有更多的人知道。而一个好的活动要为更多的人所知离不开一个好的宣传。与居民建立一定的联系之后,活动的宣传就会方便很多。活动前期宣传方式可采用微信、传单等,活动后期可采取以下方式进一步加强。如:建立社区网页,分享社区经验的同时宣传社区活动,提升居民对社区的认可感和归属感;

设计活动海报,邀请有兴趣的居民设计、绘制、撰文、张贴社区活动海报,让更多的居民了解文化活动并积极参与进来。

四、总结

丰富多彩的文体活动,不仅使社区成员受到效果显著的教育,而且对促进社区成员的社会交往,强化他们的社区意识、凝聚力及对社区的归属感,促进社会稳定有着不可低估的作用。目前社区文化建设已经取得了一定的成效,但也存在社区文化设施落后,社区文化活动单调、枯燥等让市民不满意的问题。为加快社区文化建设步伐,需要我们政府的大力支持、社区居民的积极支持与参与,还需采取更多有针对性的措施不断改进社区文化管理工作,加强社区文化的管理。

(作者:赵晨雨;指导老师:李敏)

实践项目三　"生态文明建设情况"集中专题调研

一、生态文明建设的目的意义

工业文明改变了人类的生产、生活方式,给人类带来了巨大的财富。但是,工业文明也给人类带来了无穷的烦恼,甚至是巨大的灾难。例如:震惊全世界的"六大污染"(意大利塞维索化学污染事故、美国三里岛核电站泄漏事故、墨西哥液化气爆炸事件、印度博帕尔毒气泄漏事故、前苏联切尔诺贝利核电站事故、德国莱茵河污染事故)、"八大公害"(比利时马斯河谷烟雾事件、美国洛杉矶烟雾事件、美国多诺拉事件、英国伦敦烟雾事件、日本水俣病事件、日本四日市哮喘病事件、日本爱知县米糠油事件、日本富山骨痛病事件)和"十大事件"(北美死湖事件、卡迪兹号油轮事件、墨西哥湾井喷事件、库巴唐"死亡谷"事件、西德森林枯死病事件、印度博帕尔公害事件、切尔诺贝利核漏事件、莱茵河污染事件、雅典"紧急状态事件"、海湾战争油污染事件)。据有关数据显示,1990 年 8 月 2 日至 1991 年 2 月 28 日海湾战争期间,先后泄入海湾的石油达 150 万吨。1991 年多国部队对伊拉克空袭后,科威特油田到处起火。海湾战争酿成的油污染事件,在短时间内就使数万只海鸟丧命,并毁灭了波斯湾一带大部分海洋生物。2011 年 3 月 11 日,日本福岛第一核电站 1 号反应堆所在建筑物爆炸后,在大地震中受损的福岛第一核电站 2 号机组发生"泄漏事故",导致 22 人遭核辐射,21 万人紧急疏散,经济损失非常惨重。

这些公害和污染事故,都对自然环境造成了极大污染,导致许许多多正常人及动物非正常死亡、残废或患病,给人类和生态环境带来灾难性后果,人类对资源的利用已经大大超过地球的承载能力。这些事件引起高度重视,人类进行自我反思,于是生态文明观念应运而生。随着人类生存危机越来越严重,"推进生态文明建设"成为人类可持续发展的必然趋势。

在传统的经济发展中,强调遵循经济规律,但对自然规律尊重不够。一些地区不顾资源环境承载能力肆意开发,对自然造成伤害,削弱了可持续发展能力。尊重自然,就是人类的行为方式应该符合自然规律。按照人与自然和谐发展的要求,在生产力布局、城镇化发展、重大项目建设中都要充分考虑自然条件和资源环境承载能力。

党的十八大报告把生态文明建设提升到"五位一体"的社会主义建设总体布局的高度,将其融入经济建设、政治建设、文化建设、社会建设各个方面和全过程,从而对中国社会主义现代化建设提出更新更高要求。推进生态文明建设,不仅仅是资源环境方面的问题,更是物质文明、政治文明、精神文明各层面,经济建设、政治建设、文化建设、社会建设各领域全面转变、深刻变革的问题,涉及生产方式和生活方式根本性变革的战略任务。把生态文明建设放在突出地位,形成人与自然和谐发展的现代化建设新格局,关乎人民福祉和民族未来的长远大计,关乎中华民族永续发展的战略问题,关乎给子孙后代留下美丽家园的历史性课题。

党的十九大报告提出,加快生态文明体制改革,建设美丽中国。要推进绿色发展,着力解决突出环境问题,加大生态系统保护力度,改革生态环境监管体制。生态文明建设功在当代,利在千秋。我们要牢固树立社会主义生态文明观,推动形成人与自然和谐发展现代化建设新格局。

二、生态文明建设专题调研活动组织

1. 举办"生态文明建设情况"专题报告会

从环保机构、环保职能、环保重点工作、环保监管、创建国家环保模范城市、创建国家级生态市工作、生态文明建设工作等方面进行阐述。报告会上,报告者应该留时间回答学生关注的"经济发展与环境保护""生态红线""化工园区污染问题""酿酒与环境保护""建筑垃圾处理""招商引资与环境保护""秸秆利用""生态文明建设措施"等问题。

2. 考察调研活动

选择本地最美乡村、污水处理厂、生态农业示范点、湿地自然保护区等,组织学生参观考察。围绕生态文明建设情况、农业生产、污水处理、环境保护、湿地文化、秸秆综合利用等话题进行讨论。

范例

略论大学生环境道德教育

摘要:随着科技的进步与社会的发展,人们在不断地利用自然、改造自然,这也带来了一系列环境问题,人与自然的和谐共融已成为时代的需要。在建设生态文明的背景之下,面对日趋严重的环境问题,环境道德教育成为当务之急。大学生是一个重要群体,大学生环境道德教育具有特殊性、规范性、意识性等特点。在大学生的环境道德教育中,应该提高大学生环境道德认知、提升大学生环境道德意识、强化大学生环境道德意志、培养大学生环境道德习惯。

关键词:大学生;环境道德;教育

《淮南子·氾论训》中曾这样写道："天地之气,莫大于和。和者,阴阳调、日夜分而生物",说的就是人与自然的和谐发展。哲学家王夫之更是强调"太和,和之至也"的思想,其意在表明"天人调谐"这个道理。随着时代的不断发展,推动生态文明建设已成为社会建设不可或缺的一部分,而"和谐"便是生态文明发展中的关键词。

面对空气、水体等诸多生态环境问题,人与自然的和谐问题让人们再次重视起来。大学生是未来社会建设的中坚力量,其环境道德素质状况,直接或间接地影响到未来社会的发展。因此,提高大学生环境道德素质,培养大学生生态道德意识已成当务之急。而对大学生的环境道德教育进行深入性的探索、思考与剖析,也成为新时期促进大学生健康成长的必然要求。反思既往,环境道德问题成为人类社会生存和社会可持续发展需要关注的重要问题,环境道德教育亦成为道德建设的重要组成部分。高等学校需要顺应时代和社会发展的要求,将环境道德教育纳入大学生日常思想教育中去。

一、大学生环境道德教育的时代背景

（一）环境道德问题

随着科学技术水平的不断提升,社会生产力的不断发展,人们对环境造成的负面影响越来越多。自19世纪后半叶开始,社会生产力得到长足发展,人们改造自然的一系列活动节节胜利,导致人与自然的矛盾问题逐渐加剧,长此以往,生态问题逐步显现,并转化成严重的生态灾难。于是,一系列的生态危机,诸如土地沙漠化、物种灭绝、温室效应、水资源短缺、生物多样性减少等问题威胁着人类的生存。20世纪初叶,世界的面貌又开始在工业化的发展里急剧改变,最终变得"面目全非"。在种种环境问题给人类带来挑战的同时,生态环境道德信念的确立非常迫切。

（二）环境道德状况

20世纪二三十年代诞生的环境伦理学开始提出人与自然、人与社会和谐共融的系统的伦理思想。他们主张将道德调节的人与人、人与社会关系领域扩展到人与生物、人与环境（自然）的关系领域,这就需要环境道德。环境道德就是调节人与环境的关系、规范人与自然的行为的道德[1]。而真正将环境道德教育理论提上全球议事日程的还属七十年代后期轰轰烈烈的环保运动,蓬勃发展的环境道德运动得到了多数人的支持,人们在举办环保运动的同时,不仅提高了自己的环保意识,也进一步认识到环境道德教育的重要性。当人类社会走进21世纪,人们痛定思痛,反思过往,提出了一系列可持续发展的战略要求,选择了一条有利于环境道德教育的新型道路。

（三）大学生环境道德教育现状

大学生作为未来社会发展的主力军,理应成为环境道德教育需要高度重视的一个群体。环境道德教育作为新时代发展的重要教育内容之一,对大学生具有重要的示范与引导作用,加强大学生环境道德教育更有利于大学生形成科学的世界观和环境价值观。目前大学生环境道德教育现状不是特别令人满意。目前高校对开展大学生环境道德教育并没有引起足够的重视,产生的教育效果也并不理想。即使某些高校开展了环境道德教育,对于现有的环境道德教育也多是从理论的层面进行,并没有在实践上达到预期的效果,因此,在高校也就没能形成敬畏自然、保护环境的良好风尚。大学生环境道德意识显得较为淡薄,环境道德信念的养成也有待加强。针对高校大学生环境道德教育现状,社会及个人都应对此进行深入的反思。

二、大学生环境道德教育的特点

高校加强大学生环境道德教育,须在深刻了解环境道德教育的特点基础上,结合教育特点开展教育活动,促进大学生养成良好的环境道德习惯,并能进行环境道德实践。

(一)特殊性

环境道德教育是一种具有特殊性的教育,所传授的知识紧密结合生态问题,具有涵盖面广、程度深等特点。环境道德教育需要建立在对环境危机正确认识的基础上,采取一定方式进行伦理教育。环境道德教育作为教育中的特殊活动,与传统教育有一定的区别。传统的伦理道德教育只限于家庭道德、社会道德,"环境道德教育范围扩展到人与自然的关系,要树立全新的环境价值观和环境价值理念,要规范人与自然和谐的环境行为。"[2]

(二)规范性

大学生环境道德教育需要促使受教育对象正确把握在处理人与自然关系上需要遵循的道德规范和行为准则。对大学生进行道德教育,首先是让当代大学生在教育基础上必须明白什么样的行为符合环境道德原则要求。"所谓环境道德教育,是指一定的社会,为了使人们在生态活动中遵循生态道德行为的基本原则和规范,自觉履行维护生态平衡的义务,有组织、有计划地对人们施加系统的生态道德影响的一种活动。"[3]当代大学生应该在理解环境道德规范的同时,加强自我约束,在实践中能够遵循环境道德原则。

(三)意识性

环境道德意识是人类意识的一部分,人是道德意识的主体。加强大学生环境道德教育有助于促成大学生环境意识的养成,改变其对环境道德的认知以及实践。环境道德意识是人们面对环境问题能否进行环境保护的重要的主观因素,一方面表现为对环境道德基本理念的认知,另一方面则表现为把自己对环境道德的认知与理解上升到一种社会责任和个人责任的担当精神。大学生环境道德教育也应该围绕环境道德意识的形成和发展进行。因此,大学生应当明白"人非万物之灵,亦非万物的主宰"的道理,应该认清自己在自然环境中所处的位置,学会与自然和谐共处,寻求生态家园环境里的可持续发展之道。

三、大学生环境道德教育的开展方式

北宋张载曾说过:"和则可大,乐则可久,天地之性,久大而已矣。"可见,和谐在自然发展中所占据的重要地位。在生态文明建设背景之下,我们需要将大学生环境道德素质的培养作为社会道德建设的一个重要任务。面对大学生这一可塑性极强的群体,在其校园学习、生活中,抓住机会,开展环境道德教育,不失为提高社会环境道德素质的有效尝试。

(一)提高大学生环境道德认知

教育行政主管部门及高校应做好环境道德教育的普及工作,将大学生对环境道德的感性认知转变为理性认知,将环境道德认识的理论高度上升到环境道德实践高度,形成深层次环境道德的认知。对于高校而言,可以开设环境伦理学、环境道德教育学等环境道德教育课程,以此建立系统化的环境道德教学体系,在传授环境道德知识和技能的同时,培养其可持续发展思想。

(二)提升大学生环境道德意识

要积极营造校园生态氛围,促进大学生加强自我约束。高校应该利用校园各种资源,开展环境道德教育,比如,在世界环境日、世界地球日等特殊的节日中,开展主题教育活动,进一步促进环境道德的教育传播。让大学生置身于具有环境伦理思想的校园氛围中,也可使其在潜移默化中提升自己的环境道德意识。

（三）强化大学生环境道德意志

"环境道德意志是行为者在具体的环境道德情境中,做出道德判断,并使之付诸实践的能力。它在环境道德品质形成中起到重要保证作用。"[4]校园幽静的长廊小道、典雅的纯白雕塑、别致的馥郁花园,无不透露出校园的文化感,此种环境正是大学生环境道德教育最直观的教材、最鲜活的例子。正是在这种环境当中,大学生才能在具体的环境道德情感中,做出属于自己正确的判断,并且将此付诸行动,转变为自己的一种能力,以此强化自己的道德意志。高校要建立完整的校园管理机制加强对校园的监督,将校园的绿化提上议事日程,以此来保护整个校园的生态环境。

（四）促进大学生环境道德实践

环境道德教育的最终目标是要促进大学生进行环境道德实践活动。大学生应该有着明辨是非的能力,选择正确的环境道德行为,养成良好的环境道德行为习惯,积极参加环境道德实践活动。指导学生组建环保社团,鼓励学生参加社会环保公益活动、参加环保志愿活动等都是重要的环境道德实践方式。

总之,大学生环境道德教育是一项纷繁复杂的工程,学校作为大学生环境道德教育的主要场所,应高度重视管理及教学发展,促进大学生培养正确的环境价值观念。

参考文献

[1] 白智宏.环境道德论——人与环境道德关系研究[M].重庆:西南师范大学出版社,2000:16.

[2] 郝小龙,邹路易,张光生等.当代大学生环境道德教育的思路与探究[J].阜阳师范学院学报(社会科学版),2009(2):85.

[3] 孙春月.环境道德教育的过程和内容[J].河南教育学院学报(哲学社会科学版),2000(2):16.

[4] 张敏生.生态文明建设与大学生环境道德素质培养[J].黑龙江社会科学,2006(6):191.

（作者:周子为;指导教师:李明建）

实践项目四　"电子商务产业发展现状"集中专题调研

一、电子商务产业发展的背景与意义

电子商务是以信息网络技术为手段,以商品交换为中心的商务活动;也可理解为在互联网(Internet)、企业内部网(Intranet)和增值网(VAN,Value Added Network)上以电子交易方式进行交易活动和相关服务的活动,是传统商业活动各环节的电子化、网络化、信息化。

中国电子商务在 20 世纪 90 年代开始出现,这个时候电子商务只是一种概念,根源在于中国互联网的接入以及世界一些知名企业的影响。随着网络产业向纵深层次的不断发展,更多的人参与到网络产业中,往往是利益的驱使使得人们行为过于盲目,从 2003 年开始中国互联网进入低潮,一部分人放弃互联网,一部分企业不得不采取一定的收缩策略甚至转变业务。这些使得他们不得不重新定位和思考如何发展新一代的电子商务。可以说现阶段中国电子商务真正得到发展的第一步应当从那个时候开始。从大的范围上讲,人们对电子商务的认识更加深刻。中国出现了一些极具代表性的电子商务企业,如阿里巴巴、京东商城等,一些中国大的电子商务平台改变了中国商务环境,一个行业的发展往往是这个行业的巨头所引起的。技术的突破、物流的发展、人才的兴起解决了以前电子商务发展的一些瓶颈。国家政策的促进,相关法律法规的制定,构成了电子商务的政策环境。同时现阶段中国电子商务类型比较复杂,既有综合型,又有垂直型,也有第三方平台滋生型。一些电子商务底层基础发展较快,支付技术的突破、物流的改善、人才的发展、法制法规的健全,这些都给现阶段电子商务发展奠定了基石。当然伴随着网络产业的发展,一些网络问题也出现在人们眼前,比如支付安全问题、小企业大物流问题、法律纠纷问题、网络欺诈问题等。

电子商务是网络化的新型经济活动,正以前所未有的速度迅猛发展,已经成为主要发达国家增强经济竞争实力,赢得全球资源配置优势的有效手段。电商时代各地、各部门把电子商务摆在更加重要的位置,通过外引内培,抓住机遇,加快发展电子商务,是贯彻落实科学发展观,以信息化带动工业化,以工业化促进信息化,走新型工业化道路的客观要求和必然选择。

二、电子商务专题调研活动组织

1."电子商务产业发展"专题报告

从电子商务产业园建立的产业基础、龙头带动、农村电商等背景谈起,分析电子商务产业发展的各种优势,明确电子商务产业园的电子商务产业集聚中心、区域物流快递配送中心、现代服务业发展中心、定制经济创新示范中心等产业规划和电商核心区、电商物流区、物流监管区、体验展示交易区、配套服务区等空间规划。报告会结合地区电子商务产业发展的载体建设、主体培育、招商政策、带动作用,并对未来电子商务产业发展进行了展望。讲座结束后,报告者允许师生就电子商务产业发展相关问题提问,给予相关回答。

2. 开展产业园与乡镇电子商务发展情况调研

选择本地电子商务产业园与代表性的乡镇电子商务发展情况,了解电子商务产业园建立的产业基础、龙头带动、农村电商等情况,分析电子商务产业发展的各种优势。围绕电子产业发展的现状、发展前景、存在的问题、制度保障等方面组织学生参观考察。师生分组要深入电子商务产业园区、乡镇(如"一村一店一品")电商企业展开问卷调研。

3. 开展专题调研实践小结

调研活动结束后,开展专题调研的实践小结的讨论会。第一阶段分小组讨论交流。在每组带队教师的带领下,同学们对所调研的主题展开热烈的讨论并推荐一位同学代表小组发表总结观点。在第二阶段全体师生参与交流讨论。首先,教师代表谈实践调研的感受;其次,学生代表发表实践调研感受。让参与的广大师生再次整体回顾实践的过程、感受专题实践的重要意义、提出许多现实的思考。带队负责人最后提出要求,参与同学回去以后及时认真汇总调研材料,资源共享,争取写出高质量的论文或调查报告。

范例

宿迁电子商务产业调查研究报告

调研目的:互联网覆盖日益全面,网速日益提高,这标志着电商时代已经到来。因此,各地、各部门把电子商务摆在更加重要的位置,为了了解宿迁电子商务产业发展现状,总结宿迁电子商务产业成功经验,分析存在的问题,探讨推动宿迁电子商务产业发展的对策,我们开展了此次调研。

调研地点:中国宿迁电子商务产业园(京东客服中心、宿迁电子商务中心、京东商城·宿迁馆)、豫新街道网络客服中心、苏网商务服务有限公司、杉荷园农产品电子商务中心、曹集乡网络一条街等。

调研时间:2015 年 6 月 30 日—7 月 3 日

调研方式:讲座、现场考察、个别访谈

摘要:宿迁电子商务产业园在政策、地理位置、交通网、产业基础、龙头带动等方面具有明显的优势,这奠定了电子商务产业在宿迁有良好的发展态势。京东商城作为宿迁电子商务产业园的龙头企业,放大产业集聚效应,为宿迁的电商产业起到引导作用。另外,宿豫区曹集镇"一村一品一店"政策的实施将电子商务带到了基层,以电子商务为平台在为百姓提供便利的同时带领农民群众共同富裕。

关键词:电子商务;京东商城;一村一品一店

调研内容:"21 世纪要么电子商务,要么无商可务。"从目前的商务发展形势来看,互联网已经进入到各行各业,无论是服务业领域还是制造业等传统行业,都纷纷开启了"互联网+"模式,电子商务对经济增长的推动作用已经证明了比尔·盖茨言论的正确性。随着我国电子商务的不断成熟,电子商务企业集聚现象也愈发明朗化。各地的电子商务产业园相继建立,宿迁也不例外。

一、参观宿迁电子商务产业园区

宿迁电子商务产业园区成立于 2014 年 11 月,规划总面积达 6.4 平方千米。园区主要依托京东集团,以"电子商务产业集聚中心、区域物流快递配送中心、定制经济创新示范中心、现代服务业发展中心"为产业发展目标,按照全市"一区多点"的战略布局,规划建设"五区一基地"(即电商核心区、展示交易体验区、电商物流区、物流监管区、配套服务区和大数据分析基地),打造电商运营、客服管理、仓储物流、定制加工、体验展示、软件研发、支付结算、文化创意、电商培训、项目孵化、金融保险等多业态全产业链电商园区。

现如今,互联网技术迅猛发展、网络购物愈来愈方便、电商产品愈来愈齐全……特别是在十二届全国人大三次会议上,李克强总理政府工作报告中首次提出"互联网+"行动计划。这预示着电子商务产业作为一个新兴产业正逐步走向繁荣。

除却政策扶持,宿迁的电子商务产业的发展还有许多得天独厚的优势。

首先,宿迁地处长三角经济圈、淮海经济区、沿海经济带、陇海线产业带、运河产业带的交叉辐射区内,生产生活资料供给丰富,消费市场广阔,潜力巨大。

其次,园区拥有良好的交通条件,基本形成公路、铁路、水路、航空四位一体的现代交通络。

另外,宿迁具有良好的产业基础,宿迁目前有省级电子商务示范基地1家,已经运营的电子商务产业园3个,网络创业孵化基地5个,全国知名的淘宝村4个。

2014年,宿迁市实现电子商务交易额220亿元,同比增长96.4%。在国内知名B2C和C2C电商平台开设网店的企业和个人已突破5万户;电子商务行业直接从业人员突破5.4万人,相关就业人数超过28万人。

最后不得不提园区的龙头——京东集团。据介绍,京东集团于2009年落户宿迁,先后在宿迁投资建设京东全国客服中心一期(二期在建)、数据存储服务中心(在建)、京东宿迁仓储物流中心(即将开工)等项目,目前已进驻员工超过5000人。

正是在政策、地理位置、交通网、产业基础、龙头带动等多方面的优势下,宿迁电子商务产业园区的各项规划逐步得以实现。

在宿迁电子商务产业园区中,京东商城全国客服中心独占鳌头。作为宿迁电子商务产业园区的龙头,京东(JD.com)是中国最大的自营式电商企业,2014年在中国自营式电商市场的占有率高达49%。2014年5月,京东在美国纳斯达克证券交易所正式挂牌上市,是中国第一个成功赴美上市的大型综合型电商平台。去年,京东市场交易额达到2602亿元,净收入达到1150亿元。为了支持这一庞大的电商企业,大型而规范的客服中心必不可少。目前这个客服中心拥有5000个呼叫座席,可容纳1.5万人轮班工作。现有员工4000人,并且到今年年底要到达5000人。全年电话服务量预计可高达4000万通。现已实现7×24小时全天候服务。这个客服中心将为京东商城遍布全国的客户提供电话、IVR语音、人工服务等方式的服务。在这儿,京东还非常关注员工的业余生活,在该客服中心大楼的中心还设有宽敞的活动休息区域,宽敞明亮的环境有助于缓解员工的工作压力,提高工作效率。这一种企业管理模式特别适合电子商务企业员工。

二、参观京东商城·宿迁馆

京东商城·宿迁馆即京东线下产品体验中心。众所周知,网购备受现代人们特别是年轻人的青睐。然而,网络购物在为人们购物提供便捷的同时具有隐蔽性、购物体验感差等缺点,这造成了许多网民对网购产生了不信任感,不敢轻易在网上购买商品特别是大宗商品。然而,在宿迁馆中,京东网站上的产品从家居生活用品到食品一应俱全,顾客可以先在这儿进行挑选试用,然后再运用网络进行下单购买,这很好地解决了消费者在运用网络购买衣物时实物和照片上的差距太大有色差、尺寸不恰当、布料不合适等的问题,也迎合了消费者购物的满足感。同时大大提高了商品的性价比,省却搬运环节的麻烦与劳累,在方便消费者的同时也取得消费者的信任,大大提高了网络销售的成功率,促进了电子商务产业的发展。

三、参观曹集乡新建的网络创业一条街

对于大型企业如京东商城而言,电子商务市场潜力巨大。对于个体而言,电商市场也蕴含着巨大的利润。在曹集乡参观调研的过程中,我才真正了解到电子商务在农村的蓬勃发展。

在曹高路天同庵段两侧,随处可见"京东店""淘宝店""苏宁易购"等字样的店铺,这就是宿豫区曹集乡新建的网络创业一条街。据统计,网络创业一条街自今年4月份改造并投入使用以来,已入驻电商企业30多家,仅两个月就实现销售额近千万元,预计全年可实现销售收入8000余万元。在经济发展相对落后的乡村地区,电子商务产业的蓬勃发展离不开政府政策的支持,据介绍,凡入驻网络创业一条街的电商企业,一律享受房租免费、培训免费、宽带免费和扶持资金、扶持贷款、扶持技术"三免费、三扶持"政策,这对于一些小微企业而言,无疑是雪中送炭,为各个村的产品销售打开了一条绿色通道。

值得一提的是,在这个电子商务风起云涌的时代,曹集乡进行"一村一品一店"的建设,以打造"互联网+特色"为目标,因地制宜,结合实际,充分挖掘各村特色农产品,进行合理的再加工,努力做好"一村一店一品一特色"。在发家致富的同时推广了自家的农副产品,做出自己的品牌与口碑。在义务推广员的帮助下,多个村庄都有了自己村的特色产品,很多已经注册和上线,例如天同庵居黄桃罐头、小岭村蔬菜水果、快乐社区手工地毯、道芳村蓝莓食品、孙庄村子胥大米……据了解,这些产品周下单量超过1000笔(次),销售收入10万元。正是电子商务这个网络平台构建起了村庄与外界的桥梁,有效地促进了当地农业的发展,实现了农村优质的农副产品、手工艺品等"卖全国"的目标。同时提供了大量的工作岗位,提高了当地群众的生活水平。这体现了电子商务领域在基层(农村)具有巨大的潜力与市场,这有利于实现共同富裕的伟大目标。这体现了信息化带动工业化带动农业现代化。

在曹集镇,不仅仅村村开网店,而且几乎家家都使用网店来进行消费,大至家用电器,小至锅碗瓢盆,村民们都热衷于电子商务。当然,现在的农村以老人和儿童居多,为了更方便他们进行网店交易,每个村子都配备有专职的义务推广员,他们无偿地帮助村民网上下单、送货上门,如若对产品不满意还帮助他们进行退换货,也许在我们眼中,这只不过是举手之劳,但这无疑为那些年龄较大的老人家庭提供了极大的购物便利,同时,在这些点点滴滴的小事中大大提高了电子商务的知名度,促进了电子商务产业的发展。

调研启示:

宿迁电子商务中心将电子商务引入产业集群,构建多方参与的行业网络平台,形成基于网络的信息知识和技术架构共享,以市场需求为导向的整合销售,不仅将大量节约企业电子商务应用成本,而且能够充分发挥集群品牌、集群文化和集群资源优势,获取产业集群的持续竞争力。产业集群电子商务转型是一场持久战,具有战略性、动态性和集成性,需要系统分析产业集群所在的环境体系、电子商务技术能力、企业电子商务能力和集群共生机制,逐步建立官产企研有机结合、合理分工的多层次产业集群电子商务转型系统推进体系和运作模式。后续研究可在本研究基础上,通过案例研究,将产业集群电子商务转型相关结论予以应用,进一步以实证来论证相关结论的准确性和可行性。

在这次调研中,我在看到宿迁电子商务的蓬勃发展同时也发现了一些问题,经过讨论,我们找到了一些解决方案。

1. 并不是所有村庄都有符合本村特色的产品,并且有的村庄的特色产品(如大型广告牌等)不太适于网络销售。那么这就需要义务推广员积极协助寻找更符合本村特色并方便销售的产品,如果还是找不到,那么可以两个村子进行合作。例如,缺乏特色产品的村子可以主要负责产品的宣传与销售,和产品特色鲜明的村子进行合作,重点销售某种产品,从而实现优势互补,互利双赢。

2.农村电商的法律意识与维权意识比较淡薄,不懂相关的法律,这可能导致在自身权益受到侵犯时不知如何维权。那么政府部门要积极组织各村代表进行相关法律的培训。

3.电商的产品质量特别是食品安全没有得到完全认可,消费者对于网站上所销售的食品安全存在疑问。那么,这就需要质检部门紧密监督,如为商户建立食品安全档案、为检验合格的商品张贴特殊的标志等。

4.宿迁电子商务产业园的电商系统已初具规模,但供园区员工居住、休闲、娱乐的基础设施还未投入建设。然而,在建设电子商务产业园的同时,应构建电子商务产业园生态系统。产业园区基础层、服务层、应用层通过互联网平台的上下整合使得电子商务产业园能够形成良好的商务循环系统,此时产业园需从商务系统转向生态系统。从园区活动主体出发打造电商和实体体验并行模式,将园区建设成集电商系统、实体体验街、休闲场所、住房、医院、学校于一体的产业园生态系统,最终达到产业园区各子系统自组织、协调稳定发展。宿迁电子商务产业园在这个方面有待完善。

5.在调研中,据反映宿迁电子商务特别是基层的电子商务基地缺乏专业人才,这导致宿迁电商难以飞速发展。为此,政府、企业要积极与学校合作,对电子商务进行加深研究,加强对这方面的人才进行培养,并且在人才培养的过程中不断地融入一些其他学科的知识,比如经济学、统计学等,进而使人才的发展能够更上一层楼,建立完整的人才服务供应链,针对电商的人才危机,建立一个基于企业电子商务发展需求的人才服务供应链管理模式。通过电商发展数据和人才数据建立电商人才标准;分析当地电商人才,根据产业电商发展战略制定电商人才规划,对现有电商人员进行盘点,建立人才需求系统,联合开展"电商人才定制培训",实现人才需求的及时补给,以此来提高我国电子商务发展的整体水平。

这次实践对我的人生观、就业观也有很深的影响。不论是现在的学习还是在将来的工作中要有不怕失败的精神,要勇于把自己的想法付诸实践。

(作者:陈嘉琪;指导教师:唐献玲、王敏)

实践项目五 "推动实施乡村振兴战略情况"集中专题调研

一、实施乡村振兴战略的背景

党的十九大把乡村振兴战略作为国家战略提到党和政府工作的重要议事日程上来,并对具体的振兴乡村行动明确了目标任务,提出了具体工作要求。中国过去是一个典型的农业国,中国社会是一个乡土社会,中国文化的本质是乡土文化,故而振兴乡村显得尤为重要。对于中国走出"中等发达国家陷阱",坚持五大发展理念,建设社会主义现代化强国,实现中华民族伟大复兴中国梦具有十分重大的现实意义和深远的历史意义。

"振兴"与"衰落"是一对反义词。人类文明史上,乡村的"兴"和"衰"是一对矛盾,有兴则有衰,"衰"与"兴"有时又互为转化。城市化和工业化是乡村衰落的诱因,如何吸取和借鉴人类文明史上的经验教训,使城乡发展能够优势互补、互为促进,这是值得我们思考的。乡村振兴正是关系到我国是否能从根本上解决城乡差别,乡村发展不平衡、不充分的问题,也关系到中国整体发展是否均衡,是否能实现城乡统筹、农业一体的可持续发展的问题。多年来,中央一以贯之地坚持"三农"优先,每年的中央一号文件,基本都是有关"三农"问题的内容。坚持"三农"优先,在许多政策倾斜、支持力度方面自十八大以来显得更加突出。习近平总书记深入乡村,关注"三农",心系人民,把农村精准扶贫作为"三农"工作的核心来抓,特别是对边疆少数民族地区更是关爱有加。

为了有效实施乡村振兴战略,在制度和体制机制上切实保证政策的延续性,真正保障广大村民的利益,报告对农村基本经营制度进行了明确规定。报告指出:巩固和完善农村基本经营制度,深化农村土地承包关系稳定并长久不变,第二轮土地承包到期后再延长三十年。我们一般界定土地承包制第一轮大致以 1978 年开始到 1998 年结束,第二轮为 1998—2028 年,到期后再延长三十年,那就是 2058 年,到那时中国是可预见地已进入社会主义现代化强国的历史阶段。这项改革政策规定让农民吃了定心丸,能够真正成为土地的主人,从而解除政策多变的后顾之忧。同时在体制机制上创新,强调深化农村集体产权制度改革,保障农民财产权益,壮大集体经济,以增强农村党的建设的实力与活力。在生产方式上强调构建现代农业产业体系、生产体系、经营体系,完善农业支持保护制度,发展多种形式适度规模经营,培育新型农业经营主体,健全农业社会化服务体系,实现小农户和现代农业发展有机衔接,进而促进农村一二三产业融合发展,支持和鼓励农民就业创业,拓宽增收渠道,从根本上将传统农业纳入现代农业的体系之中,变自给自足的小农业向市场化商品化的大农业转化。

为了切实保障乡村振兴战略的顺利实施,报告特别强调了要培育和造就一批懂农业、爱农村、爱农民的"三农"工作队伍。懂农业就是要在社会主义市场经济的背景下,深刻理解和把握现代农业的发展规律,真正理解和有效发挥市场在资源配置中的决定作用,做敢为农业发展的开路先锋而不是教条主义、形式主义、空想主义和保守主义的代言人,甚至到农村瞎指挥、乱决策、祸害农民。爱农村,就是要让我们广大涉农机构和基层干部,真正从思想上、行动上去关注农村,深刻认识中国本质是一个农业大国,认识农业兴则国家稳,农业旺则国家强的道理,把农业这个国民经济的基础打牢,是相关涉农机关工作人员的基本职责,需要增强事业心和责任心。爱农民,就是要求我们各级领导干部和广大农村基层干部,要真正培育对农民兄长的浓浓情感,要真心实意地关心关爱农民的生产生活,要发自内心地尊重农民,拜农民为师。只有建立起这样一支懂农业、爱农村、爱农民的"三农"工作队伍,党和国家制定的乡村振兴战略才可能得到有效实施,才能达到和实现"产业兴旺、生态宜居、乡风文明、治理有效、生活富裕"的总要求。

二、"推动实施乡村振兴战略情况"调研活动

1. 举办专题报告会

马克思主义学院邀请相关专家开展关于乡村振兴的专题讲座。主要从乡村振兴战略的提出、总体要求、制度支撑、几点思考等视角,和大学生交流乡村振兴战略实施中地方的积极

探索,高屋建瓴、深入浅出、案例鲜活,为专题社会实践开展提供理论支撑和方法指导。新时代提出的乡村振兴战略和社会主义新农村建设要进行比较研究,对于农村农业现代化要进行深入思考。专家和大学生分享乡村振兴的时间表、路线图、总体要求等,并结合相关具体做法和大家深入交流。讲座过程中,专家对大学生应该如何开展调研、如何查阅资料等,给出十分中肯的建议。

2. 现场考察调研

马克思主义学院面向全校遴选有意愿的优秀学生,教师带领50名左右在校大学生奔赴典型乡村,通过参观高效农业示范园、乡镇图书屋、乡镇振兴展览馆,乡村振兴代表人物访谈等方式开展思想政治理论课"推进实施乡村振兴战略情况调研"专题社会实践活动。实践调研中注重问卷调研,探寻助力途径。

3. 开展专题调研实践小结

在聆听专家报告和实地调研基础上,大学生在老师指导下,积极开展小组讨论,记录实践的所见、所闻、所思、所感,其中不乏很多极具价值的意见,这为提高新时代大学生综合素质和撰写高质量调研报告奠定基础。

首先,各小组学生代表和班长对这次调研活动进行总结,资料共享,数据综合统计。

然后,教师代表发言,希望大学生在调研基础上,选取恰当视角,多查阅资料,多深度思考,利用时间,积极撰写调研报告,并与带队老师多沟通,争取多出精品。

最后,带队领导对专题活动进行小结,并对调研后期相关任务进行布置。

附录　"推动实施乡村振兴战略情况"调研问卷

"推动实施乡村振兴战略"专题问卷调查

为使理论教育与社会实践教育相结合,为地方经济社会发展献计献策,思想政治理论课实践教学举行专题调研。这份调查问卷是其中一部分,不涉及个人具体信息,敬请真实填写,感谢您的参与。

一、单项选择

(　　)1. 您听说过"乡村振兴战略"吗_____

A. 非常熟悉　　　B. 较熟悉　　　C. 一般　　　D. 不知道　　　E. 从未听说

(　　)2. 您认为当地政府对农业、农村的重视程度_____

A. 特别高　　　B. 较高　　　C. 一般　　　D. 不高　　　E. 极不重视

(　　)3. 您对所在地区乡村(农业、农民、农村)的政府补贴、财政投资、政策扶持和金融融资便利性等的满意程度_____

A. 特别满意　　　B. 较满意　　　C. 一般　　　D. 不满意　　　E. 极不满意

(　　)4. 您对所在地区的基础设施建设(道路、医疗、养老设施)现状的满意程度_____

A. 特别满意　　　B. 较满意　　　C. 一般　　　D. 不满意　　　E. 极不满意

(　　)5. 您对所在地区的公共建设服务(文化建设、教育、厕所卫生)满意程度_____

A. 特别满意　　　B. 较满意　　　C. 一般　　　D. 不满意　　　E. 极不满意

(　　)6. 您认为"乡村振兴战略"和"新型城镇化""特色小镇"的相关程度_____

A. 强相关　　　　B. 有关联　　　　C. 不清楚　　　D. 不相关　　　　E. 无任何关联

（　　）7. 您对当地政府目前实施的农业补贴政策、土地承包政策和宅基地流转政策的满意程度_____

A. 特别满意　　　B. 较满意　　　　C. 一般　　　　D. 不满意　　　　E. 极不满意

（　　）8. 您对所在地区农村农副产品生产能力及品质的满意度_____

A. 特别满意　　　B. 较满意　　　　C. 一般　　　　D. 不满意　　　　E. 极不满意

（　　）9. 您是否通过互联网卖东西_____　　　A. 是　　　B. 否

（　　）10. 您对所在地区乡村的政府职业培训、农民返乡就业的满意程度_____

A. 特别满意　　　B. 较满意　　　　C. 一般　　　　D. 不满意　　　　E. 极不满意

（　　）11. 您认为当地政府带动村民就业增收的支持力度_____

A. 特别大　　　　B. 较大　　　　　C. 一般　　　　D. 不大　　　　　E. 极小

（　　）12. 您认为当地政府对乡镇龙头企业的支持力度_____

A. 特别大　　　　B. 较大　　　　　C. 一般　　　　D. 不大　　　　　E. 极小

（　　）13. 您对所在地区文化旅游、健康养老等产业发展的满意程度_____

A. 特别满意　　　B. 较满意　　　　C. 一般　　　　D. 不满意　　　　E. 极不满意

（　　）14. 您认为当地政府对培养新型职业农民支持力度_____

A. 特别大　　　　B. 较大　　　　　C. 一般　　　　D. 不大　　　　　E. 极小

（　　）15. 您对所在地区的生态环境、空气质量、土壤污染等的满意程度_____

A. 特别满意　　　B. 较满意　　　　C. 一般　　　　D. 不满意　　　　E. 极不满意

（　　）16. 您对所在地区乡村的食品安全、政府打击假货的满意程度_____

A. 特别满意　　　B. 较满意　　　　C. 一般　　　　D. 不满意　　　　E. 极不满意

（　　）17. 您对所在地区乡村的乡村书记、村主任的换届选举的满意程度_____

A. 特别满意　　　B. 较满意　　　　C. 一般　　　　D. 不满意　　　　E. 极不满意

（　　）18. 您对所在地区乡村的村书记、村主任的履行职责、业绩表现和做事公正的满意程度_____

A. 特别满意　　　B. 较满意　　　　C. 一般　　　　D. 不满意　　　　E. 极不满意

（　　）19. 您对当地政府实施的精准扶贫工作的满意程度_____

A. 特别满意　　　B. 较满意　　　　C. 一般　　　　D. 不满意　　　　E. 极不满意

（　　）20. 您对当地政府实现"乡村振兴战略"目标的信心_____

A. 信心百倍　　　B. 有信心　　　　C. 不确定　　　D. 没信心　　　　E. 毫无信心

二、多项选择

（　　）1. 您认为推动乡村振兴的任务有哪些方面？

A. 乡村产业振兴　　　　　B. 乡村人才振兴　　　　　C. 乡村文化振兴

D. 乡村生态振兴　　　　　E. 乡村组织振兴

（　　）2. 我市乡村产业振兴的最急需的有哪些？（多选）

A. 发展特色农业产业　　　B. 发展乡村休闲农业　　　C. 发展农产品加工

D. 推进特色田园建设　　　E. 鼓励农民就地创业　　　F. 其他

（　　）3. 若您在互联网上卖的东西，一般是_____（可以多选）

A. 农副产品类 　　　　　B. 手工艺品类 　　　　　C. 土特产类

D. 服务类(培训等)

(　　)4. 若身边有人不愿意返乡的情况,您认为大家不愿意返乡创业的原因_____

A. 政府政策不到位 　　　B. 没有创业环境 　　　　C. 不知道该做些什么

D. 没有专业技能 　　　　E. 城市创业更好 　　　　F. 其他

(　　)5. 您觉得我市乡村人才振兴重点是吸引哪些人才?（多选）

A. 返乡农民创业 　　　　B. 退伍军人返乡创业 　　　C. 吸引人才到农村创业

D. 培育新型职业农民 　　E. 加强农村基层人才队伍建设

F. 鼓励科技人才下基层 　G. 其他_____

三、主观题

您对乡村振兴有何好的建议?

_____

_____

填表人的基本信息:

(　　)1. 性别_____

A. 男 　　　　　　　　　B. 女

(　　)2. 年龄_____

A. 小于 20 岁 　　　　　B. 20—35 岁 　　　　　　C. 36—50 岁

D. 50—60 岁 　　　　　　E. 60 岁以上

(　　)3. 您的职业_____

A. 政府公务员 　　　　　B. 事业单位 　　　　　　C. 企业员工

D. 农民 　　　　　　　　E. 其他

(　　)4. 您的学历_____

A. 高中及以下学历 　　　B. 大专或本科学历 　　　C. 硕士学历

D. 博士及以上学历

(　　)5. 您的个人年收入_____

A. 3000 元以下 　　　　　B. 3000 元到 3 万元 　　　C. 3 万元到 6 万元

D. 6 万元到 10 万元 　　　E. 10 万元以上

(　　)6. 在您的年收入中,农业带给您的收入_____

A. 100 元—1000 元 　　　B. 1000 元到 3000 元 　　　C. 3000 元到 5000 元

D. 5000 元到 1 万元 　　　E. 1 万元到 5 万元 　　　　F. 5 万元到 10 万元

G. 10 万元以上

(　　)7. 在您的年收入中,服务业(如休闲观光、游客采摘、农家乐等)带来的收入_____

A. 100 元—1000 元 　　　B. 1000 元到 3000 元 　　　C. 3000 元到 5000 元

D. 5000 元到 1 万元 　　　E. 1 万元到 5 万元 　　　　F. 5 万元到 10 万元

G. 10 万元以上

范例

关于全面发展视域下乡村振兴战略实施的思考
——以经济与生态相结合为例

一、实施乡村振兴战略是新时代发展之需

什么是乡村振兴？显然易见是对乡村、农村兴旺发达的概括。针对农业、农村、农民"三农"问题进行解决，同时加强城乡一体化，要坚持农业农村优先发展，巩固和完善农村基本经营制度。加强农村基层基础工作，培养造就一支懂农业、爱农村、爱农民的"三农"工作队伍。我国是农业大国，全国近 14 亿人口，一半以上是农村人口。因此，实现乡村振兴战略是我国实现社会主义现代化，由历史、国情决定的必然的道路。在中国富强的道路上，如果占据近一半的农村人不富强，那么，谈何中国富强。同时，中国特色社会主义已进入新时代，社会主要矛盾已经转化为人民日益增长的美好生活需要和不平衡不充分的发展之间的矛盾。因此，高度发展城市的同时，乡村振兴战略的正确实行能够实现国家发展的平衡。

二、全面发展视域下乡村振兴战略的实施路径思考

以农业大市宿迁为例，在宿迁市牢固地树立"招商为头，项目为王"理念。在 2018 年上半年，全市 132 个农业重大项目完成投资 29.42 亿元，建成面积 17.82 万亩，完成计划建设面积的 87%。去年考核达标的 73 个项目正常运行，其中 52 个扩大生产，新增投资 5.8 亿元，扩建面积 7790 亩。初步统计，132 个项目所需工人超 5000 个，上半年带动农民人均增收 3000 余元。乡村振兴必须与时代相结合，毫无疑问的是乡村必须依靠时代，随时代发展而发展，依靠时代的力量，同时，发展也需结合自身特点。

（一）生态与经济融合发展下的耿车镇乡村振兴探索

就宿迁市宿城区耿车镇而言，在乡村振兴战略中实现明显的成功转型。转型之前，耿车镇发展主要依靠工业。经过多年的积累发展，耿车镇初步形成塑料和板材两个主导产业，全镇 5200 多农户中有 1500 多户从事塑料产业，塑料收购、加工年吞吐量 50 万吨以上，市场网络覆盖全国各地，为苏北地区规模最大的废旧塑料收购和加工基地，近 1/5 的农户从事塑料产业。"耿车模式"在 20 世纪 80 年代探索在不发达地区发展乡镇企业，也曾响彻全国。的确，"耿车模式"带来一段时期内耿车镇经济的迅速发展，但是，塑料工业的发展在带给耿车镇发展的同时，也带来了严重环境污染。实践证明，这种以牺牲环境为代价的发展模式是不可持续的乡村发展道路。

"仓廪实则知礼节，衣食足则知荣辱"。乡村振兴战略是乡村全面发展的策略，应是基于乡村经济发展基础上的，生态与文明齐头并进的乡村发展之路。可以看到的是，耿车镇在 2016 年春节前后转型后的发展发生巨大变化。一手对废旧塑料回收加工产业关停并转，一手向家具电商、花卉苗木等绿色产业加速转型。回收废旧塑料转型成塑料的再加工，这不仅缓解了对环境的污染，而且改变经营模式加强了企业的品牌建设。而依靠家具、花卉苗木等绿色产业的发展，带动了周围居民的就业问题，同时结合宿迁市的京东这一品牌，利用电商这一新时代产物，将产品向全国销售。在宿迁市农村电子商务销售额达

到 300 亿元。

在乡村经济稳健提高的同时,耿车镇面对曾经"垃圾村"的称号,大力实施人居环境提升工程,先后开展美丽乡村大众村、田园乡村红卫村和水美乡村刘圩村的"三村"建设。大众村完成村庄道路、管网、绿化、风貌改造等建设,水景公园、社区中心建设完成,乡情厅正在布展;红卫村完成土地平整、道路硬化、管网铺设、节点打造、村庄绿化等工作;刘圩村完成道路硬化及景观桥、微动力污水处理站、管网、公厕、广场等项目建设。同时,在一些居民房的墙上,画了宣传画,表现了告别过去,对未来美好生活的展望。

对于乡村来说,生态环境是重点,甚至可以说乡村是城市的"公园",但是提高人民的经济收入是重中之重。因此,一些乡村发展旅游业,不仅可以增加居民收入,而且可以改善生态环境。经济、生态两者相辅相成,将乡村看成一栋房子,那么经济是房子支撑,生态是房子内外的装饰,两者有机结合,缺一不可。

（二）生态与经济融合发展下的新庄镇乡村振兴探索

与耿车镇相比较而言,宿迁市新庄镇发展的重点是乡村旅游业。以"生态"发展经济,对于在乡村居住的村民要更有优势。乡村不同于城市,大多以农田为主,并且环境好、生态宜居。基于中国社会城镇化的高速发展,大多数居住在城市的居民相对来说比较富裕。在物质生活相对富裕的同时,城市居民开始寻求丰富精神生活的道路。在乡村发展旅游业,农业与生态旅游业结合,在纾解城市居民压力的同时,给乡村带来经济发展并提高乡村居民的生活质量。这条道路是可行的,符合 1987 年邓小平提出的"让一部分人、一部分地区先富起来,逐步实现共同富裕"思想,即以城市居民带动乡村居民,实现乡村振兴。

新庄镇的乡村振兴主要依托引进外商投资和政府的支持。尤其是新庄镇的新庄杉荷园,总投资 29015 万元,坐落于新庄镇朱瓦村,专项打造新庄杉荷园,杉荷园规划总面积 8 平方公里,园内荷藕飘香、池杉密布,鸟类众多,多达十余万只。园区规划功能布局为"一心两环四区",一心即综合服务与管理中心;两环分别是内环的漫游休闲游憩环,外环的自驾观光游览环;四区有荷香翠海游憩区、魅力田园体验区、缤纷花果游赏区、杉林生活休闲区。就以荷香翠海游憩区而言,引进台湾九品香水莲,以其香味淡雅高贵,颜色美丽,花期长,颜色之多(金、黄、紫、蓝、赤、茶、绿、红、白等九大色系)而小有名气,鲜花除可供人类观赏、炖煮食物等外,还可作成九品香莲茶。杉荷园对该莲的引进不仅因为莲的观赏价值,还因为其可供人食用的价值……

谈及农业与生态旅游业结合的优势,无异于乡村经济与生态的双丰收。在社会发展中,旅游业成为全球经济发展势头中最强劲的一支,并且在人口众多的中国,旅游业是我国经济发展的其中一个支柱性产业。中国旅游业对国民经济综合贡献和社会就业综合贡献率均超过10%,2017 年全国旅游业对 GDP 的综合贡献为 9.13 万亿元,占 GDP 总量的 11.04%。旅游直接就业 2825 万人,旅游直接和间接就业 7990 万人,占全国就业总人口 10.28%,可见乡村发展旅游业的未来前景十分可观。

以上两村镇的乡村振兴探索是相当成功的,不仅提高了乡村居民的生活质量,而且对于环境的治理措施相当完善。发展的同时挖掘自身特点,形成乡村的特点。归根究底,如何发展乡村,实现乡村振兴道路,最主要的支柱就是经济发展起来,并且是在不破坏乡村自身生态的前提下。否则,就会像耿车镇未转型之前的状态。乡村农业与生态旅游业结合,发展旅游业的前景是巨大的,可以带动当地劳动力,发展当地的交通等等。考虑到现代社会生活压力,乡村旅游可以提供解压的场所,提高游客之间的互动关系,以及带动乡村经济。这种方式更像是多米诺骨牌,以小板推动大板,实现乡村振兴的同时也向着实现中国特色社会主义现代化强国迈进一大步。

(作者:沈纪涛;指导教师:吕甜甜)

第二章
高校思想政治理论课分散个人实践教学

第一节　思想政治理论课分散个人实践教学的制度

一、活动目的

为深入学习习近平新时代中国特色社会主义思想和党的十九大会议精神、贯彻习近平总书记在全国高校思想政治工作会议和党史教育动员大会讲话，落实《中共中央、国务院关于进一步加强和改进大学生思想政治教育的意见》《中央宣传部、教育部关于印发〈普通高校思想政治理论课建设体系创新计划〉的通知》等精神，为培养应用型人才服务，使理论教育与社会实践教育相结合，学校在全体学生中开展思想政治理论课分散个人实践教学。

二、内容安排

思政课社会实践指导教师依据思政课课程教学大纲，结合社会热点和焦点问题，设计实践选题，学生在指导教师的指导下根据自己的情况确定便于自己进行调研的选题。学生在暑假开始后围绕所选题目展开为期2—3周的社会实践，搜集资料并进行整理和分析，写成不少于2000字的社会实践报告（调查报告或心得体会），报告和实践情况将作为评定学生思政课社会实践成绩的主要依据。

三、工作安排

1. 马克思主义学院组织更新和充实选题库，对指导教师进行动员和培训，落实思政课社会实践教学任务。

2. 指导教师对学生进行动员，帮助学生确定选题，使学生明确暑期社会实践任务和要求，并通过各种形式与学生进行交流，指导学生和答疑。

3. 指导教师收阅学生思政课社会实践登记表和思政课社会实践报告，做好总结，完善相关材料。

四、实践要求

1. 大学生应严格按照统一部署,积极参加社会实践,认真完成实践任务填写"思政课"社会实践登记表,并认真撰写社会实践报告(调查报告或心得体会)。学生在实践过程中要认真踏实,围绕选题进行深入调查研究,所撰写的实践报告必须是本人调研所得,严禁弄虚作假,抄袭他人成果,一经发现,实践成绩以零分计。

2. 社会实践报告必须按照统一要求打印、装订;各班学习委员在新学期开学后的两周内统一上交纸质版"思政课"社会实践登记表、实践报告、相关支撑材料(也即具体可证明实践活动的各种材料,必须具备)及电子版实践报告(班级全体成员打包,文档名称为系别＋班级＋姓名＋学号＋文章题目)给思政课教师。社会实践报告的格式要求为:A4纸打印、左侧装订;标题不超过25字,用黑体、小二号字居中;标题下一行为系别、班级、姓名、学号、联系电话及指导老师,用宋体、四号字居中;正文用宋体、四号,1.5倍行距。

3. 实践综合成绩的评定由思政课教师承担,教师认真评阅学生实践报告。

第二节　思想政治理论课分散个人实践教学的选题

1. 党的群众路线教育实践活动情况调研;
2. 生态文明建设情况调研;
3. 城乡经济社会发展情况调研;
4. 城乡文化发展情况调研;
5. 大学生就业状况调研;
6. 大学生创业状况调研;
7. 农村合作医疗现状调查;
8. 新型农村社会养老保险实施情况调研;
9. 企业在落实国家节能减排方面措施调研;
10. 本地文化遗产问题调研;
11. 城乡居民的环保意识调研;
12. 城乡家庭生活变化调查;
13. 城乡居民节约用电用水意识调查;
14. 城乡居民的道德现状调研;
15. 城乡居民收入结构和消费结构的变化;
16. 大学生村官在新农村建设中作用调研;
17. 农村留守儿童教育状况和生活状况调查;
18. 改革开放以来家乡变化发展调研;
19. 农民眼中的新农村建设调研;

20. 留守儿童心理健康的调查；

21. 新生代农民工文化生活的调查；

22. 农民工子女入学状况调查；

23. 大学生上网问题调查；

24. 城市社区或农村医疗条件现状调查；

25. 土地使用权流转问题调研；

26. 建设节约型社会的调查研究；

27. 城乡居民社会公德状况调研；

28. 社会诚信度现状及其影响调查；

29. 企业文化建设调研；

30. 本地宗教信仰状况调研；

31. 本地公民法治意识状况调查；

32. 其他(包含打工、家教等的切身感悟)。

思想政治理论课分散个人实践登记表

实践选题				
姓　　名		学院班级学号		
联系电话		指导老师		
选题理由				
实践过程				
实践总结	简要总结(另附实践报告或论文)			
实践单位意见	实践单位:(签章) 　　年　　月　　日			

范例一

J市创建文明城市情况调研报告

新思想引领新时代，新时代呼唤新作为，新作为开启新征程。J市文明城市建设大会召开后，百余志愿者走上街头，认真引导，以己之力影响他人。为了调研J市文明城市创建工作开展情况，我们采用问卷调查的方式，深入群众，了解具体情况，也为了发现问题、解决问题，推动文明城市创建工作更上一层楼。

一、J市文明城市创建工作开展情况

（一）深化学习教育，全面提升社会成员的整体素养

各单位通过支部学习、党日活动，开展道德讲堂活动，推动社会主义核心价值观的学习、传播，在学习宣传中提高社会成员对创建文明城市的知晓率、支持率。本市还深入挖掘善行义举的典型事迹，积极开展身边最美人物、凡人善举、"J市好人"等推选评选活动。

全市范围组织开展了"与文明同行"主题教育实践活动。活动要求社会成员认真学习了解文明城市创建相关精神和文明创建有关知识，进一步明确自己在文明创建中的社会责任和义务。问卷调查数据显示，18.18%的居民经常参加本市开展的宣传活动，还有72.73%的居民偶尔参加，9.09%的居民没有参加过这类活动，说明文明城市创建工作初见成效。

（二）积极开展志愿服务行动，大力推进诚信建设

J市在"志愿江苏平台"招募志愿者，成立了社会志愿服务队伍，要求80%以上的志愿者每年参加志愿服务活动的时间必须超过25小时。志愿者们积极开展文明城市创建宣传、扶贫帮困、慈善捐助、义务献血、服务非公企业等各类志愿服务活动，同时也为社区的文明创建宣传、氛围营造、道德教育阵地建设做出贡献。

J市还大力推进诚信建设。市委统战部、市无党派联谊会、工商联结合部门行业特点，在全市商会系统中深入开展以"守法诚信、坚定信心"为重点的非公经济人士理想信念教育实践活动。要求行业管理者积极参加文明创建工作中的各类会议、活动，同时各个政府岗位上的职员要认真、按时、保质完成市里交办的各项创建工作任务。

（三）强化企业自主创新，向高质量发展迈进

J市充分发挥市场需求导向作用，推动以企业为主体的产学研究，并加快创新体系建设。发挥"江苏硅谷"的创新引领作用，以南大国家级"双创"园、东软大学生创新创业园等为平台，孵化培育一批科技型企业，同时以企业为主体，鼓励企业与南京、上海等地科研单位、院校合作，不断研发具有核心竞争力的新技术、新产品，并以此为抓手，拓宽国内外市场，形成新的经济增长点，提升工业经济质态。

二、J市文明城市创建工作的不足

调查显示，J市各个年龄阶段的居民对创建活动比较了解，90.91%的居民对创建工作比较满意，9.09%的居民对创建工作不满意，说明创建工作中仍然存在一些不足需要我们去改进。

（一）公共秩序不规范

政府为加大对公共秩序的管理，在本市征集志愿者，要求志愿者在马路上对违反交通规则者进行批评教育。此政策的实施在一定程度上缓解了交通问题，不过依然存在一些不足。

上下班高峰期车流量大,农民工骑车人数多,大多数人不清楚交通规则,有的分不清机动车、非机动车道,有的走反道、闯红灯,甚至没有牌照,这些问题不是志愿者就可以解决的,我们还需要从根本上解决问题,应该在城乡各地宣传交通法规,让更多的农民工重视交通问题,对自身的生命安全负责。

(二)公共设施不齐全

公共设施还没有完全覆盖,一些老小区的公共照明设备、公共消防设备、消防楼梯、通道没有进行检查,有的老化,不能使用。还有一些公共安全设备(围墙、摄像头、护栏、园区大门、栏杆等等)、公共排水设施(公共排水管道、下水渠道、井管、各类水泵等等)、公共配电设施(高低压配电室、配电箱、配电柜、电力管井、电闸箱、表具、线槽等等)、公共健身及儿童娱乐设施等,这些公共设施不能完全覆盖到乡镇,导致城乡差距,所以这部分还需要政府投入资金进行整改。

(三)社会治理不到位

社会上还存在贫富差距、教育差距的问题,乡镇一些农民土地被收回后,没有生活来源,仅靠一些生活补贴是完全不够的,政府需要提供一些岗位给农民,确保满足其最低生活水平。乡镇教育水平、师资力量没有城里好,政府应该平均分配师资力量,让乡镇的孩子们受到更好的教育,同时也要完善公共教育设施。

(四)号召力不够强大

一些乡镇居民不了解创建文明城市活动,而城里居民相对了解得多一些,说明号召力不够强大,政府还需要在乡镇大力宣传创建文明城市活动,将新政策、新想法带进乡镇,加快乡镇发展,争取城乡发展均衡。

三、J市文明城市创建工作的改进措施

(一)加强公共道德建设

为提高公共秩序,大力加强公民道德建设,认真贯彻落实《公民道德建设实施纲要》,政府需要广泛深入地开展爱国主义、集体主义和社会主义教育,进行社会公德、职业道德、家庭美德和个人品德教育,努力在全社会形成共同理想和精神支柱。开展文明礼仪宣传教育和文化活动,提高市民素质,大力弘扬见义勇为行为,引起社会认同,让全民参与文明城市建设。积极开展群众性精神文明建设,以争创文明城市工作为载体,深入开展文明单位、文明乡镇、文明社区、文明家庭等活动,夯实创建工作基础,推动社会风气、公共秩序、生活环境和社会服务的全面改善。加大文明市民的评选、表彰和宣传力度,大力弘扬和创建市民文明工程。

(二)加强公共设施安全建设

执法机关要严格依法执法,确保市容环境文明有序。政府要建立公共安全保障机制,完善110报警服务、公共消防、小区公共设施,坚决打击违法犯罪,对破坏公共设施、不遵守交通规则、乱涂乱贴等现象要加大打击力度。同时要充分发挥社区作用,加强社区与城管的协同配合,建立绿色、和谐社会,并抓好诚信建设,建设守信单位,提高公共服务行业的质量,加强对窗口行业服务质量的监管,加强对行业职工的诚信教育。

(三)紧扣城乡重点,保障经济平稳运行

大力发展白兔草莓公园、丁庄葡萄合作联社、西冯村花草木合作社、木易园花木交易市场等项目,使广大群众对我市"多业态打造、多主体参与、多机制联结、多要素发力",推动农村产业融合发展,发挥自身优势、聚力打造"江苏硅谷、生态农业、全域旅游"三张名片有了更加具体的认识,起到新时期宣传J市、推广J市的重要作用,同时也缩小城乡差距。

（四）加大宣传力度,调动群众积极性

相关部门要加强宣传力度。广播、电视、报纸等主要媒体要拿出黄金时段、重要版面,宣传创建知识、先进典型,加大反面曝光力度,及时公示创建工作进展情况,接受群众监督。各部门还可以采取多种形式和方法,充分利用好城乡范围内的广告牌、宣传栏、电子显示屏等载体,加大创建宣传力度,营造浓厚的创建氛围,充分调动广大人民群众参与创建的积极性,把广大人民群众变为创建文明城市的支持者、参与者,形成攻坚克难的强大力量。

（作者:洪梦楠;指导教师:李明建）

范例二

暑期信访工作社会实践总结

信访工作是党的群众工作的一个组成部分,是群众反映诉求的重要通道,是党和政府联系群众的桥梁,在化解人民内部矛盾方面发挥基础性作用,是实现社会和谐的重要工作。

信访部门是政府部门的重要组成部分,因此信访工作也是政府工作的重中之重。信访关系国计民生,关系着一个国家的发展。通过信访,可以最直接了解百姓的心声,了解群众的需求,了解人民的意见。因此,我在J省S县信访局展开本次思想政治理论课暑期社会实践,深入信访工作,了解信访。

在没有接触信访工作之前,我认为信访部门只是单纯地化解群众与政府矛盾关系的部门,并没有其他的职能。后来进入了信访部门进行了亲身的实践,才对信访工作有了深入的了解。S县信访局共有四个科室:办公室、督查科、接访科与办信科,四个科室各有不同的职能。办公室具有综合协调职能,对局机关内部主要负责文秘、后勤以及会议安排等工作;对局机关外部主要负责联络以及关系协调等工作。督查科承担上级领导交办的各类信访事项工作的督查、督办和处理落实工作。负责本局各类信访事项工作的督查督办,处理落实工作;负责对全市乡镇、街道和市直部门信访工作进行检查、协调和指导、通报、考核;同时完成局领导交付的其他工作。接访科的工作最为贴近民生,负责日常的群众接访以及全市接访工作的业务指导和培训等工作。办信科负责上级党委、政府及市委、市政府交办信件的办理、催办、督办、反馈、报结以及受理和处理群众各类来信的复查、复核等工作。

本次实践我是在信访局办信科,主要负责处理上级领导交办的信访件以及群众各类来信的复查、复核。例如最近S县影响很大的电动车上牌事件,有群众来访举报该县的电动车上牌不符合规范,就是我们科室负责处理。接到群众来访后,科室负责联络电动车上牌单位S县公安局,并与公安局的信访部门进行对接,让其对来访进行处理并进行答复,最终处理了该信访事件。

在本次实践的一个月中,我对信访的工作流程也有了大概了解。群众反映诉求或有纠纷需要调解、协调时,乡（镇）接待人员实行首问负责制,要认真听取诉求,掌握群众反映的问题,理顺来访人情绪。诉求简单,经协调问题得以化解,当事人无异议的,不需要填写《信访诉求单》,只要做好接待记录。乡镇社会矛盾调处中心（信访工作机构）接到群众上访反映较复杂的问题以及村居(社区)报送的无权解决的群众诉求后,应填写《信访诉求单》,及时录入信访信息系统,并按下列方式办理:(1) 符合信访受理范围的,按《江苏省信访条例》规定办理,15 日内出具信访事项受理告知书,自受理告知之日起 60 日内办结并出具书面答复意见;重大复杂问题可延长 30 日,并书面告知延期理由。(2) 不符合信访受理范围的,不进入信访程序,由相关职能部门按有关法规及法定程序、期限办理。(3) 群众直接上访反映问题,需由村居(社区)先行处理的信访诉求,应在 5 日内转送村居(社区)办理。(4) 不在本级人民政府工作职责范围内和本级政府无权解决的,应在 15 日内书面告知当事人,同时将群众诉求递交到县社会矛盾调处中心办理。这就是一个信访件的标准处理方法。由此可见信访处理工作的复杂,更体现出信访工作人员的艰难与不易。但是为了保障群众的权益,同时也为了政府工作的正常开展,他们每天都坚守在岗位上,为了社会更好的发展而坚持不懈地奋斗。

在信访部门实践的这一个月以来,我学到了很多,也收获了很多。在信访部门可以最直接与群众百姓接触,可以倾听群众的心声,了解群众的需求,感受群众的疾苦,了解了生活的不易。实践中我也了解到很多政府部门处理群众问题的思路和方法,知道政府办事部门工作人员的辛苦和不易,也知道了普通群众可以运用法律武器来维护自己的合法权益。

(作者:周子豪;指导教师:李明建)

第三章
高校思想政治理论课春节专项实践教学

第一节 思想政治理论课春节专项实践教学的意义

春节是我国分布最广泛、涉及人口最多、参与民族最多、内容最丰富的传统节日,在人们的生活体系、情感体验、精神世界和民族国家构建中担当着重要的角色。伴随着全球化、现代化、城市化的全面推进,春节作为中华文化的一个标志性符号,在节日的形式、内容、功能意义等方面也正发生着种种变化。在思想政治理论课教师指导下,大学生在寒假开始后,围绕"春节"主题,包括春节文化、春节习俗、春节消费、春节旅游、春节就业、春节物价、春节民生等,自选题目,开展专项社会调查,完成社会调查报告,对于全面了解春节在我国的传承情况,推动传统节日文化的保护和传承,具有极其重要的意义。

一、强化青年学生的节日认同,弘扬传统节日文化

春节是一个拥有广阔时空性的综合文化载体,它对文化传承与生产的推动力显而易见。青年学生是春节文化传承的主要人群之一。在青年学生对于春节文化的传承中,节日内涵的缺失现象日益凸显。就其根本而言,这实际上又与节日符号仪式在青年学生中的文化认同缺失有关。对青年学生而言,春节节日内涵的文化传承必须建立在对春节节日符号与仪式认同问题的解决之上。青年学生对春节节日符号与仪式的文化认同是否实现,符号仪式的数量不是关键。调查显示,社会引导与亲身参与是青年学生实现对春节符号与仪式认同的两大主导原因。在调查中,对"您认为哪些节日符号或仪式最能代表春节"的问题,青年学生认同度最高的前两项分别为"春联(81.2%)"与"鞭炮(76.80%)",认同度最低的分别为"庙会(23.80%)"和"生肖(20.50%)"。"春联"与"鞭炮"之所以成为青年学生的首选,原因在于两个方面:一是"贴春联""放鞭炮"是当下春节习俗中社会普及度最高的两项,青年学生的认同包含被社会引导的因素;二是"贴春联""放鞭炮"对青年学生来说也是参与最为方便的春节仪式,参与性以及由此形成的节日记忆是引起其节日认同的重要原因。"庙会"与"生肖"之所以成为青年学生认同度最低的节日符号仪式,原因则在于:"逛庙会"首先在社会普及度方面不尽如人意,这使得青年学生对它的文化认同普遍较差;"生肖纪年"虽然社会普及度较高,但对青年学生,"今年是什么年"在公元纪年的冲击之下已变得相当模糊,切身参与性低。社会引导与亲身参与,对青年学生春节节日符号与仪式认同的养成缺一不可。

二、提高青年一代的文化认同感,增强节日文化意识

中国经济的高速发展,使年青一代有了更宽阔的视野和更自我的生活。相对于西方人有明确精神寄托的宗教情感,当代中国人缺乏一种真正深入骨髓的民族信仰。根据清华大学的一项调查显示,当代大学生对西方主要节日的了解程度相当高。90%以上的学生听说过圣诞节、情人节、愚人节、万圣节、母亲节,并且能够准确地说出日期;60%以上的学生对于其中一两个节日,如圣诞节、情人节等还能描述出其大致的文化内涵。另外,调查还发现当代大学生对中国传统节日的态度比较淡漠。60%左右的学生表示自己对传统的中国节日如端午节、中秋节、重阳节等没有什么兴趣,而在这部分学生中热衷于过西方节日的学生又占到了80%以上。几千年来儒家精神伴随中国的历史发展,并在一定程度担当着教化人民的任务,但儒家思想发展过程中存在的断层,不仅是传统文化传承的缺憾,也无法起到信仰的作用。尤其是当今社会,中国的儒家传统文化只是更多地处于探讨和研究层面,还没有作为一种自觉的行为规范而被全社会接纳和自觉弘扬。所以信仰危机在青年学生群体中不断蔓延,使他们对传统文化缺少主动了解和认同,甚至产生厌倦情绪。一些青年学生仅从最浅层亲近和盲目推崇外来文化,漠视本土文化,缺少对本民族传统文化内涵的深层认知。由于过春节的地域和民族众多,所关涉、包含的民俗事项内容多样,一般从腊月二十三四寓意除旧迎新的"扫尘"开始,春节的民俗活动一件接着一件,贴春联、贴年画、祭祖、吃年夜饭、守岁、发压岁钱、拜年、赶庙会等,直至正月十五闹元宵之后,绵延近 20 天的春节年味才渐渐淡去。在春节调查中,同学们会发现这一基本的节日内容,会因民族不同、地域差异,呈现出不同的样式,如苏南、苏中、苏北对于拜年的做法就有很大差异,这就大大激发了他们对于传统节日深层次的文化内涵的探究的兴趣,对此,很多学生坦言对春节的来历、习俗有了更深刻的理解,自己的节日文化意识大大增强。

三、促使青年学生悦纳中国传统节日文化,激发爱国热情

带有传统意味的春节往往不太受青少年的欢迎,另类的西方节日文化却虏获了绝大多数青少年的心,这不能不说是传统民俗文化的一种尴尬。社会的多元化,文化的经济价值化,大众媒体对"洋节"的猎奇与追捧,商家对"洋节"的有意炒作,恰好迎合了现代都市人的快节奏,尤其是年轻一代的时尚追求。而传统春节习俗古老而繁琐,内蕴深远却不符合当下年轻人的审美观,再加上并不明显,甚至根本没有的经济价值,失宠自然难免。通过全社会的宣传合力,使青年学生得到传统文化的浸润,增加对传统文化的自豪感有很多种途径。如以高校、企事业单位、文化科研机构为主体,定期召开各类"传统节日文化建设"学术研讨会,宣传传统节日文化,探讨传统节日文化在现实生活中的意义,营造浓厚的舆论氛围。新闻媒体负起文化责任,传播传统节日文化,商家借助商业活动扩大传统节日的影响力。但是让大学生亲身调查春节习俗、春节消费、春节旅游、春节就业、春节物价、春节民生等,可以让学生更加直观地理解这一方面的问题。在提升民族感的同时,对于传统节日和西方节日有更好的比较,可以让学生对一些如春节旅游存在哪些问题的基础上,加强思考,从而让青年学生

有一种责任意识和忧患意识,去更好地关注国计民生,思考一些具体问题的解决方法,而不是一味抱怨。这也可以有效抑制在青年学生中出现的节日文化淡化现象。通过自己去调查春节习俗等,不仅可以提高青年一代对传统文化的认知、接纳与热爱,还可以让他们深入挖掘传统文化的内涵,弘扬传统文化精髓,使他们动心动情,并自觉地成为优秀传统文化的继承者和追随者。

四、弘扬传统年俗文化,增强民族凝聚力和自信心

百节年为首。在中华民族绚丽多彩的众多节日中,最普及、最盛大、最隆重、最有民族特色、最有广泛影响的是春节,是几千年来中国人民共同创造的非物质文化遗产,也是中国传统文化遗产的重要组成部分。与日常生活相比,春节期间的民俗文化气氛更加浓厚,民俗事项也更加繁富多样,像煮腊八粥、扫尘送灶、置办年货、书贴春联、剪贴窗花、张贴年画、敬祭祖先、吃年夜饭、除夕守岁、燃放爆竹、辞旧迎新、送压岁钱、新春贺年、送穷迎富、元宵灯会等民俗文化活动,在春节期间都得到了远较日常更充分的展示。春节实质是中国人衣、食、住、行、用、乐民俗生活方式的集中体现,是中国人福、禄、寿、禧、财人生理想的美好追求,是中国人人伦关系的心理需要,是中国人国情、乡情、民情、家情、亲情的强烈升华。从积极方面而言,过年则是中华民族家庭和合、社会稳定、国泰民安的凝聚力和纽带。一言以蔽之,它体现了中国人和合、团结的民族精神。可以说,传承千载的春节年俗文化是我们民族的根,是生生不息的一泓清泉,中华民族子孙应该珍视、保护这根和泉,并使之世代传承下去。民俗文化好比一座大熔炉,中国人是在这座熔炉中共同熔炼、锻造出来的。春节已被列入国家非物质文化遗产保护名录。它是中华民族智慧和文明的结晶,是联结民族感情的纽带和维系国家统一的基础,也是具有重要价值的文化资源,必须在青少年中大力宣传,增强民族凝聚力和自信心。

五、进行潜移默化的伦理教育,满足青年学生的心理需求

春节更重要的功能,还在于其强调阖家团圆的主题。祭祖、吃团年饭、送压岁钱、拜年等习俗,交织在伦理教育之网中。祭祀祖先,成为很多地区春节家宴前必不可少的仪式,成为教育子孙不能数典忘祖、应牢记历史的课堂。"围炉守岁",一家人团聚、围坐在炉火旁、吃团圆饭、共饮"屠苏酒"。这样的图景,兴许就是印在我们民族骨髓里最简单的幸福生活图示。有了这样的生活图示,团聚是一个目标,团聚是一种伦理,团聚成为一种动力。不论是为宏图事业远涉重洋的游子,还是为了生计奔波流动的农民工,一年的辛劳,为的是春节能与亲人更好地团聚。在"围炉守岁"的夜晚,长辈发给晚辈的压岁钱,源自传说中"压住邪祟"的信念,压岁钱已成为一个民俗符号,不在数量的多寡,表达的是长辈对晚辈的关爱护佑,晚辈在接受压岁钱的祝福时,也接受了附着于民俗符号上基本的社会伦理规训。从这个意义上说,祭祖、吃团圆饭、送压岁钱、拜年等民俗,承载着家庭、社会伦理方面的教育意义。

总之,改革开放四十年来,我国社会经济取得突飞猛进的发展,中西方文化也日益交融,对中国青年学生产生极大冲击,许多西方节日开始在青年群体中广泛流行。春节调查有利

于大学生继承中华民族优秀传统文化,传承民族精神。让大学生在活动中体验传统节日,在活动后感受传统节日,从而加深对传统节日文化内涵的理解,并在潜移默化中纠正自己的思想偏差,引导大学生树立正确的世界观、人生观、价值观。

第二节　思想政治理论课春节专项实践教学的组织

为了进一步推进高校思想政治理论课教学改革,加强思想政治理论课实践教学,使理论教育与社会实践教育相结合,增强思想政治理论课的教学效果,提升大学生理论联系实际能力,马克思主义学院举办思想政治理论课"春节"专项社会调查报告活动。现将相关事项通知如下:

一、参加对象

在校大学生

二、组织方式

学生个人或集体参赛,联系思想政治理论课教师指导,在寒假开始后,围绕"春节"主题(春节文化、春节习俗、春节消费、春节旅游、春节就业、春节物价、春节民生等),自选题目,开展专项社会调查,完成社会调查报告。

请各班级学习委员收齐本班参赛社会调查报告(纸质版、电子版)及班级汇总表(含系别、班级、姓名、学号、作品题目),并于新学期开学两周内交给本班思想政治理论课教师,思想政治理论课教师初审后第三周交至思政部办公室。思政部将组织教师于第四周完成评比工作。

三、奖项设置

春节专项比赛将根据参赛作品数量评选一等奖、二等奖、三等奖和优秀奖若干名,优秀作品汇集成册。同时,评选优秀指导教师若干名。

思想政治理论课春节专项实践登记表

实践选题					
姓名		学院班级学号			
联系方式		指导老师			
选题理由					

续 表

实践过程	
实践总结	简要总结(详细内容另附实践报告)
实践单位意见	实践单位:(签章) 年 月 日

范例一

南通传统春节习俗文化变迁及传承问题研究

摘要:春节是炎黄子孙共有的历史最悠久的传统节日,具有全民性、稳定性和持续性的特点。时代在一天天地改变,我们的经济、政治也在发生翻天覆地的变化,我们的文化发展也需要有发展与进步,现在的春节文化也是日新月异。本文通过对南通传统习俗文化的特点、功能及其发展出现的新问题的分析,探索如何更好地发展南通春节习俗文化。

关键词:南通;春节;习俗文化;发展

一、南通传统春节习俗文化表现及其作用

和全国其他地区一样,春节也是南通地区一年中最隆重的节日。南通作为"中国近代第一城",其文化的发展与进步在江苏地区是有一定代表性的。特别是一年中最喜庆的节日——春节,其文化特性表现得淋漓尽致,春节期间南通人庆祝节日的方式多种多样。比如,南通人过年时有在家门口或堂前插芝麻秆、冬青、柏枝的习俗,取意生活开花节节高,长年青翠。其中还有几个具有地域特色的春节文化传统习俗:一是讨头彩、盼来年,除夕那天,还要祭祖、守岁、吃年夜饭等等。守岁时吃一种由红枣、莲子、荸荠等熬制而成的甜羹(福寿汤)具有"增福添寿"之意。初一吃饺子不是苏中人的传统,而是吃"元宝蛋"(茶叶蛋),客人来了必须要吃一个。另外,要给客人端一碗糖水,里面放上一个"欢喜团"(把糯米粉蒸熟以后晒干,搓成一团),寓意甜甜蜜蜜、欢欢喜喜。二是腊月二十四就开始忙年,炸萝卜圆子、豆腐圆子、做年糕、蒸馒头,准备各种菜肴,一直忙到年三十,同时鱼是每家必备的,三十晚上要烧两条鲫鱼两条鲢子鱼。烧好的鱼放到家里的箱几上,等到过了小年(元宵节)才能吃。此外,每家至少还要买8条活鲫鱼养起来,以此寓意年年有鱼(余)。年三十中午开始,家家清扫门窗、贴春联、窗花。三是每乡每镇都有跑龙灯。过年时,每乡每镇都有跑龙灯的习俗。按照习俗,初七不出(龙)灯,初八才上灯,十八下灯。

（一）南通传统春节习俗文化的特点

1. 内容丰富、年味十足

那富有地方特色的福寿汤吃出了过年的滋味,吃出来南通人对于古老文化的敬意,还有做年糕、蒸馒头、跑龙灯等等,反映了南通地区深厚的历史文化气息以及生活习惯。南通传统春节习俗所具有的淡淡的历史气息中既包含一种对历史的尊重,也包含一种对未来美好生活的憧憬。

2. 重视团聚,注重亲情

重情重义的南通人追求团圆美满,家庭以及亲情在南通人眼中是有着很重要地位和作用的,他们最大的希望就是美满、幸福的一家人在除夕之夜欢聚在一起,吃着寓意为团圆的馒头、年糕、汤圆,一家人和和睦睦、欢聚一堂。

3. 具有浓厚的地方特色

南通的传统春节习俗中所表现的是南通人在忙碌了一年后,对未来工作和学习的一种憧憬和希望。南通作为一个文化之都,其独特的文化风格、饮食文化以及文化活动极大地展示了当地的文化特征,反映着南通人简朴的日常生活习惯。"一方水土养育一方人",独有的文化内容喝福寿汤、吃元宝蛋、跑龙灯,让南通当地的人体验到了过年的滋味。

（二）南通传统春节习俗文化的功能

1. 有助于推动经济的增长

随着社会的发展与进步,人们在一年的奔波和劳累后,他们不再满足于在家团聚,他们也会选择全家旅游过年或者在饭店摆下宴席一起聚会,传统春节习俗文化也在一定程度上促进了餐饮行业以及旅游行业等的发展。春节是推动假日经济快速发展的催化剂,同时春节的消费相较平时是有着很大改变的,他们会筹备年货,买春联、中国结等等,促进了当地的经济发展。

2. 有助于弘扬中华传统美德

到了春节,我们会向长辈作揖拜年,"男尚左、女尚右",遇到平辈无需弯腰,与长辈应鞠躬作揖的规范,体现了一个民族的文化精神力量,同时尊老爱幼是我们中华民族的传统美德。因此在春节期间,我们会被灌输很多礼仪方面的思想,我们忌打破碗盘等,忌扫地、倒垃圾,忌向外泼水,忌汲井水,忌说死、破、断、完、坏、孬等不吉利的词语,忌吃稀粥等等。

3. 有助于构建和谐社会

春节是构建和谐生活的润滑剂。中国的家庭观念是很重的,团圆美满是中华民族的希望,春运为什么会成为人类最大的一次迁徙,可能这不仅仅因为中国地大物博,其实更多是我们对亲人的眷恋和想念。我们憧憬的不仅仅只是一栋房子,而是一种归属与期盼。一个和谐的社会需要强大精神力量的支持,而传统春节习俗文化以其丰富的历史积淀和精神内涵很好地推动了当前的社会主义思想道德建设和教育科学文化建设,可以深刻地引导精神文明建设。这个春节将四面八方的朋友凝聚在了一起,有利于人与人之间关系的紧密,有益于减少文化冲突与隔阂,有益于全国各族人民的团结与友好。

4. 有助于增强文化认同感

春节的节日习俗活动表现了强大的民族凝聚力,包含了丰富传统文化内涵,它们是社会共同价值和兴趣的重要体现,也养成了中国人民的民族性格和民族心理。在现在这样开放自由的社会,我们会受到来自各方面文化思潮的影响,曾经的我们放下了太多我们老祖宗留下来的文化瑰宝,我们差点被西化、被日化,但是现在我们终于发现了我们真正的需要——文化,春节传统习俗作为我们民族文化的重要组成部分,让我们深刻地认识到了我们精神文明建设的重要性。实现我们中国梦的不仅仅是 GDP,我们文化的价值和力量是必不可少的,一个没有了文化的国家就好像人没有了灵魂,变得软弱无力,毫无生机,我们要将我们的文化拧成一股绳、一股力。

二、南通传统春节习俗文化产生的变迁

(一)南通传统春节习俗文化新表现

1. 形式简洁更加明了

随着社会的进步与发展,过去的很多事物都在朝着更加简洁、便捷的一面发展,同时也是因为现在我们更加注重一家人的团聚,什么跑龙灯,插芝麻秆、冬青、柏枝,不再是节日的重点,我们可能更加关心的是我们的家庭和睦,少一些争吵,多一些嘘寒问暖,也许这才是过年的真谛。毕竟一个时代有一个时代的过年方式,一个家庭有一个家庭的生活方式。

2. 全新的过年方式取而代之

我们可能会选择全家去自驾游,在异地感受年味,可能会选择参加一些活动,一群人组织庆祝春节活动。南通人民我认为是比较会沟通交流、享受生活的群体,他们会在社区举行一些庆祝过年的社区活动,组织一些表演节目,增强社区人群的交流和沟通,打破隔阂,放飞心灵,使这年味更浓。

3. 封建迷信内容逐渐消失

所谓取其精华,去其糟粕,我们老祖宗留下来的东西不都是现在可以采纳的,像过去大年三十,我们南通当地会有祭祖的习俗,我们会烧纸钱、纸房子之类的东西,这样虽然表达了我们对于祖先的思念与感恩,可是更多带来的是污染环境,容易造成火灾。现在随着人们观念的改变以及思想的解放,我们选择的更多的是祝福和思念,基本杜绝了这种行为的发生,为我们城市建设贡献出了自己的一份力。

(二)南通春节文化出现的部分问题

1. 人与人之间的缺少交流

随着现代科技的发展,我们生活水平得到了提高,我们的生活节奏快了,生活方式简化了,我们的生活就集中在了一个小小的手机上了。现在已为笑谈的"低头族",已经很普遍地存在了,过去的我们可以促膝谈心,可是现在我们只是想到了我们自己的手机,我们只注重我们在手机上建立的社交网络,而忽视了我们现实生活中的亲情、友情、爱情,我们延续了千年的团圆文化在近现代技术面前面临了挑战。

2. 社会风气受到一些影响

不仅仅是南通地区,全国各地都有这样的问题存在。我们曾经过年讲究的团圆美好,现在少了很多,部分人虚荣心强,相互攀比,看谁的团圆饭排场大、消费多,最后不但会造成严重的浪费,而且久而久之所谓的"团圆饭"也成了"受气饭",那种简朴温暖的春节气息也失去了味道,现在过年时的酒局,很少用来交流感情、畅谈生活,而是用来比拼酒量、比较性格,似乎一切就成了金钱的拜年和祝福。

3. 没有注意文明春节

王安石有诗云"爆竹声中一岁除,春风送暖入屠苏",描绘了过年最喜庆的画面之一,虽然燃放烟花爆竹是我们国家庆祝春节的一种重要方式,但是部分人没有注意适量,从而制造了大量爆竹垃圾,给当地的环卫工人造成了很大的压力,最近在网上转载的一张照片刺痛了我的心,图片上拍摄了一对环卫工人老夫妻,旁边附上了这样一句话"少放点烟花爆竹,让我和我老伴早点回家过年"。我们看到这个还有什么理由再加大他们的精神压力和工作负担。

(三)南通传统春节习俗文化出现问题的原因

1. 部分人群的价值观出现了问题

他们丧失了对于春节家人以及朋友团圆的关注,取而代之春节只是他们追名逐利、互相攀比的舞台,部分人借春节这个喜庆之日来溜须拍马,只为自己可以和领导搞好关系,只为自己可以加官晋爵,同时也忽视了很多感情的交流和对于生活的反思,他们认为金钱和地位就是实现自身价值的条件,他们只是把春节团聚当成了自己的一种工具和手段。

2. 人们生活方式的改变

随着社会的发展和进步,我们的生活也越来越离不开一个新兴产物——互联网,过去我们过春节之所以喜庆,是因为我们过去的交通和联系方式还不是很发达,我们也只有过年才会一家团聚在一起谈谈心,所以春节在那时也成了回家的一个符号。现在我们只要一个电话、一封邮件就可以和家人取得联系,只要一张火车票、飞机票就可以不远万里和家人团聚,所以现在的春节也失去了太多的期待。

3. 部分人群的素质有待提高

国民素质是一个国家综合实力的体现,是一个国家实现民族振兴的必备条件。在竞争日益激烈的现代社会,各个国家都在发展教育,努力提高国民素质。我们国家也不可以落后,我们伟大的邓小平同志早就提出了提高国民素质思想的构想,可是现如今我们部分同志还是不能很好地做一个文明得体的公民。

三、南通传统春节习俗文化的传承与发展

(一)传承与发展传统春节民俗的基本准则

1. 重视继承与弘扬,剔糟粕、取精华。党的十七届六中全会《决定》明确提出要"建设优秀传统文化传承体系",强调"要全面认识祖国传统文化,取其精华、去其糟粕,古为今用、推陈出新,坚持保护利用、普及弘扬并重,加强对优秀传统文化思想价值的挖掘和阐发,维护民族文化基本元素,使优秀传统文化成为新时代鼓舞人民前进的精神力量"。这正是我们传承和创新春节文化的指导思想。流传千年的文化我们不可以将其当成历史的垃圾丢之弃之,它们是历史的文物瑰宝,我们首先要重视它,然后我们才会去爱护它。我们要让春节成为我们中华文化的一个符号,让国际友人发现我们祖国文化的魅力,让他们痴迷于我们的年画、春联、中国话还有民间艺术,让我们更加有一种民族自豪感和文化认同感。

2. 重视宣传和教育,让国民树立文化保护意识。保护和弘扬传统节日文化具有巨大的社会价值和重大的现实意义。传统文化是我们中华民族的血脉、我们的精神家园,我们的时代是一个全新的时代,我们需要的不再仅仅是物质需要,我们还需要的是人们日益增长的文化需要,我们不可以把经济上的成功当成文化上的成功,我们要让国民树立文化保护意识,自觉维护祖国的荣誉。

3. 重视与时俱进,符合时代的需要。在新时代,我们既要继承和发扬春节文化的精髓,又要紧跟时代大胆创新,春节"混搭范儿"将成为新时代的亮点。因为一个时代有一个时代的特点,一个时代有一个时代的需要,我们人民需要怎样的文化生活,我们相关政府部门就要去认真听取与借鉴,同时加大文化发展方面的投资力度,丰富人民文化需求,让精神生活也奔小康。另外我们对于民俗文化的改变也要符合时代的需求,注意与时俱进,不可以与时代脱轨,不可以与人民日常生活脱轨,这样才是最好的继承和发展。

(二)传承与发展传统春节习俗文化的对策

1. 充分发挥政府部门的导向作用。政府部门的政策就好像一个导向标,发挥着至关重要的作用,政府需要率先带领我们学习文化、尊重文化、保护文化、传承文化,我们才可以有的放矢地继承和发展春节民俗文化。"空谈误国,实干兴邦",我们现在需要的不仅仅是文件上的条条框框和口头上的只言片语,我们更加需要制定政策后的实施工作。严厉禁止形式主义的出现,让我们社会中的每个人都感受到政策的成效和力量。

2. 充分发挥教育部门的宣传作用。现在的科技发达,信息可以互相交流,我们在重视对于学校教育和引导的同时,我们还可以发挥媒体的力量,让大家都可以认识、了解春节民俗文化,可以适当组织一些春节民俗文化知识竞赛,调动大家的积极性。教育部门也可以组织学生参加一些关于春节民俗文化的活动,也可以添加关于民族文化的课程学习,让孩子们从小就可以意识到文化生活的重要性。

3. 充分调动老百姓的积极性以及发挥其主体作用。只有老百姓才是习俗文化活动的真正参与者,我们民族文化的发展与传承的命运其实就掌握在我们每个老百姓的手中,我们只有自觉履行自己的义务,感受到自己肩上的担子,自觉拒绝社会不良风气,拒绝不文明春节行为,拒绝忽视亲情、爱情、友情,我们的社会便会自然而然地改善,让老百姓成为宣传我们文化的真正载体,并且使文化一代又一代地传递下去,焕发出更大的光芒。

中国传统节日的形成有着深远的历史根源,受经济、政治、文化、社会等诸多因素的影响,它是我国社会发展到一定阶段的产物,经历了一个漫长的发展过程:夏商周初见端倪、先秦萌芽、汉代成型、唐代渐臻完善、明清稳定发展、新中国成立后的继续传承与创新。南通传统节日从古至今的传承,融民俗于一体,其风俗内容和风俗活动逐渐融入人们的日常生活中,在民众的无意识中被习得,在民间得以积累、丰富、完善、升华和流行,再经过数千百年来代代相传,流传至今并且构成南通特有的丰富多彩的传统节日文化。

参考文献

[1] http://zhidao.baidu.com/question/83765616.html.

[2] 王玲,张克复.春节文化的传承与创新[J].甘肃社会科学,2012(4).

[3] 罗泽荣.唯物史观视域下中国传统节日文化研究[D].湖南大学硕士论文,2009.

(作者:胡天宇;指导教师:李明建)

范例二

春节期间大学生阅读情况调查

阅读是滋养生命的源泉,也是大学生课余进步的主要方式。在学校的时候同学们常通过图书馆来满足日常阅读需求,可在春节期间,大家离开学校后还会进行阅读吗? 带着这个疑问,我进行了一次社会调查实践。本次调查采取线上问卷方式,考虑到保护个人隐私,故调查人员微信匿名填写问卷并提交答案。原计划调查100人,实际参与人数120人。本次调查由微信小程序趣问卷提供支持,具有可信力。

本次调查问卷共7个问题,分别调查了阅读爱好、春节阅读时长、是否购买书籍等方面。调查较为全面,得出的结论也更加准确。

通过对参与调查的120人答案统计,再进行整理分析,最终得出结论,下面将对这些结论进行具体分析。

首先在参与的120人当中大一新生人数有69人,占总体的57.5%;大二的人数为17人,占比14.2%;大三大四人数分别为15人与6人,占比也为12.5%与5%;更是有13名研究生及以上层次的大学生参与了我的调查,占比达到了10.8%。由此可以看出,本次调查主要面向大一的同学,同时也有其他学年的学长学姐参与其中。

根据第二个问题我们发现了一个严重的问题,居然有三分之一的同学在假期中没有阅读,这在一定程度上反映出了问题:春节回家后,有很大一部分同学懒惰了,浪费了很多宝贵的阅读时间。同时读书的同学多为阅读了一本与两本书,阅读三本及以上的也占了18.3%,多数同学还是有效地利用了自己的课余时间。

我们都知道环境对阅读的效果具有很大的影响,一个好的阅读环境不仅能提高阅读效率,还对书籍的理解与感悟具有促进作用,因此,图书馆是春节期间绝佳的阅读场所。而通过调查我们发现有一半的同学在春节期间没有进入图书馆进行阅读,剩下的一半调查对象进入图书馆的频率也多为一次到五次。

考虑到个人阅读兴趣的多样性,故对于阅读兴趣的调查采取了多选的形式,选项分配有以下几个方面:文学、军事、科技、时事、实用、戏剧以及其他,通过统计我们发现即便是多选,文学类书籍仍然是大家最喜欢的书籍类别,票数达到了80票,是三分之二的同学们阅读的首选。

对于春节期间阅读是否有益这一点,大家的意见较为一致,基本都认为春节期间阅读对我们是有益处的,但仍有少部分人认为在春节期间阅读是没有益处的。

在春节期间是否购买过书籍这个问题上,数据显示双方都差不多,在这个问题上,我们未能得出明显的结论。

最后一个问题,我们把目光放到了同学们一天将多长时间放在了阅读上,经过统计,我们发现大多数同学都花费一到两个小时的时间用来阅读,而且还有一部分人在春节期间没有阅读,这个现象值得引起我们的注意。

所以最终我们可以发现,在参与调查的120人当中主要是大一新生,所以由此得出的结论对大一新生具有实际意义。春节期间很多人都忽视了阅读,这一点格外需要我们注意,同时大多数春节阅读的同学缺少合适的阅读环境。阅读的同学大多喜欢文学类的书籍,并且基本都认为春节期间阅读对自身有益,同时大多数同学花在阅读上的时间过少,需要适度延长。

针对上面反映出的问题,我提出几项建议希望能有效地解决问题。首先,大部分同学在春节期间很难做到随身携带书籍,所以可以采取手机、平板与kindle等移动设备与电子书籍结合的方式解决这个问题。同时,我们可使用一些阅读 APP,如微信读书与掌阅,可以在阅读的同时与朋友交流自己的想法,增加阅读的乐趣。

读书,是一种提升自我的艺术。"玉不琢,不成器,人不学,不知义。"读书是一种学习的过程,一本书有一个故事,一个故事叙述一段人生,一段人生折射一个世界,"读万卷书,行万里路"说的正是这个道理。读书使人高雅,读书使人明智,读每一本书都会有不同的收获。"悬梁刺股""囊萤映雪",自古以来,勤奋读书,提升自我是每一个人的毕生追求,读书是一种最优雅的活动,能塑造人的精神,升华人的思想,因此,我们必须要重视阅读。

(作者:田振淼;指导教师:孙朝晖)

第四章
高校思想政治理论课学期团队实践教学

第一节　思想政治理论课学期团队实践教学的组织

一、学期团队实践教学的目的与意义

（一）目的

通过实践观察、讨论、思考与体验,强化高校思想政治理论课学习实效性,锻炼和提高青年大学生运用马克思主义科学理论尤其是习近平新时代中国特色社会主义思想分析解决社会实际问题的能力,升华思想境界,铸造优良思想道德品质,形成务实严谨的工作作风、相互合作的团队精神和自主创新意识,增强实现中华民族伟大复兴的责任感和使命感,拥护共产党的领导和接受马克思主义指导的自觉性,坚定中国特色社会主义的道路自信、理论自信、制度自信、文化自信,努力成长为建设中国特色社会主义事业的合格建设者和可靠接班人。

（二）意义

思想政治理论课团队实践教学是高校思想政治理论课实践教学的重要环节,是实现思想政治理论课教学理论联系实际和"'两个课堂'、'两支队伍'相结合"教学规律的必然要求;是彰显学生主体地位,促进大学生深入了解国情、增长才干、培养品格的重要途径。有利于推动大学生团体在社会调研、主题考察、排演情景剧、参与公益及重大纪念日等一系列活动中积极践行社会主义核心价值观,提高运用马克思主义理论基本观点、立场和方法论分析解决现实问题的能力,增强对中国共产党和中国特色社会主义的政治认同、思想认同、理论认同和情感认同,努力成为堪当民族复兴重任的时代新人。

二、学期团队实践教学的基本要求

（一）对指导教师的要求

第一,在学期团队实践教学活动开始之前,要充分调研,确定学期团队实践教学整体方

案,开展学生专题培训活动。

第二,在学期团队实践教学开展过程中,充分发挥学生的主体作用,鼓励大胆实践创新,及时了解学期团队实践活动情况,调动学生团队参加实践教学的主动性、积极性和创造性。

第三,认真组织,抓好重点,悉心指导推优,确保学期团队实践教学规范化、制度化。

第四,严格遵守学校财务制度和思想政治理论课实践教学经费使用管理办法,合理安排实践教学经费,勤俭节约、精打细算。

第五,在学期团队实践教学活动结束后,及时组织学生团队进行交流总结,评阅学生团队提交的实践作业成果,推优评奖,认真填写教师实践教学的记录。

(二)对学生团队的要求

第一,根据自愿原则,结合自身专业和兴趣自行组成学期实践团队,并选出团队负责人。

第二,在团队成员讨论的基础上选定实践项目,明确人员分工,强化责任意识,制定项目实施计划,并及时上报指导教师处备案立项。

第三,严格遵守高校思想政治理论课实践教学制度和相关管理办法,积极参加学期团队实践教学的相关专题培训和交流展示活动,在实践项目实施过程中要树立良好的团队精神,展示新时代大学生良好的精神风貌。

第四,有序高质推进实践项目,认真做好项目实施流程记录及资料存档,按时完成实践项目并提交相关成果。如在项目实施过程中遇到紧急事件,及时联系学期团队实践教学指导老师,寻找有效方法解决。

第五,学期团队实践项目成果应按照统一规定的格式提交,遵守学术道德和科研诚信,不得有任何抄袭、剽窃行为。

三、学期团队实践教学的组织形式

(一)项目化实践形式

以习近平新时代中国特色社会主义思想为引领,坚持思想政治理论学习与社会实践相结合,以项目化实践形式指导学生进行信息收集、项目决策、项目实施、成果展示、评估总结,开展形式多样的实践教学活动,培养学生社会认知力、协同合作力和自主创新力,提升高校思想政治理论课实践育人成效。

按照"目标精准、示范引领"的原则,依据项目主题、实践意义、创新特色、预期影响评选出学期团队实践教学重点项目予以全额经费支持,一般项目予以部分经费支持。

(二)团队实践形式

学期团队实践教学坚持"团队协作、实践成长"的宗旨,按照"据项组团、人人有责"的标准,开展形式多样的实践教学活动,探索高校思想政治理论课实践育人新机制。学期团队实践项目须先申报,经过批准后,方可开展相关实践教学活动。未经审批,任何教师或学生不得私自组织、参与学期团队实践教学活动。

四、学期团队实践教学的管理方式

(一)学期团队实践教学的立项管理

立项管理过程按项目申报、项目评审、项目资助、活动实施、评审考核等环节进行。项目申报工作以班级为单位进行。申报材料包括:申报表、项目实施方案、团队组成人员名单、项目经费预算、指导教师指导意见和预期结果等。

(二)学期团队实践教学的实施管理

一要确保实践教学质量。实践指导教师应加强对学期实践团队的培训、指导、跟踪和管理,提升团队实践活动质量。二要加强安全管理。加强安全教育,制定并落实安全预案,为立项的学期实践团队办理保险,确保师生安全开展实践教学活动。三要在学期团队实践教学过程中应始终与指导教师保持联系,真实记录活动开展情况,及时发送反映实践过程的图片资料等。

(三)学期团队实践教学的评审考核

实践指导教师应及时收集总结报告、社会实践论文、活动图片等相关材料,以各种形式开展实践成果交流展示活动,增强高校思想政治理论课教育效果。

五、学期团队实践教学的基本步骤

(一)准备阶段

1. 指导教师确定学期团队实践教学整体方案,开展专题培训;
2. 学生自行组成学期实践团队,选定实践主题,制定实施计划;
3. 学生团队填写实践项目申报表。

思想政治理论课学期团队实践项目申报表

(20××—20××学年度第　学期)

项目名称						
项目所属一级学科			项目所属二级学科			
项目实施时间	起始时间: 　年　月			完成时间: 　年　月		
申请人或申请团队		姓名	学号	班级	联系电话	E-mail
	主持人					

成　员					

指导老师	姓名		年龄	
	单位		课程	

项目来源:□科研　□教学　□设计　□工程　□自选　□其他(　　　　　)

一、项目简介(200 字左右)

二、选题理由(研究状况、自身条件、项目特色等)

三、项目研究方案(研究内容、研究思路、研究方法等)

四、研究阶段安排及预期成果

五、思政课教师推荐意见

签名:
年　　月　　日

(二)实施阶段

1. 审议评定学期团队实践教学项目;

2. 教师与学期实践团队保持良好沟通,跟踪指导实践项目深入开展;

3. 学习团队认真记录项目实施过程及存档相关资料;

4. 撰写提交项目论文或调研报告等成果。

学期团队实践过程记录表

学院：　　　　　班级：　　　　　姓名：

实践主题	实践时间	内容记录

盖章：

年　　月　　日

（三）考核阶段

1. 学期团队填报上交结项申报表、精品项目申报表；

2. 指导教师收集汇总实践项目调研报告、论文及实践记录资料等；

3. 组织开展实践成果交流展示活动。

思想政治理论课学期团队实践活动项目结题申请表

项目名称＿＿＿＿＿＿＿＿＿＿＿＿＿＿＿＿＿＿＿＿＿

项目主持人＿＿＿＿＿＿＿＿＿＿＿＿＿＿＿＿＿＿＿

所在系班级＿＿＿＿＿＿＿＿＿＿＿＿＿＿＿＿＿＿＿

联系电话＿＿＿＿＿＿＿＿＿＿＿＿＿＿＿＿＿＿＿＿＿

指导老师＿＿＿＿＿＿＿＿＿＿＿＿＿＿＿＿＿＿＿＿＿

立项时间＿＿＿＿＿＿＿＿＿＿＿＿＿＿＿＿＿＿＿＿＿

完成时间＿＿＿＿＿＿＿＿＿＿＿＿＿＿＿＿＿＿＿＿＿

是否申请精品项目＿＿＿＿＿＿＿＿＿＿＿＿＿＿＿＿

马克思主义学院

二〇　　年　　月　　日

一、项目主要参与人员名单

人员	姓　　名	年级	所在班级	在项目中所承担任务	备注
主持人					
成员					

二、项目预期成果完成情况

序号	项目预期成果	序号	实际完成情况
1		1	
2		2	
3		3	
4		4	

三、项目研究简要报告

要求：1. 项目开展时间、内容、工作分工及过程；
2. 项目特点、创新之处、发表论文及获奖情况；
3. 项目研究成果应用效果及前景；
4. 与预期计划和目标比较，完成情况、存在问题及下一步计划。

项目负责人
年　　月　　日

四、辅导员意见

签　名：
年　　月　　日

五、指导老师意见

签　名：
年　　月　　日

六、检查专家组鉴定结论及是否能够入选精品项目意见

负责人(公章)：
年　月　日

七、马克思主义学院意见

负责人(公章)：
年　月　日

思想政治理论课学期团队实践活动精品项目申报表

申报时间：　　　年　月　日

	项目名称			
	已有成果名称及字数			
申报人	姓　名		手　机	
	系别班级		邮　箱	
	指导老师			
	团队成员姓名、班级、电话及承担任务			
申请理由及下一步计划				
评审意见	负责人：　　　　　　签章： 年　月　日			

附：学期团队实践调研报告（论文）考核标准

（一）优秀实践调研报告（论文）标准

1. 文字流畅，主题鲜明，论据充分，逻辑性强；

2. 有详细的统计数据图表，令人一目了然；

3. 有图片、录音等资料做支撑；

4. 有实用价值或借鉴价值；

5. 字数在 2500 字以上。

（二）良好实践调研报告（论文）标准

1. 文字通顺，观点正确，论据较充分；

2. 有较详细的统计数据图表，令人一目了然；

3. 有一定借鉴价值；

4. 字数在 2000 字以上。

（三）合格实践调研报告（论文）标准

1. 综合分析和解决问题的能力一般；

2. 叙述较完整，观点正确；

3. 有个别图表支撑；

4. 字数在 2000 字左右。

（四）不合格实践调研报告（论文）标准

1. 综合分析和解决问题的能力较差；

2. 无统计数据，无图表，有弄虚作假、胡编乱造现象；

3. 有原则性错误或严重抄袭行为；

4. 字数低于 1500 字。

学期团队实践调研报告考核标准表

项目	评分
报告主题鲜明，具有积极的社会意义	10
报告结构严谨规范，逻辑性强	10
报告论据充分，全面如实阐述某个社会现象或社会问题	10
实际实地进行了社会调查工作，有详细数据资料（非通过网络资料整理）、图片资料等的支撑	20
问题解决措施和方案非常合理、到位	10
提出有见地的看法或有价值的建议，能够对今后的学习和工作提供参考	10
语言简洁流畅，叙述清楚明了	10
运用了一定的数据调查分析方法	10
字数符合调研报告研究要求	10
合计	100

第二节　思想政治理论课学期团队实践教学的选题

1. ××大学大学生马克思主义素养调查研究
2. ××大学大学生社会主义核心价值观学习实践情况调查研究
3. ××市革命历史调研
4. ××酒文化研究
5. ××市旅游业发展研究
6. ××发展模式调查研究
7. ××市农村土地流转情况调研
8. ××市高效农业发展情况调研
9. ××大学思想政治理论课学习情况调研
10. ××市生态环境保护情况调研
11. ××市电子商务发展状况调研
12. ××大学大学生法治意识与能力调查研究
13. 大学生思想压力状况及缓解方法研究
14. 当代大学生价值取向和心理素质的调查研究
15. 当代社会独居人士需求及解决方法研究
16. 当代社会垃圾问题及解决问题方法研究
17. 大学生熬夜情况的调查研究
18. 大学生蜗居现象调查
19. 大学生思想政治教育实效性研究
20. 00 后大学生恋爱观研究
21. 新中国成立 70 余年城乡发展调研
22. 大学生考研情况调查与分析
23. 新时代青年观及青年精神状态研究
24. 大学生生涯规划设计研究
25. 新时代大学生微信使用状况调查
26. 大学生兼职状况研究
27. 中国共产党建党 100 周年的意义与价值
28. 疫情下的归属感研究
29. 跟随红色足迹，弘扬红色精神
30. 党史教育对大学生理想信念教育的意义
31. 在校大学生与家人联系情况的调查
32. 高校大学生红色文化认知状况的调研
33. 新时代大学生弘扬奋斗精神的思考

34. 高校大学生党性教育现状的调查分析

35. 新时代大学生劳动教育现状的调研

36. 大学生安全防范意识研究

37. 新时代女大学生择偶观的调查分析

38. 当代大学生爱国主义情怀调查研究

39. 新时代大学生参与志愿者服务的调研

40. 在校大学生与家人联系情况的调查分析

范例一

韩流文化对大学生的影响

摘要：以问卷调查数据为基础，分析目前"韩流"在当代大学生群体中的现状，深度剖析"韩流"盛行的原因，从积极性和消极性两个方面阐述"韩流"对我国大学生的影响，并通过韩流文化的反思，为当代大学校园文化建设提出一些建议。

关键词："韩流"文化/大学生/校园文化

韩流一词最早由中国媒体提出，后来被韩国媒体和学术界广泛使用。其实韩流文化从1992年中韩建立外交开始，1993年，第一部韩剧《嫉妒》进入中国。由于电视和网络的不普遍，这部电视剧的反响并不大，但是为后来韩剧的收视热奠定了基础。1997年引进的韩剧《爱情是什么》，其收视率高达4.2％。正是这部剧，韩国电视剧逐步扩散。专家学者主要有两种观点：一是广义韩流，泛指各领域内所涉及的韩国元素，包括韩国服饰、饮食、娱乐、体育、工业等。二是狭义韩流，指韩国电视剧、电影、音乐等娱乐性事物在中国的影响。早期韩流文化立足韩国本土，以中、日为主要市场，现阶段韩流文化在巩固中国、日本市场的基础上，拓展东南亚、中亚受众，并积极开发欧洲、美洲市场，但是中国是韩流文化传播的主战场。随着萨德系统的部署，中国开启限韩令，韩国电视剧广告不得进入中国，导致韩国影视产业亏损了21.5亿人民币。由此看来韩流文化的传播主要靠中国，影视产业没有中国也不会发展如此之快。

一、韩流文化在当代大学生群体中的现状

2014年初，一部《来自星星的你》火遍大江南北，随后《继承者》《匹诺曹》等多部韩剧持续火爆于网络之间。不同于以往单纯以韩剧作为韩流文化媒介，此次伴随韩剧火热的同时，韩国综艺节目也开始大肆进军中国市场，《Running Man》《爸爸去哪儿》等韩国各大电视台综艺节目纷纷以合作开发、版权购买等形式进军中国市场，打开电视机，播放的综艺节目大多都是从韩国引进的。再加之以少女时代、Super Junior、EXO等为代表的韩国偶像歌手，沉寂几年的韩流文化正以多元化形式开展新的一轮文化传播。为了了解新时期韩流文化对中国大学生的影响，在宿迁学院范围内以在校大学生为研究对象，进行了问卷调查，此次问卷发放的对象是宿迁学院在读的大一大二的学生。总共发放问卷100份，回收86份，有效问卷86份。受访者的基本情况为：在总人数中，男生32人，占总人数的37.2％，女生为54人，占总人数的62.8％。

从统计结果看，对"韩流"文化毫无关注的人数只占23.3％，接近8成的同学在平时学习生活中或多或少都有关注"韩流"文化。具体到男女生的数据差异上,女生群体中平时关心甚至非常关心的百分比分别为 16.48% 和 21.98%,明显高于男生的 8.98% 和 3.59%,这说明在对"韩流"文化关注的人群中,女生是中坚力量。结合大学生日常管理与教育,可以在对女生的教育与引导过程中注意合理利用"韩流"文化。

分析问卷结果,女生对待韩流文化的包容度远远高于男生。但是由数据来看,在广受欢迎的韩流文化中,还是有一小部分人是排斥韩流文化的。问卷结果显示,不管是男生还是女生,都有超过 50% 的同学认为"韩流"文化给自己或者朋友的生活带来了影响,从以上数据来看,"韩流"文化在校园文化中已经占据了重要的角色。

提到"韩流"文化,大学生第一印象中韩国偶像明星音乐(42.4%)、电视剧电影(29.67%)、综艺节目(10.47%)等娱乐产业占比合计达到 82.54%,这说明目前当代大学生主要通过韩国的娱乐文化产业来了解韩国文化。尤其近年来的韩剧、韩综等进口作品在大学生中留下了深刻印象。该组数据反映了大学生认为"韩流"文化对我国文化产业有着极大的冲击,同时也有 37.21% 的同学认为"韩流"文化外输只是一种正常的文化输出与文化交流,不足 10% 的同学认为"韩流"文化能丰富我国文化产业,另外还有 3.49% 的同学认为"韩流"文化对我国文化没有任何影响。

二、韩流文化为何可以在中国盛行

(一)韩流明星的自身资本

颜:韩流明星的颜不得不说,即使是整出来的,也确确实实让人赏心悦目,毕竟看人一般都先看脸,有好感才会进一步了解,从而喜欢。

实力:韩流明星确实也有被人喜欢的资本,基本上没有一个是直接出道的,在之前都接受过或长或短的训练,长的将近十年,短的几个月,基本不会是花瓶。

受众面:韩流明星一般都将目光对准十几岁到二三十岁的女性或男性,当然,这些人也往往追星,吃这一套,愿意买账,如此便有可观的粉丝量。

(二)节目创新,重视融入本国文化

无论是韩国的电视剧、电影,还是综艺节目都将本国的文化巧妙地融入电视文化中,通过媒体不仅向本国人民传播,更是通过娱乐的方式将韩国的文化无声地传入渗透到其他国家。

(三)中国政策的原因

韩流在中国传播和盛行如此之快也是中国政府的政策导致的。中国对韩国文化存在一种友好共通的氛围。中韩两国是隔海相望的近邻,文化交流源远流长,所以文化交融度高。还有就是中韩两国建交时间短,为了增进两国友谊,所以也是考虑到这个原因,所以才引进韩流文化。

(四)韩国风格的生活化

韩国服饰的风格渗透到中国各地,各大商场随处可见韩版的衣服和装饰品,而且现在很多中国风的衣服上也添加了很多韩国的风格。有的饭店就直接按照韩国的风格来经营,比如韩国的砂锅,韩国烤肉和泡菜等等。这些多方面的融合会让更多的中国人接触到韩流。

三、韩流文化对中国大学生的影响

从问卷结果中可以看出大学生关注"韩流"文化主要起因还是喜欢韩国影视剧、综艺节目以及艺人明星。关注"韩流"文化的原因问卷显示 39.92% 为喜欢韩国影视剧、综艺节目;

33.33%为欣赏某位明星艺人；10.47%为喜欢韩国制造产品；10.47%为喜欢韩国文化；5.81%为其他原因。

调查结果显示当代大学生获取"韩流"信息的主要途径为互联网(58.5%)、朋友交流(19.05%)、电视报道(14.65%)、报纸杂志(7.8%)。

（一）"韩流文化"对大学生的积极影响

可以拓宽我们的视野，可以让我们借鉴学习其他民族的文化。取其精华去其糟粕，选择性地学习韩流文化中对自身有益的内容，比如韩国的团体舞蹈、EDM电子音乐，这些都是我们值得学习韩国的地方。而韩国电视剧中都反映出尊老爱幼的文化传承，这和我们国家的文化一样，我们也该好好传承尊老爱幼的古老传统。

偶像团体对大学生的影响也很大，众所周知，韩国艺人出道要做很长时间的练习生，Bigbang五位成员G-Dragon、TaeYang、SeungRi、DaeSung和TOP在小学六年级时便加入YG，然后一直接受严格训练。直到2006年，他们才正式出道。做偶像的辛苦和蜕变会让大学生们为了自己的梦想一直坚持下去。

（二）"韩流"文化对大学生的消极影响

韩剧本身是很完美的，但是有些电视剧里最大的特点就是追求视觉艺术，演员艺人通过化妆整容追求完美的面孔，服装道具通过大手笔的投入追求富贵华丽。大学生受此影响，刻意地追求外在的美丽形象，这极大地影响了大学生的生活。他们会去刻意地模仿电视剧中男女主人公的穿着，会大量地购买韩式服装。我在宿迁逛街时，观察到宿迁的乐天玛特还有地一街里面有不少韩式的服装店，这些店的人流量相比于其他服饰店要多很多。还有就是明星的整容风会带动对自己形体不满意的大学生也走上整容之路而忽视了内涵修养的提高，造成审美低俗化、视觉化、片面化，不利于大学生正确审美观的树立与发展。韩流如此盛行，也会让我们产生民族危机感，从宿迁很小的一片区域就看到很多有关韩国文化的东西，中国那么大的地域，我相信其他省份也有不少，韩国文化有可能被容易接受新鲜事物的大学生接受，相比之下他们有可能会慢慢摒弃中国的文化。

四、高校如何应对"韩流"文化在大学生中产生的影响

对于韩流的积极影响，高校应积极响应和采纳，积极借鉴"韩流"文化在大学生中取得成功的原因，丰富以多元文化为载体的校园文化，正确引导大学生对中华传统文化的继承与发展。高校应吸纳韩流中的精髓，寻找两国之间的文化差异，积极弥补，将韩流文化好的方面融入社会主义核心价值观里。

对于消极影响，高校要高度引以重视，要快速领导学生端正他们的思想和价值观。像我们宿迁学院有韩舞团，这个社团是一群热爱跳韩国舞蹈的学生组成的社团，学校应该积极利用这个资源，通过韩舞团向大学生展现真正全面的韩国文化，有效避免大学生自己片面曲解"韩流"文化。

"韩流"作为韩国对外输出文化的一种手段，在中国大学生群体中有很大的影响力，因为越年轻的人对于"韩流"文化的接触就越多，而大学生群体则是接触和接受韩国文化人数最多的群体，所以高校要恰当引导大学生，更好地让大学生完善自我，从而更好地实现自己的理想和价值。

（作者：严黎明；指导教师：吕甜甜）

范例二

关于大学生就业难问题的调查报告

　　高校毕业生是重要的人才资源,然而随着近几年来我国高校毕业生数量的急剧膨胀,大学毕业生就业难已成为全社会关注的热点。大学生就业状况已经成为衡量高等学校办学质量的重要指标之一,如何解决好大学生就业难问题,是推进高等教育可持续发展的一项重大课题。根据教育部最新官方数据,预测今年也就是 2021 年我国高校毕业生人数将达到 909 万人,首次突破 900 万人! 可见,大学生就业问题是一个严峻而紧迫的问题。我们小组选择这一焦点问题展开相关调查,并总结分析结果,得出相应的解决对策。

　　一、当前大学生就业的现实状况

　　调研数据结果显示,61%的学生认为目前的就业形势十分严峻,很难找到合适的工作,52.33%的大学生觉得现在的就业形势严重,就业难,29.07%的学生认为形势正常,12.79%的学生认为就业形势不错,就业容易,而不了解的占 5.81%。

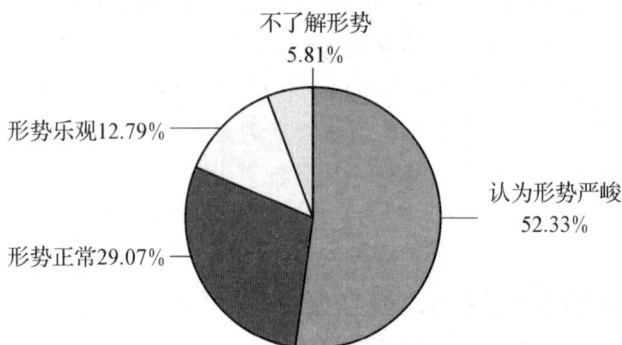

图 1　大学生对就业形势了解情况

由此可以明显看出,大多数学生都认为就业形势十分严峻,对找工作抱有畏难心理。

　　已经就业的大学生毕业调研数据显示,47%的大学毕业生在毕业半年后才找到工作。即将毕业的高年级大学生,仅有 8%的大学生非常自信自己毕业后很快就能找到工作,25%的大学生没有自信能很快找到工作,67%的大学生认为可以找到工作,但需要一定的时间,整体来看,大多数高校毕业生对自己毕业后能够很快找到工作的自信度不高。

　　在关于"大学生最需要具备的求职能力"问题的回答中,30.23%的大学生认为要具备基本解决问题的能力;27.91%认为是沟通协调能力;11.63%认为是承受压力、克服困难的能力;18.6%认为是相关工作经验;8.14%表示应是专业知识和技能;3.49%的人表示不清楚。从现在的社会需求来看,基本解决问题的能力和沟通协调能力最能反

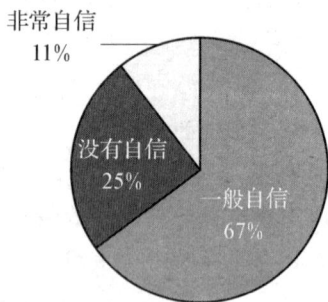

图 2　大学生就业自信度

映一个大学生的综合素质。而关于工作地区的选择,41.86%的大学生希望去沿海经济发达地区,40.7%的人愿意留在中部的大城市,将近 20%的人选择回家就业。然而,随着大学生人数逐年增加,大城市所需要的中低端人才已趋近饱和,但是,尖端的技术人才依旧缺乏。对于"选择职业你最先考虑的因素是什么"问题的分析结果是:36.1%的人最先考虑的是职业发展潜力,20.3%的人考虑工作的环境,21.1%的人考虑工资待遇问题,8.3%的人考虑工作稳定有保障,3.8%的人考虑到家人的情况。在调查过程中,有 65%的同学只是通过学校

或人才招聘会得到就业信息,就业信息渠道相对狭窄。

二、大学生就业难的原因分析

当前我国教育得到了前所未有的发展,大学生毕业人数成倍增长,随之而来的是大学生就业也呈现出新特征。综合素质逐渐提高,就业竞争力日益增强;就业多元化发展;就业自主性增强,职业选择务实;就业渠道多样化,就业周期延长;选择到基层就业的人数增加,回生源地就业人数增加;参加公务员、研究生、司法考试的比例持续增加。但随之而来的是大学生"就业难"的问题也日趋严峻。根据国家相关部门数据显示,2021年,全国高校毕业生人数再创新高,预计将达到909万人,比2020年增加35万人。受经济下行压力和新冠肺炎疫情叠加影响,今年高校毕业生就业形势更加复杂严峻。江苏省2021年为高校毕业生提供了100万个就业岗位,但仍然有一部分学生面临"就业难"问题。因此,我们应从国家政策、教育体制、就业机制和个人等角度来分析大学生就业难问题,找准问题的症结所在。

根本原因: 根据调查问卷结果,我们可以看到,41.9%的人认为就业难的原因有专业不对口;67.62%的人认为自身不具备企业要求的职业能力;60.95%的人认为高校扩招,竞争激烈等。大学生就业难的根本原因是大学生本身的能力达不到企业和社会的需求。55.24%的人认为自身存在对自我的定位不清楚;63.81%的人对社会认识不够;78.1%的人对未来目标不明;45.71%的人对就业准备不足。

直接原因: 一是陈旧观念,就是家长或者是周围的朋友同学,他们会有一个传统的观念,他认为一定要找到一个稳定的工作,比如说考公务员,当老师、律师或者医生,但是不愿意去中小企业工作,觉得那样不稳定,这样就会产生一种摩擦性就业,也就是说人为地产生就业难。二是大多数同学都想找那些清闲一点拿钱又多竞争又小的工作,其实这种工作本来就没有。三是很多同学非常愿意去北上广等大城市这种公共资源非常好的地方,觉得比较不错,发展空间也大。认为中小城市或者农村发展空间小,然后基础设施差,享受的生活水准低。

现实原因: 企业招聘特别强调的就是个人道德修养,有许多毕业生去公司实习,公司对他们十分客气,可这些大学生不是整天在他们员工那里说自己是从什么学校毕业出来的,就是故意充老大,在企业当中造成了不良的影响。此外,则是工作经验和适应能力,一点工作经验都没有,来了还要经过一段时间的培训,动起来也是慢得要命,似乎担心机器会"吃"了他们。说到适应能力,调研过程有的企业HR指出,一高中毕业的员工来上班,适应时间不超过一个月,大学生适应期则需要2—3个月,企业与学校不同,前者是学习,后者是实践。

此外,在高校毕业生"就业难"的同时,用人单位也普遍存在着"选材难"的问题。很多企业为了装门面,对于博士硕士生优先录取,让刚毕业的大学生失去了竞争机会。企业注重学历也是导致就业难的一个问题,很多企业要求求职者应有丰富的社会经验或者专业技能,而不是仅有基础专业知识,这将是应届大学生值得思考的一个问题,企业是不会无缘无故不要应届生的。在我们调查的问卷中也发现,大于60%的毕业生认为公司在应聘时注重个人的社会经验以及综合能力和专业技能。这将对缺少社会实践经验的大学毕业生是一个很大的挑战。由于缺乏实地操作,毕业生拥有优秀的专业成绩,动手能力却远远落后。

三、改善大学生就业难问题的建议

(一)促进大学生提高自身能力,制定职业规划

作为工作第一线的各高校,要把毕业生就业工作摆在更加突出的位置,以更积极地态

度、更有力的措施、更扎实的行动做好就业工作。高校应重视培养学生自主学习能力,施予学生压力,适当开展讲座,向他们强调学习的重要性。同时,学校应加大职业指导的力度,让学生对自己的未来职业有一定的了解和目标。同时,加强就业指导课程建设,在教材选择上,要充分考虑到理论实际。职业规划关键是要依据自我实际,这就要求所有学生要对自己有所了解。通过个人分析认识自己,估计自己的能力,确认自己的性格。

(二)转变就业观念,培养大学生树立新型就业观

通过多种途径教育大学生认清就业形势,让他们认识社会、了解国情,认清当前的就业形势。注重对毕业生就业咨询与指导工作,广泛收集信息,形成信息传递网络,建立实训基地。加强就业观教育,转变就业观念,让大学生破除到国企、事业单位端"铁饭碗"的传统就业观念。教育毕业生要客观地面对现实,全面地认识和了解自己,对所学专业以及未来的职业,进行科学定位。组织召开毕业生就业、创业动员大会,举办往届优秀毕业生回校给毕业生做就业、创业报告,谈经验、讲体会,以及组织大学生积极参加"服务西部"计划等活动,以转变毕业生传统的就业思想,帮助其树立"先就业、再创业、再发展"的新型就业理念。

(三)拓展就业渠道,广开门路促就业

各高校积极与企业联系,倾听企业对学生的意见,采纳他们对专业设置、培养目标的合理化建议。建立社会实践基地,让即将毕业的大学生到基地参加实训,在实践中自我成长、提高就业能力。把就业与实习结合起来,在实习中实现就业。学校积极和用人单位联系,每年到各地了解往届毕业生的学习、生活、工作状态,做好毕业生的就业回访,掌握最新就业动态。举办大型校园招聘会,邀请多家企业来校园招聘,为大学生提供更广阔的就业平台等。大学生就业,关系到高等教育的可持续发展,关系到社会的和谐稳定,关系到千家万户的兴旺发达。高校应积极采取有效措施,从专业设置、就业指导、校企合作等方面,全方位、多渠道促进大学生就业、创业。

(作者:滕盈、薛莲、李晨晨;指导教师:程薇)

课程实践篇

第一章
《思想道德与法治》课程实践项目

实践项目一　校园热点微评

一、活动名称

校园热点微评

二、活动目的

　　刚进入大学的新生,面对新生活、新学习和新的人际交往、新环境等一系列变化,会有一个适应问题,需要思考大学时光如何更好地度过。通过以宿舍为单位的课堂大讨论,鼓励同学畅想青春年华,明确自己大学时光应有的理念,从而更快更好地适应大学。

　　首先,分享大学新生的入学喜悦。大一新生经过十年寒窗苦读来到大学。大学新生们带着高考胜利后的愉快心情开启美好的大学时光。他们一定对自己的大学生活充满了期待、对学校充满了好奇、对未来充满了美好憧憬。通过开展活动,让大学新生们说出自己的美好愿望,营造积极向上的美好校园氛围。

　　其次,了解大学新生的困惑,帮助解决。大一新生迈入人生的重要转折点,来到一个新的环境,学习的广度、深度、学习方式都发生了变化;远离父母,独立生活;各种社团活动丰富多彩。大一新生难免会有些困惑、有些不适应。通过活动,了解大学新生面临的问题,帮助他们确立自主、全面、创新、合作、终身的学习理念,帮助大学生树立自立自强自信自律的生活意识、提高明辨是非善恶的能力,尽快适应大学生活。

　　最后,引导大学新生树立正确的世界观、人生观、价值观、道德观和法治观。大一新生涉世未深,心智还不成熟,可能存在一些错误的看法、观点。通过活动,引导大学新生树立正确的思想观念,以习近平新时代中国特色社会主义为指导思想,自觉担当民族复兴大任,为中国特色社会主义新时代做出自己的贡献,展现靓丽的青春风采。

三、活动时间

学期第 3 周

四、活动地点

各班级上课教室

五、活动具体步骤

1. 思政课教师提前布置活动主题，即校园热点微评。阐述活动的目的与宗旨，在教师指导下，大学生交流、总结进入大学后的学习、生活以及社团活动所得所思，通过真诚交流，引导大学生树立正确的世界观、人生观、价值观、道德观、法治观，自觉担当民族复兴大任，不负青春韶华，为国做贡献。创作的文体不限，可以是随笔、诗歌、小小说、美术作品、微电影等。其中随笔要求字数 600 字左右；诗歌主题鲜明，美术作品需有简洁介绍，微电影需要画面与内容清晰（引用的画面内容标注来源）。

2. 学习委员第三周发送电子版（班级＋主题命名）给本班级任课教师（纸质版课上时间交给任课教师），任课教师批阅，同时审核挑选，优秀作品将在《思想道德与法治》课程的"校园热点微评"专栏及相关平台展示交流。

3. 以宿舍为小组，每组选代表一名进行主题发言，时间控制在 5 分钟左右。汇报同学要提前准备好 PPT 用于汇报讲解，汇报之后将 PPT 发给任课教师存档，为之后作品评优评奖提供佐证材料。汇报者可以针对其作品进行全面讲解，也可以在不偏离主题的前提之下进行适当扩展。

4. 其他未汇报同学可对汇报同学讲解进行点评、交流，开展课堂内讨论，最终达到共同学习、共同进步的良好教学效果。

5. 推荐与自荐两位同学在课堂分享过程中做好记录，以备实践教学存档。

6. 思政课教师在实践过程中要对学生进行积极引导，总结好本次活动。

7. 配合本次实践教学活动，马克思主义学院将于实践活动后举办思政课实践教学作品创作大赛活动，实行个人自荐与任课教师推荐相结合的方式，开展作品征集与评比。

六、活动注意事项

思政课教师做好前期活动的布置工作，对实践主题、实践目的、实践时间等进行讲解。明确本项活动由同学以个人为单位独立完成，作为《思想道德与法治》课程实践教学考核基本依据。鼓励学生结合个人作品积极发言，展示自我学习成果。在课堂分享中注意学生分享时间的控制与交流内容的丰富程度，及时对学生的学习成果进行总结并汇总好相关材料。

七、活动考核评价

实践的作品要有一定原创性，内容紧扣主题，主旨要符合立德树人要求，让大学生成为社会主义现代化的合格建设者和可靠接班人。准备充分、发言活跃、观点明确的个人予以积极的肯定,计入平时成绩,并作为思政课先进个人的材料支撑。根据每位同学提交的作品及个人课堂表现,为每位同学打出优秀、良好、合格、不及格的成绩。

八、活动附录资料

记录大学生代表性的畅想发言,可提供自拍视频、图片、感悟小文等。每个活动附录材料2—3个。

九、社会实践报告、论文脚本等范文的格式要求

范例一

家国情　青春志

鲁迅先生曾说:"我们自古以来就有埋头苦干的人,有拼命硬干的人,有为民请命的人,有舍身求法的人……这就是中国的脊梁。"

作为新时代的我们,我们享受着先人们浴血奋战后为我们创造的优渥的生活条件,我们应当有所作为,有梦想与担当。这样才对得起先人们的抛头颅洒热血,捐身躯照汗青;这样新中国才有足够的力量,国家才会后继有人,民族才有希望。所以我认为:不管身处什么时代,青年人都需要秉持使命担当,不负大国情怀。

李大钊曾经说:"以青春之我,为世界创造文明,为人类创造幸福。"自21世纪以来,中国的改革发展日新月异。无论科技还是民生,都在世界上名列前茅。而我们青年一代作为实现中华民族伟大复兴的中坚力量,想要有所作为,必须全面认识我们所处的时代,在这个迅速发展的时代中,辨认前进的方向,把握未来的先机,方能为自己定下人生目标和奋斗方向。否则,纵有爱国之心,我们亦难酬报国之志。

那么作为新时代的我们,应如何做到"胸中有家国,立志为天下"呢? 我个人认为应该做到以下三点:

其一,我们要有敢于担当的责任意识。从几年前突发的新冠疫情到河南汛情,无数青年人奋不顾身冲入抗疫一线,涌入抗洪前列,与死神抢人,与时间赛跑。他们来自五湖四海,天南地北,他们出身平凡,却干出了极不平凡的大事。他们守住的,也许不仅仅是突如其来的疫情,也是中华民族不屈的灵魂。他们保卫的也许不仅仅是被冲垮的河堤,更是撑起了中国人的脊梁。天下兴亡,匹夫有责。担当,就是要对国勇于担当,让自己的力量融入国家的发展之中。在担当中,让生命的脉搏与祖国的血脉一起跳动。

其二,我们要有自强不息的精神,为自己奋斗,为民族奋斗。扶贫路上的黄文秀同志,选择泥泞,告别繁华,在风华正茂的年纪,扎根基层,反哺家乡,经过一年的努力,百坭村贫困发生率降到仅有2.71%,获得2018年度"乡风文明"红旗村荣誉称号。她为她的崇高理想,正义事业尽心竭力地奋斗而无怨无悔。但是很遗憾,黄文秀同志在从百色返回乐业途中遭遇突如其来的山洪,不幸牺牲。但她的光辉永远照耀着我们,激励我们为实现中华民族的伟大复兴,为中国梦而奋斗。

其三，我们也要有对知识的求索，对实践的崇尚，更要知行合一，将志向付诸行动。教育家陶行知从"知行"到"行知"，再到"行知行"。作为新时代的青年，我们应该比历史上任何时期都更要有信心和能力。为实现中华民族伟大复兴的目标，每一个中华儿女都要有强烈的使命感，以万丈豪情拥抱新时代。

使命呼唤担当，理想照耀未来，我们应秉持使命担当，方能不负家国情怀！

（作者：张琛阳；指导教师：张红侠）

范例二

我愿做这样的普通人

题记：

晨曦就要抵达，平凡亦是伟大

我们生来是普通人，但这并不能成为阻碍我们实现自身价值的理由。春节，本应该是阖家团圆，其乐融融，而新型冠状肺炎疫情使这个春节变得人心惶惶，但越是这样，我们就越应该做一个有价值有质感的"普通人"。

我愿做国难面前挺身而出的普通人。"国有难，召必回，战必胜。"多日来，广大医务人员逆向而行，打起背包，一批又一批援助武汉援助湖北，救死扶伤甘于奉献。29 岁夏思思、35 岁李文亮、48 岁朱峥嵘、59 岁柳帆……在防控战疫一线的医务人员不幸感染去世，生命只有一次，他们难道不怕死吗？他们是普通人，但职责所在，奋战一线！我愿意做这样的普通人——**冲锋一线平凡而伟大的普通人！**

我愿做危难时贡献自己绵薄之力的普通人。抗击疫情是一个全民行动，人民群众是这场战役的主力军。当每个人都心怀大家，每个人才有安身立命之处。质朴的农民无惧风霜，骑了 40 公里的三轮车给医疗队送去新鲜的蔬菜，他坚持不要钱！打工者把抵工资的口罩全部捐给村里防疫用。餐馆的店主亲力亲为早出晚归为医护人员送去热腾腾的饭菜；热心小哥为车站送去 500 斤消毒液……这一幕幕看的我流泪不止，他们让我感受到了中国力量，这些平凡而伟大的人，正是我们学习的楷模，他们用自己力所能及的力量为国家做贡献！我愿意做这样的普通人——**尽其所能贡献的普通人！**

我愿意做服从指挥不给国家添乱的普通人。疫情当前，却有不知天高地厚的人打破众志成城的局面，在国家一级警报下闹商场、闯小区，投机发横财，真是令人寒心！钟南山院士的泪眼，医务人员辛苦的抗疫、各条战线放弃休假奋战的身影，难道没有一点深入你心吗？如果我们不能奋战一线二线，至少我们要能够遵守要求，在家中自觉隔离，讲卫生。不给国家添乱，也就是不给我们自己添乱！我们在家里，可以读书，可以与家人相聚，可有些人永远被困在了冬天！我愿意做这样的普通人——**配合疫情，居家过有质量生活的普通人！**

最冷的冬天渐渐远去，防疫战疫正向好走势，春风夏雨会如期到来。平凡而伟大的普通人啊,不必害怕,我们共同奋战,齐心前行。**看,普通人汇聚的中国力量,如蓬勃的朝阳正强劲上升!**

(作者:钱筱萌;指导教师:唐献玲)

实践项目二 户外经典诵读

一、活动名称

户外经典诵读

二、活动目的

为弘扬中华民族的优秀传统文化,并使之适应新时代的革新要求而进行创造性转化与创新性发展,进一步提升大学生的文化素养和道德修养,积极宣传和践行社会主义核心价值观,引领青年健康成长,为国育才、为党育人,精心举办系列经典诵读活动。通过此项实践,让大学生在诵读、品味、实践中对话传统、领悟经典,传承并发展好中华民族的优良传统,延续并激活古老中国的温情血脉。不忘本来、吸收外来、面向未来,歌颂建党、建国的伟大成就,把舵中华民族伟大复兴的主流价值航程,进一步使广大青年学生为国家发展与民族复兴蓄积起满腔的清澈之爱,汇聚起推动推动历史发展的磅礴伟力,扬帆逐梦,赓续中华文化基因,接力续写辉煌篇章。

三、活动时间

学期第十、十一周

四、活动地点

各上课班级、马克思主义学院全校统一组织安排

五、活动具体步骤

1. 活动集中时,各班班牌明确,班长迅速核实各班人员的出勤情况,并报于负责该班的校中国特色社会主义理论研究会(简称"中研会")骨干成员,中研会骨干成员统一报于轮值会长助理。每个班安排2名中研会骨干成员负责安全和维持纪律,辅助各班班长。在行程中,各班班长和2名中研会骨干成员一起处理可能发生的突发事件。

2. 活动现场由该活动总负责人统一安排,然后各班级根据总负责人的安排进行班级安排。活动中主要由各班班长和 2 名中研会骨干成员,协助总负责人处理好活动事项。

3. 诵读开始前,请相关领导讲话,提出要求与期望。

(负责老师应提前确定领导到场)

4. 诵读进程由主持人(2 个男生 2 个女生,大学生中自愿报名面试产生),报幕,串联整场活动。(先准备好活动台词,提前适当排练)

5. 集中诵读篇目与顺序:

第一篇章 经典传颂(《论语·十则》、《孟子》节选、《大学》节选、《中庸》节选、《道德经》节选)

第二篇章 名言警句

第三篇章 家乡情怀(宿迁赞歌)

第四篇章 歌颂祖国(班级自选篇目、集体篇目)

6. 班级分散诵读自选篇目,每个班级 2 个(学委与班级联络员汇总节目与组织排练)。中研会骨干成员与各班级负责人协助思政课教师,分布于镜湖、纳田、彩虹桥等地方。

7. 诵读结束前,由各班级思政课教师对诵读活动进行总结点评。

8. 诵读结束时,中研会骨干成员负责整理打扫现场,保证卫生。

9. 中研会宣传部及时认真撰写活动总结与新闻报道稿,秘书部做好相关人员详细分工与活动记录。

10. 个人完成诵读心得体会并自选相关经典内容诵读。

六、活动对象及形式

马克思主义学院教师、中研会骨干成员及 2021 级学生,共计约 3800 人。活动通过教师领诵、团队合诵、个人演诵、班级朗诵等形式,诵读《论语》、《孟子》、《大学》、《中庸》、《道德经》、名言警句及革命诗词等经典著述。

七、活动注意事项

1. 精心组织、缜密安排,选择确定经典诵读的内容与程序。

2. 思政课教师应提前确定好实施方案,并将相关具体安排、流程和要求讲清楚、说明白,组织好学生开展准备工作。

3. 班长与考班确定参加活动同学名单,班级全体同学签订安全责任书,落实安全职责,分工明确,协调推进。

4. 中研会宣传部应提前做好海报、条幅。

5. 诵读集体篇目中背景音乐由负责老师确定并由中研会文艺部准备,各班级节目背景音乐由各班级提前准备。

八、活动管理及考核评价

1. 同学们需以校服为统一着装。
2. 必须统一行动,听从组织指挥,注重大学生安全与形象,遵守文明规则。
3. 文明出行,不准大声喧哗,注意维护身边卫生。
4. 个人有急事需提前向各班班长请示,不允许任何人私自离队。
5. 参加诵读活动的师生手机设置为静音或关机。
6. 活动评选优秀诵读班级与先进个人。

九、活动附录材料

范例一

让经典朗润心田

一直以来,我都被民族语言深深地吸引着,它不仅在内容上博大精深,而且在语音方面富有一种韵律美! 它的四声就像音乐的旋律一样,很美!

思政课举办的户外经典朗诵,给我们小组一次别样的展示自己的机会。我认为理解是朗诵的基础,在理解的基础上才能在把朗诵的诗词转化为声音时赋予它一定的思想感情内涵! 所以我很快与小组确定了我们朗诵的诗篇,为我们高中所学过的《师说》。早在1200多年前,唐代的韩愈就提出"师者,所以传道、授业、解惑也。"此文充分肯定老师的作用、定位教师的角色、明确教师的职责。教师是人类文化的传承者,教师向学生传承文化;教师是知识的传授者,教师向学生传授知识是践行其神圣职责;以高尚人格塑造高尚人格,教师是当之无愧的"人类灵魂的工程师"。韩愈以为:师是"传道"的,假如一位教师不能"传道",他就不能成为教师。师与道是密不可分的,"道之所存,师之所存"。"道"是师存在的先决条件,"师"是道传播的社会载体,师道不可分离。当然,韩愈所谓"传道",乃是一种儒家道统。而在当今社会的中国,"传道"应是维护社会主义的核心价值体系,塑造学生正确的价值观,培养具有健全人格理想的社会主义新人。如此说来,教师的责任重大。每位教师,都应忠于理想,传播真理,传道授业解惑。

我们小组将这些感受融入朗诵里,才有了能让我们十分满意的朗诵作品! 在进行朗诵的过程中,成员们不断讨论沟通,充分发挥了团队的作用,曾经出现过分歧并争论过,但未耽误朗诵的进程,过去的努力换来了今天的成绩。

我们在进行朗诵的时候,将自己带入老师的角色并进行对韩愈写这篇作文的想象,将自己的情感带入到朗诵中,使我们的朗诵更加能够契合这篇文章。朗诵小组成立以来,我们组就定下了契合韩愈思想的口号,以此为鉴,每一位成员都齐心协力为目标而奋斗,团结就是力量,功夫不负有心人,我们最终取得了很大进步。在此,我要向我的组员表示深深的感谢,这是因为有你们的努力,我们的小组才会进步,蒸蒸日上。其实,每个人都会有疲倦的时候,我们总会相互激励,相互督促再来。相互探讨是关键,遇到难题,冥思苦想,终无所获,这时最有效的办法就是拿到小组中,大家一起研究。这一点,我们做得非常好,几乎每天我们都会共同探讨解决众多难题。当然,独立思考更是少不了。为了不使小组成员对小组依赖过大,我还是提倡独立思考,当通过独立思考解答时,体会才更深。最为重要的是,我们小组成员对于学习抱有极大的热忱,我们团结合作,不怕苦,不怕难,一步一步、稳稳地在学习的激流中前进。小组取得的成就更是我们自豪的资本。纪律方面,在小组当中,我们又有双重身份,既是学习者,又是管理者,所以我们每个组员都有责任去管理好自己组内成员并且自己以身作则。我认为我们的成绩证明了我们的努力和取得的成果。

对此,我们小组有非常深刻的感受。

第一,每一份私下的努力都会获得成倍的回收,并在公众面前被表现出来。

第二,行动是成功之母,如果我们有好的想法、好的观念,不去行动,不去实施,都是空想。

第三,向不可能挑战,只要我们具有明确的目标与超强的行动力,没有达不成的目标。参加此次思政课活动,我们深刻体会到了理论和实践结合的重要性,具有扎实的课前准备工作的必要性,更加深深地了解到了团结互助的精神,对于一个团队能否达到胜利的彼岸起着关键性的作用。

(作者:严文豪;指导教师:徐古祥)

范例二

诵读经典,书香青春

为了弘扬优美的中华诗词文化,我校举办了经典诵读活动。在这次活动中,我所在的小组选择了《沁园春·雪》。

词上篇描写北国壮丽的雪景,纵横千万里,展示了大气磅礴、旷达豪迈的意境,抒发了词人对祖国壮丽河山的热爱。下篇议论抒情,重点评论历史人物,歌颂当代英雄,抒发无产阶级要做世界的真正主人的豪情壮志。全词熔写景、议论和抒情于一炉,意境壮美,气势恢宏,感情奔放,胸襟豪迈,颇能代表毛泽东诗词的豪放风格。

"北国风光,千里冰封,万里雪飘"这三句总写北国雪景,把读者引入了一个冰天雪地、广袤无垠的银色世界。"北国风光"是上片内容的总领句。"千里""万里"两句是交错说的,即千万里都是冰封,千万里都是雪飘。诗人登高远望,眼界极为广阔,但是"千里""万里"都远非目力所及,这是诗人的视野在想像之中延伸扩展,意境更加开阔,气魄非常宏大。天地茫茫,纯然一色,包容一切。"冰封"凝然安静,"雪飘"舞姿轻盈,静动相衬,静穆之中又有飘舞的动态。

"望长城内外,惟余莽莽;大河上下,顿失滔滔。""望"字统领下文,直至"欲与天公试比高"句。这里的"望",有登高远眺的意思并有很大的想象成分,它显示了诗人自身的形象,使人感受到他那豪迈的意兴。"望"字之下,展现了长城、黄河、山脉、高原这些最能反映北国风貌的雄伟景观,这些景观也正是我们伟大祖国的形象。"长城内外",这是从南到北,"大河上下",这是自西向东,地域如此广袤,正与前面"千里""万里"两句相照应。意境的大气磅礴,显示了诗人博大的胸怀,雄伟的气魄。"惟余莽莽""顿失滔滔"分别照应"雪飘""冰封"。"惟余"二字,强化了白茫茫的壮阔景象。"顿失"二字,则写出变化之速,寒威之烈,又使人联想到未冰封时大河滚滚滔滔的雄壮气势。这四句用视觉形象,赋予冰封雪飘的风光以更为具

· 73 ·

体更为丰富的直觉,更显气象的奇伟雄浑。

"山舞银蛇,原驰蜡象,欲与天公试比高。""山舞银蛇,原驰蜡象"的动态描写,都有活泼奔放的气势。加上"欲与天公试比高"一句,表现"山""原"与天相连,更有一种奋发的态势和竞争的活力。"山""原"都是静物,写它们"舞""驰",这化静为动的浪漫想象,固然因在大雪飘飞中远望山势和丘陵绵延起伏,却有山舞原驰的动感,更因诗人情感的跃动,使他眼前的大自然也显得生气勃勃,生动活泼。

"须晴日,看红装素裹,分外妖娆"写的是虚景,与前十句写眼前的实景形成对比,想象雪后晴日当空的景象,翻出一派新的气象。雪中的景象在苍茫中显得雄伟,雪后的景象则显得娇艳。"看"字与"望"字照应;"红装素裹",把江山美景比作少女的衣装,形容红日与白雪交相辉映的艳丽景象。"分外妖娆",赞美的激情溢于言表。

"江山如此多娇,引无数英雄竞折腰",可谓承上启下,将全词连接得天衣无缝。"江山如此多娇"承上,总括上篇的写景,对"北国风光"作总评;"引无数英雄竞折腰"启下,展开对历代英雄的评论,抒发诗人的抱负。这一过渡使全词浑然一体,给人严丝合缝、完整无隙的感受。祖国的山河如此美好,难怪引得古今许多英雄人物为之倾倒,争着为统一天下而奋斗。一个"竞"字,写出英雄之间激烈的争斗,写出一代代英雄相继崛起和衰落的经历。"折腰"的形象,展示了每位英雄人物为之倾倒的姿态,并揭示了为之奋斗的动机。

"惜秦皇汉武,略输文采;唐宗宋祖,稍逊风骚。一代天骄,成吉思汗,只识弯弓射大雕",以"惜"字总领七个句子,展开对历代英雄人物的评论。诗人于历代帝王中举出五位很有代表性的人物,展开一幅幅历史画卷,使评论得以具体形象地展开,如同翻阅一部千秋史册,一一加以评说。一个"惜"字,定下对历代英雄人物的评论基调,饱含惋惜之情而又有批判,然而措辞极有分寸,"略输文采""稍逊风骚",并不是一概否定。至于成吉思汗,欲抑先扬,在起伏的文势中不但有惋惜之极的意味,而且用了"只识"二字而带有嘲讽之意。"弯弓射大雕",非常传神地表现了成吉思汗只恃武功而不知文治的形象。

"俱往矣,数风流人物,还看今朝","俱往矣"三字,言有尽而意无穷,有画龙点睛之妙。将中国封建社会的历史一笔带过,转向诗人所处的当今时代,点出全词"数风流人物,还看今朝"的主题。"今朝"是一个新的时代,新的时代需要新的风流人物来带领。"今朝"的风流人物不负历史的使命,超越于历史上的英雄人物,具有更卓越的才能,并且必将创造空前伟大的业绩,是诗人坚定的自信和伟大的抱负。这震撼千古的结语,发出了超越历史的宣言,道出了改造世界的壮志。那一刻思接千载,那一刻洞悉未来,那一刻豪情万丈,那一刻傲视古今。

《沁园春·雪》突出体现了毛泽东词风的雄健、大气。作为领袖毛泽东的博大的胸襟和抱负,与广阔雄奇的北国雪景发生同构,作者目接"千里""万里","欲与天公试比高",视通几千年,指点江山主沉浮,充分展示了雄阔豪放、气势磅礴的风格。

(作者:常嘉文;指导教师:徐古祥)

范例三

青春·经典·新时代

"人道海水深,不抵相思半。海水尚有涯,相思渺无畔。"我的相思,寄托于经典诵读之间,正好此时学校举办了"不忘初心诵经典,同心筑梦新时代"第四届思想政治理论课户外经典诵读活动。参加完此项实践活动,我感触颇多。

王国维先生曾经将学问分为三境界,其实何止是做学问,我们的经典诵读也有三个境界,这三个境界很好地诠释了青春、经典、新时代的深刻内涵。

"有三秋桂子,十里荷花。"此第一境界也。青春需要在秋季收获硕果,何况经典的作品是"千淘万漉虽辛苦,吹尽狂沙始到金"的精品。而畅想青春,正是新时代赋予我们青年大学生的任务,一篇《青春赞歌》的朗诵,让年轻的我们在这个收获的季节里,将坚定的目光投向更远的地方,从出发的那一刻起,注定要追着东升的朝阳。我们刚毅、自信的脸庞,在等待胜利的曙光。

"人读等身书,如将兵十万。"此第二境界也。经典需要多次诵读,我们才能体会其深刻内涵。而多读经典,正是新时代的我们需要加强的。"三人行,必有我师焉"可以让我们明白人要不断地虚心向他人学习,完善自我;"先天下之忧而忧,后天下之乐而乐"让我们体会到这就是一种敢于承担社会责任的情怀;"长风破浪会有时,直挂云帆济沧海"则让我们感受到抱负终将实现的豪情壮志。

"纸上得来终觉浅,绝知此事要躬行。"此第三境界也。我们班级朗诵了《我的祖国》,大家不仅仅是赞颂祖国的成就,更是理解了新时代青年的历史使命。我和我的同学们也从此次诵读中认识到新时代需要我们有理想有本领有担当,我们愿即刻行动起来,贡献自己的青春力量!

三境界步步相连,环环相接,成为我参与此次诵读活动最大的收获。正所谓诵读经典之乐,乐在青春飞扬,乐在书香四溢,乐在责任担当。诵读经典,我们可以忘记青春路途的烦恼,坚定前行;诵读经典,我们可以穿梭时空,尽情沐浴先贤智者思想的惠泽;诵读经典,我们更需明确新时代的历史使命,勇敢前行!

(作者:刘悦;指导教师:李明建)

范例四

户外经典诵读活动感悟

以弘扬传统文化为载体的思想政治理论课户外经典诵读活动已经连续开展四届。该项活动的开展,拓宽了思政课教学改革的思路,也吸引了越来越多同学的参与。

经典,是传统的、对后人影响深远的文化珍品。精美的词句、格言,都给人以文化的陶冶和知识的拓展。我们诵读经典,无疑是在享用传统文化精华的精神盛宴。"一粥一饭当思来之不易,半丝半缕,恒念物力维艰。"这是提示我们勤劳节俭是中华民族的传统美德,进行良好的生活习惯的培养,意义重大。"不贪意外之财,不谋意外之想。"这是告诉我们,做人要艰苦朴素、淡泊名利、廉洁处事。"父母训,要牢记。"这是在向我们阐释尊老爱幼这一中华民族传统美德,同时也提醒我们从小养成做谦虚、诚实之人的习惯。

经典诵读,不仅有其独特的精神魅力,更给我们提供了知识拓展的广阔空间。经典诵读,使我们跨越了时空界限,为拥有五千年悠久历史和灿烂文化的中华民族唱响了弘扬民族精神的最强音。

(作者:安超;指导教师:程薇)

"传千古经典　颂中华新篇——户外经典诵读"
集中诵读参考材料

主持人开场,介绍活动目的意义、要求、到场嘉宾等

第一篇章　经典传诵

主持人_____:简介《四书》与《道德经》

主持人_____:简介《论语》

(一)《论语·十则》

第一则:子曰:"学而时习之,不亦说(yuè)乎? 有朋自远方来,不亦乐(lè)乎? 人不知而不愠(yùn),不亦君子乎?"

第二则:曾子曰:"吾(wú)日三省(xǐng)吾(wú)身,为(wèi)人谋而不忠乎? 与朋友交而不信乎? 传(chuán)不习乎?"

第三则:子曰:"温故而知新,可以为师矣(yǐ)。"

第四则:子曰:"学而不思则罔,思而不学则殆。"

第五则:子曰:"由,诲女(rǔ)知之乎! 知之为知之,不知为不知,是知(zhì)也。"

第六则:子曰:"见贤思齐焉,见不贤而内自省(xǐng)也。"

第七则:子曰:"三人行,必有我师焉。择其善者而从之,其不善者而改之。"

第八则:曾子曰:"士不可以不弘毅,任重而道远。仁以为己任,不亦重乎? 死而后已,不亦远乎?"

第九则:子曰:"岁寒,然后知松柏之后凋也。"

第十则:子贡问曰:"有一言而可以终身行之者乎?"子曰:"其恕(shù)乎! 己所不欲,勿施于人。"

主持人_____:简介《孟子》

(二)《孟子》节选

1. 天将降大任于斯人也,必先苦其心志,劳其筋骨,饿其体肤,空乏其身,行拂乱其所为,所以动心忍性,曾益其所不能。

2. 鱼,我所欲也,熊掌,亦我所欲也;二者不可得兼,舍鱼而取熊掌者也。生,亦我所欲也,义,亦我所欲也;二者不可得兼,舍生而取义者也。

3. 老吾老,以及人之老;幼吾幼,以及人之幼。

4. 富贵不能淫,贫贱不能移,威武不能屈。此之谓大丈夫。

5. 民为贵,社稷次之,君为轻。

6. 君子以仁存心,以礼存心。仁者爱人,有礼者敬人。爱人者人恒爱之,敬人者人恒敬之。

主持人_____:简介《大学》

(三)《大学》节选

1. 大学之道,在明明德,在亲民,在止于至善。知止而后有定,定而后能静,静而后能安,安而后能虑,虑而后能得。物有本末,事有终始,知所先后,则近道矣。

2. 古之欲明明德于天下者,先治其国;欲治其国者,先齐其家;欲齐其家者,先修其身;欲修其身者,先正其心;欲正其心者,先诚其意;欲诚其意者,先致其知;致知在格物。

3.自天子以至于庶人,壹是皆以修身为本。

4.心不在焉,视而不见,听而不闻,食而不知其味。

此谓修身在正其心。

主持人_____:简介《中庸》

(四)《中庸》节选

1.博学之,审问之,慎思之,明辨之,笃行之。

2.喜怒哀乐之未发,谓之中;发而皆中节,谓之和。中也者,天下之大本也,和也者,天下之达道也。

3.凡事预则立,不预则废。

4.诚者,天之道也,诚之者,人之道也。诚者,不勉而中,不思而得,从容中道,圣人也。诚之者,择善而固执之者也。

5.唯天下之至诚,为能尽其性,能尽其性,则能尽人之性;能尽人之性,则能尽物之性;能尽物之性,则可以赞天地之化育;可以赞天地之化育,则可以与天地参(sān)矣。

主持人_____:简介《道德经》

(五)《道德经》节选

1.道可道,非常道。名可名,非常名。无名天地之始。有名万物之母。故常无欲以观其妙。常有欲以观其徼。此两者同出而异名,同谓之玄。玄之又玄,众妙之门。

2.天下皆知美之为美,斯恶矣;皆知善之为善,斯不善已。故有无相生,难易相成,长短相形,高下相倾,音声相和,前后相随。是以圣人处无为之事,行不言之教。

3.上善若水。水善利万物而不争,处众人之所恶,故几於道。居善地,心善渊与善仁,言善信,正善治,事善能,动善时。夫唯不争,故无尤。

4.道生一,一生二,二生三,三生万物。

万物负阴而抱阳,冲气以为和。人之所恶,唯孤、寡、不谷,而王公以为称,故物或损之而益,或益之而损。

5.信言不美,美言不信。善者不辩,辩者不善。知者不博,博者不知。圣人不积,既以为人己愈有,既以与人己愈多。

天之道利而不害,圣人之道为而不争。

主持人_____:简述各班级推荐经典诵读的内容与意义

插入:各班级精选推荐户外经典诵读节目(1)(选5个快闪诵读)

第二篇章 名言警句

主持人_____:简介"名言警句"的作用

1.路漫漫其修远兮,吾将上下而求索。

2.少而好学,如日出之阳;壮而好学,如日中之光;老而好学,如秉烛之明。

3.莫等闲,白了少年头、空悲切。

4.书山有路勤为径,学海无涯苦作舟。

5.纸上得来终觉浅,绝知此事要躬行。

6.读书破万卷,下笔如有神。

7.天行健,君子以自强不息。地势坤,君子以厚德载物。

8. 长风破浪会有时,直挂云帆济沧海。

9. 古之立大事者,不惟有超世之才,亦必有坚忍不拔之志。

10. 王国维先生《人间词话》中的人生三境界:

昨夜西风凋碧树,独上高楼,望尽天涯路。衣带渐宽终不悔,为伊消得人憔悴。众里寻他千百度,蓦然回首,那人却在灯火阑珊处。

第三篇章　家乡情怀

主持人_____: 简介"家乡情怀宿迁"

主持人_____: 简介"家的理解孝亲情怀"

（一）亲情诗词

游子吟(唐乐府·孟郊)

慈母手中线,游子身上衣。

临行密密缝,意恐迟迟归。

谁言寸草心,报得三春晖。

诗经·小雅·蓼莪

蓼蓼者莪,匪莪伊蒿。哀哀父母,生我劬劳。

蓼蓼者莪,匪莪伊蔚。哀哀父母,生我劳瘁。

瓶之罄矣,维罍之耻。鲜民之生,不如死之久矣。

无父何怙? 无母何恃? 出则衔恤,入则靡至。

父兮生我,母兮鞠我。拊我畜我,长我育我,顾我复我,出入腹我。

欲报之德。昊天罔极!

南山烈烈,飘风发发。民莫不穀,我独何害!

南山律律,飘风弗弗。民莫不穀,我独不卒!

主持人_____: "宿迁变迁与新发展"

（二）宿迁赞歌

没有谁像你这样　满腔热血

三千江东子弟　揭竿而起　破釜沉舟

驰骋在推翻秦王朝的沙场。

没有谁像你这样

贫瘠的土地似乎只能充当洪水走廊

大水过后的盐碱地　一片白茫茫。

没有谁像你这样

生活赤贫,生命荣光。

粗茶淡饭,养育了些许有识之士

国之栋梁。

在一个清晨

早行的朱瑞踏着泥泞离开家乡

那是去追寻救国救民的梦想

在一个深夜

大兴的一间茅屋里还闪着烛光

那是宿迁第一个党支部

向我们传递着真理的力量。

在马陵山麓的隆隆炮声中

敲响了旧时代的丧钟。

在决定中国命运的淮海决战中

宿迁的二十万独轮木车

也融入了支前的大潮。

车轮滚滚啊

正是这滚滚的车轮

推出了新中国的一轮朝阳。

没有谁像你这样

对生活怀揣着如此多的梦想。

当家做主的宿迁人

敢做敢闯。

当家做主的宿迁人

敢做敢闯。

葡萄山　玻璃城　黄河苹果　水稻县

成了我们对新生活最初的向往。

杨树　水产　花卉　名酒　淮北明珠的宿迁美名传扬。

经过四十余年改革开放的洗礼

而今的宿迁

更成了寻梦的天堂。

优惠的政策，吸引了众多的外地客商

广阔的空间，成就了无数创业者的梦想

年轻的夫妻，希望有车有房

年迈的老人，旅游健身成了他们新的向往。

晨练的小伙

希望宿迁成为一个氧吧

要将充足的氧气吸进他健硕的胸膛。

虞姬一样美丽的姑娘

希望宿迁成为爱之名城

让爱的元素无所不在地恣意流淌。

中国梦的画卷已经展开

"四个全面"战略布局正在落实

科学与理性的翅膀

让而今的宿迁——更加自信而刚强。

——更加自信而刚强

　　　　　　　如果说,我们已经耽搁了千年的时光

　　　　　　不,正是这千年的修炼,积聚了厚积薄发的能量。

　　　　　　如果说,一只蝴蝶的翅膀能够引发一场飓风

　　　　　　　　那,百万人一起致富的冲动,

　　　　　　　该能掀起怎样的滔天巨浪?

　　　　　　　举鼎子孙,加倍地热爱宿迁吧,

　　　　　　　莘莘学子,更好更快地建设宿迁吧

　　　　　　　畅想宿迁,豪—情—万—丈,

　　　　　　　畅享宿迁,无—限—辉—煌

第四篇章　歌颂祖国

主持人_____:简述国家发展　青年志向　热爱祖国

主持人_____:简述各班级推荐经典诵读的内容与意义

1. 各班级精选推荐节目(选5个班级赞颂祖国的快闪节目诵读)

2. 革命诗词

主持人_____:为新中国的诞生无数革命者奋斗一生,理想信念坚定,以乐观的革命情怀创作了经典诗词。

《采桑子·重阳》毛泽东

全体学生诵读:　人生易老天难老,岁岁重阳。

全体男生诵读:　今又重阳,战地黄花分外香。

全体女生诵读:　一年一度秋风劲,不似春光。

全体学生诵读:　胜似春光,寥廓江天万里霜。

《无题》　周恩来

全体男生诵读:　大江歌罢掉头东,邃密群科济世穷。

全体学生诵读:　面壁十年图破壁,难酬蹈海亦英雄。

《赠友人》朱德

全体男生诵读:　北华收复赖群雄,猛士如云唱大风。

全体学生诵读:　自信挥戈能退日,河山依旧战旗红。

《沁园春·雪》毛泽东

全体学生诵读:　北国风光,千里冰封,万里雪飘。

全体男生诵读:　望长城内外,惟余莽莽;大河上下,顿失滔滔。

　　　　　　　山舞银蛇,原驰蜡象,欲与天公试比高。

全体学生诵读:　须晴日,看红装素裹,分外妖娆。

全体女生诵读:　江山如此多娇,引无数英雄竞折腰。

全体学生诵读:　惜秦皇汉武,略输文采;唐宗宋祖,稍逊风骚。

全体女生诵读:　一代天骄,成吉思汗,只识弯弓射大雕。

全体学生诵读:　俱往矣,数风流人物,还看今朝。

3. 歌颂祖国

★赞颂祖国的诗歌★

(主持人　男合) 岁月承载着历史的脚步 大地积淀了文明的精华 想到祖国,满怀激情 祖国——在这里我为您放歌

(主持人　女合) 祖国啊,祖国——您是千年历史的积淀 文明源泉的汇合 您凝重而深邃 宽广而博大 滔滔江河是您的鼻息 沸腾海洋是您的血液 您是我生命的一切

祖国啊,祖国——您是天安门城楼的一声呐喊 社会主义熊熊燃烧的火焰 您是人民革命的一声号角 乘风破浪的一张风帆 您坚强而自信 社会主义的宏伟蓝图活跃着您的智慧 东方蒸腾的旭日喷薄着您的活力 您是社会主义的实践家

祖国啊,祖国——您是南海之滨的一缕春风 罗湖小村的一抹朝阳 您是青藏高原的一道铁轨 塔里木油田的一组井架 您远见卓识 艺高胆大 小渔村的翻天巨变证明了您的胆识 人民满脸的微笑写的是你的伟大 祖国——您创造了生活 改造着世界

祖国啊,祖国——您是世界和平飘扬的旗帜 人类文明进步的使者 您是捍卫真理的勇士 哺育子女的妈妈 您正直而博爱 坚强而慈祥 世界人民叹服您的胸怀 华夏儿女感激您的母爱

祖国啊,祖国——您走过千年历史,跨越了世界文明 您明晰千古,坚定为英特纳雄耐尔 生生不息 您仁慈博爱,捍卫着绿色与和平 坚持中国特色社会主义阔步前行 我们为是您的儿女而自豪 我们为有这样的祖国而骄傲

(全体师生一起　诵读) 祖国——我们与您同心 我们拥您前进 您的儿女们坚信 祖国的明天更美好 世界的明天更美好 人类的明天更美好

4. 学习进行时

★学习进行时★

《平语近人》引用的经典语录

(全体男生　诵读)"人民中心"篇——一枝一叶总关情　治国有常民为本
　　　　　　　　"政之所兴在顺民心,政之所废在逆民心"
　　　　　　　　"立德"篇——国无德不兴
　　　　　　　　"国有四维,礼义廉耻,'四维不张,国乃灭亡'"

(全体女生　诵读)**"家风"篇——国之本在家　报得三春晖**
　　　　　　　　"积善之家,必有余庆;积不善之家,必有余殃"
　　　　　　　　"修身"篇——只留清气满乾坤
　　　　　　　　"从善如登,从恶如崩"

(全体学生　诵读)**"实践"篇——绝知此事要躬行**
　　　　　　　　"积土而为山,积水而为海"
　　　　　　　　"劝学"篇——腹有诗书气自华
　　　　　　　　"学如弓弩,才如箭镞"

(全体男生　诵读)**"廉政"篇——恶竹应须斩万竿**
　　　　　　　　"新松恨不高千尺,恶竹应须斩万竿"
　　　　　　　　"人才"篇——天下之治在人才
　　　　　　　　"才者,德之资也;德者,才之帅也"

（全体学生 诵读）"信念"篇——咬定青山不放松

"咬定青山不放松,立根原在破岩中。千磨万击还坚劲,任尔东西南北风"

"天下"篇——天下为公行大道

"立天下之正位,行天下之大道"

5. 建党百年朗诵

《请党放心,强国有我》

（全体男生 诵读）今天,我们站在天安门广场,紧贴着祖国的心房

（全体女生 诵读）今天,我们歌颂人民英雄的荣光,见证如他们所愿的梦想

（全体男生 诵读）今天,我们向党致以青春的礼赞

走过百年,风华正茂的中国共产党

（全体女生 诵读）今天,我们对党许下青春的誓言

新的百年,听党话、感党恩、跟党走

同心向党,奔赴远方

（女主持 诵读）妈妈对我说,在每个人心中,中国共产党都是光荣的模样

党是冉冉升起的旭日,驱散黑暗,带来光明

将可爱的中国照亮

党是高高飘扬的旗帜,昭示信念,指明方向

为可爱的中国领航

（男主持 诵读）老师告诉我,一百年前,古老的中华大地诞生了中国共产党,播撒信仰

的火种,点亮真理的强光

这束光,激发了井冈山上的革命理想

星星之火,可以燎原

这束光,照亮了长征路上的正确方向

雄关漫道,万水千山

这束光,辉耀了宝塔山上的民族希望

保卫华北,保卫黄河

这束光,映照了百万雄师横渡长江

天翻地覆,正道沧桑

（全体女生 诵读）你看,天安门广场升起第一面五星红旗

中国人民从此站起来了!

当家做主人,建设新中国

这是中国人民满怀豪情的激昂

（全体男生 诵读）你听,"抗美援朝,保家卫国"的军歌嘹亮

你听,大庆铁人"拼命拿下大油田"的誓言铿锵

你听,"两弹一星"震惊世界的东方巨响

你听,红旗渠"誓把河山重安排"的豪迈乐章

到祖国最需要的地方去!

（男主持 诵读）南海潮涌,东方风来,春天的故事在希望的田野上铺展

故事里,有开放的特区敢为人先

故事里,有回归的港澳游子团圆

(女主持 诵读)故事里,青藏铁路连接团结进步的桥梁

故事里,奥运火炬点燃自信自强的烈焰

(全体学生 诵读)团结起来,振兴中华!

站起来、富起来、强起来

新时代的号角响彻河山

脱贫攻坚,全面小康,千年梦想今朝实现

(全体男生 诵读)坚持以人民为中心

嫦娥探月,蛟龙深潜,大国重器世人惊艳

科技强则国家强

生态文明,绿色低碳,美丽中国展开画卷

绿水青山就是金山银山

和平发展,合作共赢,"一带一路"互通互联

推动构建人类命运共同体

(全体女生 诵读)新阶段、新理念、新格局

中国道路,中国奇迹举世称赞

为人民谋幸福,为民族谋复兴

满足人民对美好生活的向往

矢志不变

江山就是人民,人民就是江山

梦在前方,路在脚下

我们都是追梦人

(全体学生 诵读)为实现第二个百年奋斗目标,为实现中华民族伟大复兴的中国梦准备着;为共产主义事业而奋斗! 时刻准备着;不忘初心,青春朝气永在,志在千秋,百年仍是少年,奋斗正青春! 青春献给党!

请党放心,强国有我!

请党放心,强国有我!

请党放心,强国有我!

请党放心,强国有我!

实践项目三　道德与法治案例分析

一、活动名称

"德润人心,法安天下"——道德与法治案例分析

二、活动目的

大学之道,在明明德,在止于至善。新时代大学生朝气蓬勃、好学上进、视野宽广、开放自信,是可爱、可信、可为的一代,是民族复兴伟大进程的见证者和参与者,也是社会主义事业的主力军。如何培养能够"明大德、立大志、成大才、担大任",且具有较高思想道德素质和法治素养的新时代大学生,需要我们共同关注和努力。

《思想道德与法治》课程案例分析截止到2021年已经举办了八届,得到众多学子的好评。活动邀请大一精英学子共同探讨,交流思想。大赛的目的在于鼓励学生求是创新,促进学生关注现实社会的道德与法治事实案例,将思想性、政治性、科学性、理论性和实践性相结合,理论联系实际,学以致用。

《思想道德与法治》课程案例分析以创新和共享为宗旨,一方面通过对社会典型案例的分析,提高大学生对道德与法治问题的敏感性与社会责任感,加强大学生分析与解决问题的能力,提高大学生价值判断能力和团队合作能力,提升道德法治素养,展示大一学子的创新能力;另一方面汇集优秀案例,推动《思想道德与法治》课程案例教学,交流教与学的经验,以期共同提高。

三、活动时间

大一学年第一学期第14周第一次课开始,共计两次课4课时。

四、活动地点

各班级上课教室或其他适合开展此项活动的场所。

五、活动具体步骤

1. 思政课教师根据《"思想道德与法治"课程实践教学实施方案》的要求,提前布置案例分析大赛的具体事宜,阐述清楚活动的目的与宗旨,并讲清具体要求,做好授课班级同学组

织动员工作,提高学生的积极性,要求班级全体同学都参加。

2. 思政课教师第一次课布置完任务后,以课程学习小组为单位,深入图书馆查阅资料,各学习小组选择适合本小组的案例。

3. 各小组组织讨论确定最终案例,各小组案例确定后,小组长根据每位同学的特长做好分工(包括素材收集、案例分析文稿撰写、PPT 制作、主旨发言、情景模拟等)。

4. 思政教师安排班级课程负责同学组织本班级各组同学模拟彩排,打磨文本,查找不足,逐步完善案例分析的文稿和 PPT。

5. 第二次课思政课教师以课程班级为单位组织进行初赛。在初赛前,各班级课程负责同学要布置好教室,安排照相录像和记录人员,每个小组抽签决定上台顺序,每个小组登台展示不超过 8 分钟。

6. 由思政课教师和各小组长或班委作为评委,对每组进行打分评选。

7. 各学习小组组长总结本小组的活动组织情况,分析优缺点,并提出建议。

8. 班级同学结合课程的理论知识,谈参与活动感受,提升学生理论与实践相结合的能力。

9. 课程班学习小组展示结束后,思政课教师要做好总结,针对学生在展示过程中出现的问题要指出,并提出整改的意见,让学生能够在实践教学中收获知识,提升技能。

10. 最后由思政课教师根据各课程班最佳团队的综合表现,选择出一个团队代表思政课教师课程班参加学校决赛。遴选出参加学校决赛的团队,思政课教师要组织相关同学进一步打磨文本,充分做好参赛的准备,使参赛团队的文本质量和舞台表现有质的提升。

六、活动注意事项

1. 案例的作品形式不限,如课件展示、新闻评论、小品表演等,各学习小组通过展示相关道德或法治热点案例与典型案例,阐述学习小组讨论总结的看法与观点。

2. 案例分析展示过程中,各学习小组对于案例情况只需要做简单的介绍,重点在于分析案例,并发表学习小组讨论确定的观点和建议。

3. 各学习小组要上交案例分析文本,案例分析文稿原则上不少于 2000 字。案例分析文本排版要整齐,突出层次,具体排版要求参照样文。

4. 参赛作品案例必须真实,内容要合法健康,观点清晰正确,写作需合乎规范,必须运用《思想道德与法治》课程的相关理论进行阐述分析,过程中要体现十九大及历次全会的路线方针政策精神。

5. 参赛团队要遵守学术规范,保证作品的原创性。各学习小组要对团队参赛作品负责,如发现作品存在剽窃、抄袭他人作品将取消本组所有同学的本次实践作业成绩。

6. 案例分析作品要具有创新性和前瞻性,并且具备一定的学术价值,能够为《思想道德与法治》课程提供优质的案例,促进教学相长。

七、活动考核评价

1. 要求各班级所有学习小组选题后要做好充分的准备,学习团队在本小组展示后上交本小组道德案例分析文本,并标明每名同学的贡献率。

2. 所有参赛作品由思政课教师和班级遴选的评委分别打分,去掉一个最高分和最低分得出平均分,即为团队最终得分,每个课程班选出一个团队作为参加学校案例分析大赛决赛的候选团队。

3. 思政课教师根据团队最终得分和每名同学的贡献率,结合各个小组的组织情况和同学参与情况打出每名同学的本次实践的分数,作为平时成绩的20%记录。

4. 思政课教师根据自己授课班级选出的候选团队的综合表现,最终择优确定1—2个学习小组代表参加学校课程案例分析大赛的总决赛。

5. 遴选出参加学校总决赛的学习小组,思政课教师根据实际情况,给予平时成绩相应的加分。

范例一

道德与法治案例分析

——以高杏欣泄露北斗秘密为例

一、案例

2020 年 7 月 31 日 10 点 30 分,中国北斗卫星导航系统正式完成全球组网部署,进入了为全球服务的新时代。北斗卫星作为继美国 GPS、俄罗斯格洛纳斯之后,全球第三个成熟的卫星导航系统,其无疑是中国科技水平与综合国力的象征,是全中国人民的骄傲。

然而,由我国自主建设、独立运行的北斗卫星,却曾遭到一名中国学子的恶意破解和信息出卖。

这个人叫作高杏欣,今天我们将走进她的故事。

高杏欣自小就是"别人家的孩子",她成绩优异,顺利考上了中国最高学府清华大学,先后攻读精仪系和电子工程系。2003 年,刚一拿到清华大学电子工程系硕士学位,高杏欣就马不停蹄地奔赴美国留学。不久后她便将伽利略系统给破译了出来,甚至还将中国的北斗系统成功破译。身为中国公民的高杏欣,她的破译并不是为中国科研服务,而是将国家秘密泄露给美国。这些消息一经传出,立马就引起了轩然大波。

二、分析

陶行知曾言:"道德是做人的根本,根本一坏,纵然你有一些学问和本领,无甚用处。"高杏欣无疑是高学识和高智商的代表,然而却做出如此令人结舌的有违国家利益的事情。对于高杏欣事件,无论从道德层面还是法律层面都是我们应当批判的。正如北斗系统设计师徐颖表示,高杏欣所"破解"的只是北斗的部分民用密码。该部分不仅没有经过复杂加密,而且后续本来就是会公开的。但即使是这样,人们对于她的看法也不会再有任何改变了,一个人的三观如果不正确,那么用再高的学历去进行包装也无济于事。

众所周知,北斗系统在我国一直是核心机密的存在,如果被破解出来的话,不仅仅对我国人民日常出行方面会造成很大的影响,最重要的是会给我们的军事方面产生更大的影响。

高杏欣的行为无疑触犯了我国保密法、宪法、刑法等一系列法律。其中,高杏欣泄露国家秘密的行为违反了我国《刑法》第一百一十一条,为境外窃取、刺探、收买、非法提供国家秘密、情报罪以及第三百九十八条,故意泄露国家秘密罪。

保密法律制度是中国特色社会主义法律制度的重要组成部分。国家主席习近平早在中央国家安全委员会第一次会议就首次提出:要贯彻国家总体安全观,并且阐述了总体国家安全观的基本内涵、指导思想和贯彻原则。

高杏欣的行为一定程度上显示了其错误对待个人利益与国家利益的关系。在我们社会主义国家里,人民当家做主,国家的利益就代表着、体现着人民的利益。国家利益是个人利益与集体利益的终极统一。没有国家的利益就谈不上个人的利益,千千万万个人的公共利益就汇集成为国家的利益。社会主义国家与国民的关系是新型的国家与国民的关系。因为社会主义国家的利益就是最广大人民群众的根本利益,社会主义国家是为维护广大人民群众的利益而存在的。因而在这个前提之下,个人的利益就不可能脱离国家的利益而存在,个人的利益就应当服从于国家的、社会的利益。

科学无国限,但是科学家是有国籍的。追求创新,在科学研究的路上努力探索是好事,值得肯定,但是没有国家意识,忘记自己是什么人,就会丢了初心,走上邪路,过于强调个人利益,就会走上危害自己祖国的道路。

林则徐曾经写到过:苟利国家生死以,岂因祸福避趋之。意思是如果对国家有利,我可以不顾生死。岂能因祸而逃避,见福就趋附呢? 林则徐应当是青年们立大志、明大德、成大才、担大任路上的榜样。

三、启示

试想,如果没有国家安全意识,对国家的安危漠不关心,那么,口口声声地爱国,又从何做起? 因此,只有牢固树立国家安全意识,才能真正培养起崇高的爱国主义情操。我们身上流淌着炎黄子孙的血,喝着长江黄河的水,在祖国这片热土上长大,在国家安全和利益受到威胁的时刻,我们就应该挺身而出,勇敢捍卫。

国是千万家,家是最小国。国家的安全,关系到每个人的安全。无论我们身在何方,身处何地,祖国永远是我们最强大的后盾。

作为新时代青年,我们应当积极履行遵守宪法和法律,保守国家秘密,爱护公共财产,遵守劳动纪律,遵守公共秩序,遵守社会公德;维护国家的安全、荣誉和利益等基本义务。同时,我们应当主动遵循坚持权利与义务相统一的原则,坚持个人利益与国家利益相结合的原则。我们应当增强社会责任意识和主人翁精神,树立正确的世界观、人生观、价值观,争做一名具有高尚道德和法治素养的新时代青年!

展望未来,几千年文明发展史告诉我们,青年是民族兴盛的必需,是国家富强的希望。重视青年人才,培养青年人才,是国富民强的必由之路,是民族复兴的伟大战略。作为新时代青年的我们,必须继承和发扬先辈的青年精神,努力学习,担当起民族复兴的伟大使命!

(作者:谢明娟;指导教师:王敏)

范例二

道德与法律的双重批判

——"重庆姐弟坠楼案"

一、案情简介

2020年11月2日下午3点30分,张某2岁的女儿雪雪(化名)和1岁的儿子洋洋(化名)从15楼家中坠下,姐弟俩当日不幸先后去世。

事发当天的视频显示,儿女坠楼后,穿着拖鞋、睡衣的张某从家中赶到事发现场后,坐在地上恸哭,甚至"悲痛"得用头撞墙。看到如此悲痛的父亲,锦江华府小区内的居民都以为这是一场意外,但其实是故意制造的坠楼意外。

事后,经法医检验鉴定,雪雪系高坠致颅脑损伤死亡、洋洋系高坠致颅脑及胸腹腔多脏器损伤造成呼吸循环衰竭死亡。

二、当事人基本情况

受害者:张某2岁的女儿雪雪(化名)和1岁的儿子洋洋(化名)

肇事方:生父张某与其女朋友叶某尘

三、案例背景

张某婚内出轨,与叶某尘恋爱,后与原配陈某霖离婚。

2020年2月左右　　　因叶某尘不能接受张某有小孩,于是,张某离婚当月,两人便共谋杀害雪雪和洋洋,多次讨论后,决定采用意外高坠的方式杀死雪雪和洋洋。此后,叶某尘曾多次催促张某作案。

2020年10月　　　张某曾伺机作案未成

2020年11月2日下午　　张某将雪雪和洋洋从15楼家中扔到楼下,致两孩死亡。

四、案件演变

"舐犊情深"的假象

2017年8月17日,陈某霖因意外怀孕,与相识半年多的张某结婚,婚后先后生育大女儿雪雪和小儿子洋洋,大女儿洋洋一直由居住在江北区的曹女士帮助抚养。陈某霖表示,张某在案发前很少关心过两个孩子,雪雪因为很少见到张某,一度不认识自己的爸爸。2020年11月1日,张某再次主动联系陈某霖接雪雪到锦江华府家中,当晚雪雪留宿家中,但张某妈妈在家,张某没有作案而是赶往长寿区与叶某尘见面,11月2日上午10点,张某回到家中,并在下午3点半左右,趁张某的妈妈外出之际,将在次卧玩耍的雪雪和洋洋双腿抱住,一起从次卧飘窗窗户处扔到楼下,后致雪雪和洋洋死亡。

案发后,锦江华府小区多名居民前往两个小孩坠楼处,看见张某穿着睡衣、打着赤脚一边撞墙一边哭泣,因为张某家的次卧未安装防盗窗,很多人都以为这是一起家长监护不到位导致的意外。

虎毒也"食子"

2021年3月18日,重庆市人民检察院第五分院《渝检五分院未刑诉[2021]2号》起诉书认定,张某与前妻于2018年、2019年先后育有一女一子,又在2019年8月与叶某尘确立了婚外恋关系,随后与前妻协议离婚,双方约定儿子在六岁前由张某抚养。但叶某尘多次向张某表示,自己及父母不能接受张某有小孩的事实,两个孩子是二人婚姻的"绊脚石",张某、叶某尘开始通过面谈、微信聊天等联系方式谋划杀害两个孩子,并最终商定以伪造高空坠楼意外的方式达成谋杀目的。2020年10月25日,张某将女儿接来自己家,但因前妻一直在场,其作案意图未能实现。其间,张某多次与叶某尘联系,表示自己将继续寻找作案机会。同年11月1日,张某再次把女儿接至自己位于15层的住处,并于次日将两岁的女儿和一岁的儿子抱至卧室的窗户边,顺从了叶某尘的软磨硬泡,将孩子残忍地扔至楼下,导致女儿当场死亡,儿子送医抢救无效死亡。

五、案件分析

(一)婚外情的出现

孩子的生父张某在网上认识叶某尘以后,被叶某尘的容貌所吸引,开始了疯狂的追求。根据《中华人民共和国刑法》第二百五十八条规定:"有配偶而重婚的,或者明知他人有配偶而与之结婚的,处二年以下有期徒刑或者拘役。"但是张某与叶某尘只是单纯的婚外情,只受到道德的谴责,不受法律调节。

(二)道德底线的沦丧

张某居住的户型次卧带内飘型飘窗,飘窗离地近40厘米,原本飘窗上装有黑色金属护栏,护栏大致有1米高,飘窗上的窗户则是推拉窗,窗户离地有80厘米高,但张某在装修时将护栏锯掉了。但是即使是这样1岁的男童爬上飘窗台都有点难,更别说翻窗摔下去。2020年11月2日下午张某在叶某尘的再三教唆下将正在次卧玩耍的雪雪和洋洋双腿抱住,并将二人一起从次卧室飘窗窗户处扔到楼下。

根据《中华人民共和国刑法》第二百三十二条规定,故意杀人罪是指故意杀人的,处死刑、无期徒刑或者十年以上有期徒刑;情节较轻的,处三年以上十年以下有期徒刑。

根据《中华人民共和国刑法》第二十九条规定:教唆他人犯罪的,应当按照他在共同犯罪中所起的作用处罚。教唆不满十八周岁的人犯罪的,应当从重处罚。

(三)现实利益的妥协

张某1994年出生,叶某尘比他大2个月,孩子妈妈陈某霖比他大三岁。

张某是重庆长寿人,和叶某尘是老乡,陈某霖是重庆主城区人。

叶某尘是富二代,是当地一家食品厂的法人,在父母公司担任财务工作。当张某遇见富二代叶某尘,立即就抱住了这个"白富美"。为了讨其欢心,为了接近有钱人,抓牢有钱人,自然也是毫无底线,抛弃糟糠之妻,将两个孩子扔下楼。

六、案件判决

1.犯罪客体:本案中,张某作为谋杀行为的实行者,毫无疑问直接导致了孩子的死亡结果。他明知两名孩子从15楼坠落必死无疑,但仍然追求该结果的发生,系故意而为,侵犯了他人的生命权。有证据证明,张某与叶某尘二人对谋杀行为早有预谋,且案发一周前已经准备"动手",只是因为孩子生母在场,其计划被迫推迟。这一周的时间内,张某不仅没有悔过,反而更加坚定地执行其数月以来的计划,足以证明二人并非偶然地"激情杀人",而是有计划、有目的地实施了谋杀行为,主观恶性极大。

叶某尘作为谋杀的参与者,在本案中首先向张某提出孩子是二人婚姻的一大阻碍,并在谋杀计划制定后多次催促张某尽快动手。此外,有新闻媒体报道称,张某在案发当时有过犹豫,但正在与之视频聊天的叶某尘立刻以割腕自杀相威胁,鼓动其实施杀人行为,逐步引导张某做出了残害骨肉的选择,推动了犯罪进程,有教唆、引起犯罪的嫌疑,为张某的犯罪实施行为提供了物理及精神上的帮助。

2. 主观方面:故意。本案中,张某作为谋杀行为的实行者,毫无疑问直接导致了孩子的死亡结果。他明知两名孩子从 15 楼坠落必死无疑,但仍然追求该结果的发生,系故意而为。而叶某尘作为谋杀计划的参与和制定者,明知两个孩子将因此丧生,仍追求结果的发生,构成共同犯罪。张某经过数月的谋划、多次的尝试,最终谋杀了亲生子女,其行为已经是故意杀人案件中的极恶性事件,而叶某尘在案件中的表现亦可构成故意杀人罪。

3. 犯罪主体:自然人。张某,小学毕业。叶某尘,大专毕业。两人于 8 月份确立恋爱关系。在知道张某有家庭和子女后,叶某尘依然选择与其交往。

4. 刑罚方面:《中华人民共和国刑法》第二百三十二条规定:"故意杀人的,处死刑、无期徒刑或者十年以上有期徒刑;情节较轻的,处三年以上十年以下有期徒刑。"根据最高人民法院《在审理故意杀人、伤害及黑社会性质组织犯罪案件中切实贯彻宽严相济刑事政策》(以下简称《政策》)所确定的审判精神:"以上犯罪动机卑劣,或者犯罪手段残忍,或者犯罪后果严重,或者针对妇女、儿童等弱势群体作案等情节恶劣的,又无其他法定或酌定从轻情节,应当依法从重判处……一般来说,经过精心策划的、有长时间计划的杀人、伤害,显示被告人的主观恶性深;激情犯罪,临时起意的犯罪,因被害人的过错行为引发的犯罪,显示的主观恶性较小,对主观恶性深的被告人要从严惩处。"

综上,张某为了迎合女友,对亲生儿女痛下杀手,主观上具有故意杀人倾向,侵害他人生命权,犯有故意杀人罪。而对叶某尘而言,虽然她与两名孩子没有直接血缘关系,但她参与了计划的制定,帮助、怂恿张某残忍杀害孩子,亦是对生命、社会伦理的践踏,情节严重,构成共同犯罪。同时,根据《中华人民共和国刑法》第二十九条的规定:"教唆他人犯罪的,应当按照他在共同犯罪中所起的作用处罚。"但《政策》要求:"处理时,根据案件的事实和证据能分清主从犯的,都应当认定主从犯;有多名主犯的,应当在主犯中进一步区分出罪行最为严重者和较为严重者,不能以分不清主次为由,简单地一律判处死刑。"故对于叶某尘的具体刑罚,有待于重庆市第五中级人民法院的进一步审查判断。

七、案件总结

1. 婚内出轨:低廉的出轨成本让很多人甚至觉得出轨是光彩的事情!强烈建议国家完善这方面法律,让出轨者付出巨大代价,不敢出轨,纵使感情不和也要通过离婚解决!同时也要要求破坏他人婚姻者做出对原配的巨额赔偿!一个连对婚姻都不能忠诚的人就应该彻底剥夺他的抚养权,严格限制这种人对子女的探望!

2. 食子:该男子为了讨好女友,竟然可以谋划杀害自己的亲生子女,在道德层面,该案件有着恶劣影响,是对中国固有的家庭伦理的冲击。

3. 判决:本案的受害人是张某的亲生子女,是与他朝夕相处的亲人,为了"婚外情"而狠心杀害自己骨肉血亲的行为,不仅为法律所不容,也触犯了道德、伦理的底线,造成了社会强烈震动,影响极其恶劣,系情节严重的故意杀人行为。这也让我们意识到,死刑在我国目前的刑罚体系当中,依然是不可或缺、难以废除的重要一环,也是现阶段社会维稳、犯罪震慑及恶性事件处理的必然选择。

4.感悟:施害者双方的文化水平并不高,法律意识淡薄,道德底线极低。作为大学生,当我们看到这样的事情,不免痛心疾首。同时我们也希望,个人、社会以及国家都可以通过各种宣传方式和思想教育来提高公民道德修养和法治意识。其实很多时候,错与对只是一念之差,守法与犯罪也只是一步相隔。古人云:"差之毫厘,谬以千里","勿以善小而不为,勿以恶小而为之"。一个意念可能导致你犯罪,一个想法可能会让你一生流泪。有多少人平日不注重修养?事到临头便一时冲动:一句话导致大打出手!一个动作导致车毁人亡!

正如媒体对该案的评论"丧尽天良者法律绝对不会放过",法律作为维护社会公平正义的最后一道防线,应当发挥其最大的功能来保障人民群众的合法权益,维护社会秩序。

(作者:朱逸婷;指导教师:王敏)

范例三

<h3 align="center">食品安全问题的思考</h3>

近些年来,我国的食品安全问题经常发生,偶尔还会出现重大食品安全事件,这影响了人们的身体健康,也促使人们开始重视食品安全。近几年日本"核污染产品"惊现中国,众多广受欢迎的进口零食都列在其中。一些不良商家缺乏诚信,通过这些"核污染产品"获取暴利,全然不顾消费者的健康与安全。无独有偶,地沟油事件也影响极大,这种被称作"地沟油"的三无产品,其主要成分是甘油三酯,却又比真正的食用油多了致病致癌的毒性物质。它是一种质量极差、极不卫生的非食用油,一旦食用,会破坏人们的白细胞和消化道黏膜,引起食物中毒甚至致癌。

前几年的老酸奶事件让人难以忘记,谁能想到自己平时喝的老酸奶竟然是皮革废料制成呢。这不禁又让人想到人们的道德意识到底在哪?国内造假时有发生,一些企业完全不顾及消费者的身体健康,这简直就是谋财害命。

到底是什么原因导致这些食品安全问题?发生如此大的事件,这就自然让人看到相关部门的监管工作还不到位,监管体系还需要不断完善与改进。当然,我们也可看到当今社会道德水平还需继续提升,公民的道德素质特别是经济道德素质还要提升。

所以,在食品安全问题前,加强道德和法治教育至关重要。与此同时,我们还应该尽快完善食品安全监督体系、社会信用体系。绝不可姑息任何伪劣造假等行为,在食品领域触犯法律的一律严惩。

"国以民为本,民以食为天,食以安为先。"食品是人类赖以生存和发展的基础,吃得安全、吃得放心是对食品安全的基本要求。"食"是一件长久的事情,并不在一朝一夕。倘若没有壮士断腕的勇气,解决食品安全问题将极其艰难。

(作者:刘建;指导教师:李明建)

实践项目四　"德法"课学习汇报演出

一、活动名称

"德法"课学习汇报演出

二、活动目的

让大学生灵活运用课程所学理论知识,联系实际进行创作,提高大学生实践创新能力、组织协调能力,加强对思想道德与法治的理解、接受和运用,以提升大学生的综合素质。

三、活动时间

学期第 17 周

四、活动地点

各班级上课教室

五、活动具体步骤

1. 思政课教师可以提前布置。17 周思政第一次课,在教师的指导下,学习小组围绕"思想道德与法治"课程的"大学适应""理想信念""爱国主义""人生真谛""核心价值观""道德修养""法律素养"相关主题内容设计节目,可以采用歌曲、舞蹈、朗诵、演讲、微型辩论、相声、小品、情景剧、话剧、微视频等形式。

2. 实践活动第二次课,学生走上舞台展示小组学习成果。班级演出时,教师组织学生评委打分。节目时间 5 分钟以内。团队负责人根据小组成员贡献情况给出贡献率并进行排序。

3. 各班级需要成立演出剧组,明确导演、主持、道具、节目统筹、摄像等演职人员,并尽早开始节目编排。

4. 学期 17 周课堂或课外,各班级所有学习小组积极准备。整台节目主张灵活创新,允许部分小组可以联合展演节目。

5. 实践教学结束后,授课教师结合各班级节目展演情况,按专业遴选 1—2 个节目,参加本学期全校思想政治理论课学习汇报演出。

六、活动注意事项

思政课教师做好前期活动的布置工作,让学生明确主题并鼓励积极发言,展示自我形象。课堂中注意时间的控制与交流主题的突出,及时做好总结,汇总好相关的材料。

七、活动考核评价

讨论活跃,观点明确的小组与个人予以充分的肯定,计入平时成绩,并作为思政课评选优秀团队与先进个人的材料来源。每组打出优秀、良好、合格、不及格四种成绩等级。

八、活动附录资料

学生视频、图片、文稿等。

九、社会实践报告、论文脚本等范文的格式要求

范例一

沉默在尖叫

人物介绍:

男:高级知识分子,在外面光鲜亮丽,在家里是个家暴男。

女:家庭主妇,外地人,结婚后在北京带着有两个女儿。母亲在外地病了,要带孩子回去探望,但男人全国各地忙着出差,说他没时间陪她去。

看客:矛盾的群众,既想为家庭主妇打抱不平,又想缓解一下他们的婚姻问题。

警察:是正义的化身。

旁白:家庭是最小的社会单元,门吱呀一声关上后,在这里人们如何相待,多少决定了一个社会的面目,而这门之后也引起了我们对于道德的思考。

第一幕:争吵

女:老公,咱妈在外地生病住院了,这个星期有没有时间,回去看看她吧!

旁白:男人第一次没有回复她,只是冷冷地看着手机。

女:诶?!老公?!

男不耐烦地说:干嘛?!

女:咱妈不是生病了吗?

男:你妈住院了跟我有关系吗?没看见我在忙吗?!

女:那毕竟是咱妈啊?!我们就去看看,老人家身体又不好!

男:咱妈?!你可要搞清楚了,那是你妈!好吗?

女:你这个男人到底有没有责任啊?回去看看我妈,怎么了?!

男:什么叫我作为男人没有担当啊?!

旁白:经过了几次争吵,家庭主妇都遭到了几次家暴,满受委屈的家庭主妇想找个人说说话。

第二幕:劝慰

看客:哎呀,你这个眼睛怎么了?

女:哦,就是不小心磕到门上了,没事没事,过几天就好了。

看客:哎呀! 怎么这么不小心? 可是我看你这也不太像磕门上的?

女抹了抹将要掉下的眼泪,说:事实上吧,家家有本难念的经,我老公最近好像工作有点忙,有点不顺心。然后,上次我想和他一起回去看我妈,她不是生病住院了吗? 我想回去看看她,然后意见有点不合,产生了一点摩擦,他就打了我。

看客:他怎么能打你呢?! 他一个男人,怎么能打你一个女人呢?! 怎么一点担当都没有,太过分了吧!

女:我有点想离婚了。

看客:哎呀! 你看你们都结婚那么久了,孩子都有了,咱们为了孩子也不能离婚啊! 再说,夫妻床头吵架床尾合。离婚不值当,你要是离婚后带着两个孩子,肯定不方便。

女:哎! 再说吧!

第三幕:离婚

女坐在沙发上说:老公啊,咱离婚吧?!

男:我有哪里做得不对吗? 我可以改,是不是我前几次没有控制好自己情绪,不小心打了你? 你知道,我平时压力很大吗?

男人说话被女人打断了

女:好了! 别说了,咱们离婚吧!

男人跪在地上哭着说:我以后一定会改,老婆,你原谅我吧?!

女人看见男人这样,开始有点犹豫了,说:让我再考虑考虑吧。

第四幕:报警

旁白:这个男人在明面上已经悔过,但是经过几天之后,又开始了家暴行为。女人偶尔有一次看完女子监狱调查的节目视频,她看完后心想:我不知道,在中国有那么多的女人这样活着,如果我沉默,将来也无法保护自己的孩子,便开始醒悟过来,终于在一次遭受到家暴后向警察报警。

女:喂,110 吗? 我被我老公打了,请问,可以帮我吗?

警察:好的,女士,我们愿意提供帮助。

旁白:警察帮助家庭主妇进行身体健康检查,检查结果为轻伤,保留下来了证据,家暴男受到了法律的制裁。

总结与思考

传统观念里带有浓厚的"三纲五常"封建思想,妻子是丈夫的"财产"。甚至连被施暴的妇女也会认为,打骂是家丑,"不可外扬"。被打的妻子直到受不了了,才会寻求亲人或者村委会、妇联的帮助。多元化思潮汹涌澎湃之际,传统家庭观念逐渐瓦解消亡。家庭作为一个小小社会单元,暴露在偌大的社会思潮中,受其影响,会出现形形色色的问题。十八大以来提出了树立和践行社会主义核心价值观,期望提高国民的归属感,树立新的社会主义核心价值观。与此相适应的是建立新型社会主义家庭道德观。

为了社会和谐,法律上也做出了诸多努力,例如为了预防和制止家庭暴力,保护家庭成员的合法权益,维护平等、和睦、文明的家庭关系,促进家庭和谐、社会稳定,在全国十二大第十八次会议通过的《中华人民共和国反家庭暴力法》,就是为了妇女儿童的权益不受侵犯,提高国民素质,约束国民行为,强化道德法治观念,增强个人的责任感和守法行为,而法律的制定也为婚姻中的弱势群体提供了强大的保障和支持。在实际生活中,由于家暴受害人缺少保存和收集证明家暴证据的意识,所以许多家暴违法行为没有得到及时有力的处理和追究,以致造成更严重的危害后果。其中很重要的原因是很多情况下受害人不知道哪些可以作为证据使用,也不知道如何收集证据,更不知道收集的证据有什么用处。为帮助、引导家庭暴力受害人增强意识、提高能力,在总结涉家暴相关案件的经验的基础上,编写了《家庭暴力受害人证据收集指引》,希望为家庭暴力受害人依法维权提供帮助。

（作者:郑文静、肖紫函、王莹睿、张琳嘉;指导教师:吕甜甜）

范例二

宿院里的中国红微视频制作报告

一、制作目的

为传承红色精神,弘扬红色文化。在特殊时期内,由于疫情防控的需要,我们小组便以学校为核心,以学校的红色元素为对象,以新时代的青年与时代的关系为主要内容,制作了以"宿院里的中国红"为主题的微视频。

二、制作分工

微视频导演及后期剪辑制作:戈经纬

微视频主要配音:席雨萌

微视频配音:何栖栖　陈茜

三、主要内容(微视频脚本)

场景	画面描述	景别	地点	时间	字幕
1	主要展示了1号楼的"我爱宿迁学院"的字样。	大全景	1号楼前草坪,"我爱宿迁学院"处	10.2秒	欢迎来到宿迁学院,让我们一起来寻找宿院里的中国红吧。
2	图书馆是学生的聚集区,所以取了图书馆的景。	中景切近景	图书馆楼前草坪	22.2秒	图书馆门口写着"不忘初心,牢记使命"。学党史,悟思想,办实事,开新局。
3	两位女生匆匆走过,镜头切到思政课学习的展板。	场景1:大全景切展览板特写 场景2:大全景 场景3:藏书特写	图书馆馆内学习区以及藏书区	34.3秒(学习区) 13.9秒(藏书区)	新时代的青年迎着早晨的阳光奋斗着。宿院的图书馆为青年提供着各种资源。

场景	画面描述	景别	地点	时间	字幕
4	镜头切到学校的橱窗内,让观众于细节中感受宿院的红色文化。	中景切展览板特写	宿舍楼前的橱窗内展板	4.4秒	学校的橱窗里也充满着新时代的气息。
5	镜头由下而上对路灯上的展板做了特写。	中景切特写	路灯上的展板	16.2秒	开拓创新,真抓实干,勤勉工作。
6	镜头由远到近,一位阿姨在扫地。	大全景切人物特写	英才大道	15.3秒	清晨,阿姨也在努力着,为青年提供一个良好的学习环境。
7	镜头对社会主义核心价值观主题的花坛做了特写。	大全景切特写	中央喷泉前十字路口处	22.4秒	快看,又是一抹鲜艳的中国红!
8	镜头对路标做了特写表明地点,且通过字幕阐述了路标的一语双关。	特写切中景	风华路	13.0秒	青年,风华正茂。
9	镜头对建党百年做了特写。	中景切特写	大学生活动中心前	17.8秒	献礼建党百年,共铸中国心。
10	镜头对国旗做了特写,画面主要展示了五星红旗迎风飘扬的雄姿。	特写,由远到近	1号楼楼顶的国旗	7.0秒	明德至善,博学致用。请党放心,强国有我!

四、后期视频剪辑整理

背景音乐:《我和我的祖国(钢琴演奏版)》

滤镜:气泡水

转场形式:叠化

转场时长:0.1秒

五、制作心得

1. 戈经纬:这次我们之所以采取了微视频的形式弘扬红色文化,一来是为了体现以改革创新为核心的时代精神,二来是为了让每个组员都有一定的参与感,三来微视频可以较为立体地展示宿院里的红色元素,从视觉、听觉等给观众以多元的体验。我在视频的字幕制作中插入了多个学校里的宣传标语,比如:"不忘初心,牢记使命""学党史,悟思想,办实事,开新局""开拓创新,真抓实干,勤勉工作"……这样使得我们的视频更加有号召力。当时由于是疫情防控期间,只能在学校里寻找素材还是有点紧张的。但是当自己真的静下心去学校里寻找素材,去采景的时候,发现我们学校也有这么多的红色元素还是很惊喜的。这说明我们宿迁学院着力于无形中去对我们的意识形态进行教育,于潜移默化中去影响我们,润物细无声。视频制作过程中,在选背景音乐时,我选择了《我和我的祖国》,因为每当这段音乐响起,我心中的自豪感便油然而生,可能这就是扎根于每个中华儿女心中的爱国情怀吧。

2. 席雨萌:在这次配音的过程中,我向同学们介绍着校园中的每一处红色文化,从宿舍楼门前的水泥路到路边的宣传牌,看着这一处处红色文化,不禁有感而发。广大青年要肩负历史使命,不负学校的期望,坚定前进信心,立大志、明大德、成大才、担大任,努力成为堪当民族复兴重任的时代新人,让青春在为祖国、为民族、为人民、为人类的不懈奋斗中绽放绚丽之花。以青春之我,为祖国建设添砖加瓦,为民族复兴铺路架桥。我们要保持积极向上的精神状态,追求进步,追求卓越,为实现中华民族伟大复兴的中国梦展现青春风采。

3. 何栖栖:当在校园里寻找素材的时候,就发现校园里到处都充满了红色文化,从宿舍楼前的水泥路,到食堂门口的告示栏再到图书馆门口的雕塑作品等,因此,我们选择了以红色文化为主题。在制作视频的过程中才发现校园真的是将红色文化展示于各处,让我们充分感受红色文化的熏陶,接续传承红色精神。我相信,校园内的红色文化正如一缕清风,深入师生心中,在提高学生综合素质的同时,也激励我们为社会为国家做出贡献,让中华民族更加健康,更加坚强,屹立在世界的东方。这是非常有教育意义的。

4. 陈茜:在校园里找红色文化收获了很多惊喜,在校园内有很多小细节体现着红色,例如图书馆的红色文化书屋,教学楼内和路边的牌子,这也体现出学校红色文化宣传力度不断提高,让我感到学校对我们精神思想教育的重视,给了我们很多启迪。"青年兴则国家兴,青年强则国家强。"青年是中国的未来。我们应当更加坚定理想信念,练就过硬本领,积极投身实践,勇立时代潮头,我们应当不负学校的教育,不负祖国的教导,书写人生华章,绽放青春光彩。

六、总结

视频主要阐述了新时代的青年与红色文化之间的关系。其实,从辩证的角度来看,新时代的青年与红色文化之间是相辅相成的关系。新时代的青年继承红色文化,弘扬红色精神,这是对红色文化的丰富与发展,使得红色文化绽放时代新光,随着历史的发展而不断具有更深层次的意义;而红色文化对青年人的人生观、价值观、世界观的塑造具有指导意义,它犹如一盏明灯,指引着我们不断前行。

(作者:戈经纬小组、经茜何席小组;指导教师:吕甜甜)

第二章
《马克思主义基本原理》课程实践项目

实践项目一　哲理诗画作品创作

一、活动名称

哲理诗画作品创作

二、活动目的

通过本项目实践活动,加强大学生对所学哲学原理的认知、思考和运用,提高学生哲学思辨能力、创意创新能力和理论联系实际的能力。

三、活动时间

学期第 4—5 周

四、活动地点

各班级上课教室或图书馆等地

五、活动具体步骤

1. 在这一实践活动中,教师应提前布置学习任务,组织学生学习课程相关内容,对作品创作活动进行指导。教师可以挑选历年学生优秀作品,展示给学生参考。
2. 在教师指导下,学生根据课程所学的哲学知识,灵活运用,创作富有哲理思想的诗词、散文、小说、故事或漫画等作品。其中文字作品要求 300 字左右;人生哲学话语的散文要求 4—5 段,字数 200 字左右;书画作品要有哲理分析;诗词或哲学漫画要有简单介绍。创作的内容意境要符合主旋律,弘扬正能量。

3. 每位同学在第六周课前上交一篇高质量的作品,班级学习委员按照学号从小到大的顺序整理收齐,上交给本班级授课教师。

4. 学生在教师指导下修改完善作品。为配合本次实践教学活动,马克思主义学院将举办"哲理诗画作品创作大赛"活动。参加大赛的同学,需另交一份创作作品(可以复印)给班级思政课教学联络员,思政课联络员收齐后统一上交给授课教师,并做好相关登记。

5. 授课教师积极引导,总结好本次活动。本项活动由学生个体完成,学生作品计入实践成绩,本项活动作为实践教学考核基本依据。

六、活动注意事项

思政课教师做好教学活动的布置工作,让学生明确主题并积极参与作品展演,展示创作思路与哲学意蕴。课上教师提醒学生注意控制时间,突出交流主题。教师及时做好总结,汇总好相关材料。

七、活动考核评价

作品展示环节中,每位同学的最后成绩等于学生评委打分×40%(班级推荐学生评委)＋教师打分×60%。

优秀作品通过指导教师的审阅修订后,报送到教研室参加全校优秀作品评选活动,也可上传到学校的"马克思主义基本原理"网络教学平台展示交流。

八、活动附录资料

文字说明:
矛盾普遍性和特殊性是相互联结的;
不同事物有不同的矛盾;
事物在不同的发展阶段上各有其特点。

好想长大
好想退休 好想年轻
好想做人
《好想好想》

(作者:章秋悦;指导教师:唐献玲)

百年艰辛奋斗
把我们带回到100年前中国革命的起点

100年了,党的辉煌历史就这样
一页一页地翻过
史诗般的扉页,历历在目
历史辽阔而沉寂,却永远镌刻在我们的记忆里
从南湖红船
到南昌的枪声
从井冈山的号角
到万里长征的足迹
从遵义会议的明灯
到抗日战火的硝烟
从国共的几度合作
到百万雄师过大江
地球旋转了一圈又一圈
生命在企盼中,在时光里终于迎来了
新中国的诞生,一个与日月永存的时刻
党在征途上力挽狂澜
祖国在星际的交替中崛起昌盛
我们对党
无限地信仰和爱戴
她用慈母般的情怀
揽儿女于坚强的臂膀之中
让中华民族勇立于世界之林
一步一步更加繁荣
在特色的社会主义建设中
我们站在了又一个新的起点
祖国敞开明亮的窗户
让世界与我们的视野相融
在经济体制改革的浪潮中
我们从"国营"的棋盘中走出
期待着新的挑战
在企盼中,我们走进了社区,接受了新的角色
当我们站在新起点的门口
肩负的是党的重托
当我们站在工作起点的门口
将演绎人生的辉煌伟业
虽然这"伟业"的经纬是百姓的丝丝缕缕
但她是我们党的事业棋盘中要走好的每一颗棋子
我们会在又一个新的起点上

用心与心的交流来承担好

党联系群众的桥梁和纽带

(作者:郭书含;指导教师:王敏)

实践项目二 经典著作读书报告会

一、活动名称

经典著作读书报告会

二、活动目的

马克思主义是一种关于无产阶级和人类解放的学说,是一个博大精深的理论体系,是对人类思想成果和社会实践经验的科学总结,对世界产生广泛而深远的影响。马克思主义经典著作为我们提供了丰厚的营养,对学生掌握马克思主义世界观人生观价值观,加强理论修养,提高运用马克思主义观点分析问题和解决问题的能力,具有十分重要的意义。

大学生们在教师指导下,研读马克思主义经典著作相关内容,分小组进行讨论交流,提高对马克思主义理论认识的深度和广度,坚定马克思主义信仰,深刻理解"中国共产党为什么能,中国特色社会主义为什么好,归根到底是因为马克思主义行"。通过阅读经典著作,大学生也可以提升自己的理论素养,激发起研读经典的热情,在分析讨论和交流中,提高自己的语言表达能力、团队合作能力,提升综合素质。

三、活动时间

学期第 8、9、10 周

四、活动地点

各班级上课教室和室外

五、活动具体步骤

1. 教师结合"马克思主义基本原理"教学相关内容,提前布置阅读马克思主义经典著作任务,引导学生参与其中进行经典书目的阅读,并有序组织学习小组开展马克思主义经典著作线上与线下相结合的读书报告会交流活动。

2. 第 8 周,在教师指导下,各学习小组结合课程内容选择相关经典书目进行阅读,如《资本论》(部分章节)、《英国工人阶级现状》(部分章节)、《共产党宣言》、《国家与革命》(部分章节)、《矛盾论》、《实践论》、《习近平谈治国理政》(部分章节)等。确定阅读书目后,各学习小组成员开始各自认真进行阅读,并做好读书笔记。

3. 第 9 周,学习小组选择校园相关地点集中学习讨论。学习小组成员在小组内部汇报读书内容、读书感悟、读书方法等,交流探讨。学习小组推荐代表做好交流记录。在小组交流讨论后,小组成员依据讨论形成的共同见解开始分工合作,撰写小组读书报告并制作课件,同时小组成员推选代表准备上台展示本小组阅读成果。

4. 第 10 周,教师组织任课班级各学习小组进行读书汇报活动,各学习小组推荐一位代表成员上台,展示团队经典阅读的内容、心得与启示等,分享小组阅读经典成果,同组同学可以补充,每组汇报时间控制在 6 分钟以内。

5. 在各学习小组展示结束之后,班级同学可根据实践活动的主题与课程相关内容进行发言,可以谈谈此次实践活动的体会和感受,可以探讨此次各小组展示中的理论观点,可以对阅读书目的不同理解进行讨论,也可以对实践活动中的问题向教师寻求解答等,时间控制在 8 分钟以内。

6. 班级推荐两位同学做好此次实践教学的记录。请班级班长、团支书、学委等学生干部对此次活动进行小结,谈谈此次实践教学给班级同学所带来的变化,同时总结教学活动中的问题与改进措施。时间控制在 5 分钟以内。

7. 思政课教师做好整个活动的组织与安排,以学生为本,鼓励学生认真阅读,相互合作,积极表达。

六、活动注意事项

1. 思政课教师做好活动的布置工作,教师要鼓励学生认真阅读经典书目,对学生疑惑不解的问题及时给予解答和指导。

2. 教师督促学习小组内部成员之间多讨论多交流,及时解决小组内部出现的问题,提高小组的凝聚力,让小组成员通力合作认真撰写读书报告。

3. 在整个实践活动过程中,教师要跟踪了解学习小组读书的内容与进展情况,及时参与讨论答疑,并做好检查与抽查工作。

4. 小组内部推选代表时,教师要尊重学生意见,让学生明确主题并积极发言,让交流展示的同学获得尊重和自信。

5. 课堂展示环节中,教师要注意时间的控制,使得学生在有限的时间内,展示出每个小组的重要成果,并引导学生进一步思考和探索。

6. 教师及时总结活动,做好相关材料的汇总工作。学习小组交流后及时修订并上交一份读书报告(1500 字以上)。学委收齐作业后,附一张汇总表统一上交教师。教师按专业推荐优秀的读书报告电子文本上交马克思主义学院,以备汇编成册,供全校学生学习和借鉴。

七、活动考核评价

本项活动由学习小组集体完成,作为实践教学考核基本依据。

教师对讨论活跃、观点明确的小组与个人予以积极肯定,并作为思政课优秀团队与先进个人的评选参考依据。团队负责人根据小组成员贡献情况给出贡献率并进行排序。教师组织学生担任评委,公平公正打分。学生评委打分占 40%,教师打分占 60%。

八、活动附录资料

马克思主义经典原著选读推荐

文集部分:

《马克思恩格斯选集》(四卷),人民出版社,2012 年版.

《列宁选集》(四卷),人民出版社,2002 年版.

《毛泽东文集》(八卷),人民出版社,1999 年版.

《邓小平文选》(三卷),人民出版社,1993 年版.

《江泽民文选》(三卷),人民出版社,2006 年版.

《胡锦涛文选》(三卷),人民出版社,2016 年版.

习近平部分:

《习近平谈治国理政》第一卷、第二卷、第三卷

《习近平新时代中国特色社会主义思想三十讲》等

《习近平的七年知青岁月》

《习近平关于党风廉政建设和反腐败斗争论述》

《习近平关于依法全面治国论述》

《以习近平同志为核心的党中央治国理政新理念新思想新战略》

《中国走社会主义道路为什么成功?》

《摆脱贫困》

《知之深爱之切》

《之江新语》

《干在实处走在前列》

单行本部分:

马克思:《1844 年经济学哲学手稿》,人民出版社.

马克思:《法兰西内战》,人民出版社.

马克思:《哥达纲领批判》,人民出版社.

马克思:《资本论》(节选本),人民出版社.

马克思:《1848 年至 1850 年的法兰西阶级斗争》,人民出版社.

马克思:《路易·波拿巴的雾月十八日》,人民出版社.

马克思、恩格斯:《共产党宣言》,人民出版社.

《马克思恩格斯论中国》,人民出版社.

恩格斯:《反杜林论》,人民出版社.

恩格斯:《自然辩证法》,人民出版社.

恩格斯:《德国农民战争》,人民出版社.

恩格斯:《路德维希·费尔巴哈和德国古典哲学的终结》,人民出版社.

恩格斯:《德国的革命和反革命》,人民出版社.

恩格斯:《社会主义从空想到科学的发展》,人民出版社.

列宁:《帝国主义是资本主义的最高阶段》,人民出版社.

列宁:《共产主义运动中的"左派"幼稚病》,人民出版社.

列宁:《列宁论新经济政策》,人民出版社.

列宁:《唯物主义和经验批判主义》,人民出版社.

列宁:《怎么办》,人民出版社.

列宁:《国家与革命》,人民出版社.

列宁:《什么是"人民之友"以及他们如何攻击社会民主党人?》

毛泽东:《矛盾论》

毛泽东:《实践论》

教材部分:

《马克思主义经典著作选读》,人民出版社,1999.

《马克思主义经典著作导读》中国人民大学出版社,2017.

"马克思主义经典著作读书报告会"实践活动汇总表

学院:　　　　班级:　　　　学习委员:　　　　联系方式:

序号	小组	所选主题	主要观点	主讲人	联系方式
1					
2					
3					
4					
5					
6					
7					
8					
9					

小组序号

《马克思主义基本原理》课程
"马克思主义经典著作读书报告会"实践活动
小组讨论交流记录

学院_____ 班级_____ 小组名称_____ 基准成绩_____

	姓名	学号（后两位）	电话	完成任务情况（贡献率）	成绩
组长					
成员					
成员					
成员					
成员					
成员					

范例一

《共产党宣言》读书报告

《共产党宣言》完成于 1848 年,由马克思和恩格斯这两位科学社会主义创始人合著而成,是国际共产主义第一个纲领性文献,也是马克思主义诞生的标志。19 世纪上中叶,伴随大工业的出现,资本主义制度日益暴露出生产社会化和生产资料私人占有之间的矛盾,无产阶级与资产阶级的斗争已相当激烈。19 世纪三四十年代,法国里昂工人两次起义爆发,1837 年开始了英国"宪章运动",德国西利西亚又于 1844 年爆发了纺织工人起义。然而这时的无产阶级革命运动迫切需要科学社会主义理论的指导。1847 年 11 月共产主义者同盟第二次代表大会委托马克思和恩格斯起草一个周详的理论和实践的纲领,为了适应无产阶级革命斗争的需要,他们亲自参加、总结了众多工人运动的经验,最终完成并发表了《共产党宣言》这一伟大著作,为无产阶级革命斗争指明了方向,明确了道路。

马克思恩格斯关于历史唯物主义的八封书信从 1846 年 12 月到 1894 年 1 月,前后经历了将近半个世纪,一定程度上反映了马恩所创立的唯物史观形成和发展的整个历史过程。马克思在他的三封信中剖析了一些错误理论观点,精辟地阐述了他的思想和理论。然而德国资产阶级社会学家巴尔特在其出版的书中采用卑劣手法,认定马克思把"经济"的发展当成历史中唯一起作用的因素,他的这种歪曲还获得了广泛的赞许,这对阅历不深的青年有着极其不良的影响。恩格斯看到维也纳《德语》杂志上摩里茨·约尔特所写的书评后,才知晓巴尔特的书,并且对巴尔特和对唯物史观的歪曲很是愤慨,于是恩格斯便写下了这一系列书信,以此阐述真正的唯物史观。

《共产党宣言》是马克思和恩格斯为共产主义者联盟起草的纲领,全文贯穿了马克思主义的历史观,号召全世界无产者联合起来,是马克思主义诞生的重要标志。该文第一次全面系统阐述了科学社会主义理论,同时指出共产主义运动已经成为不可抗拒的历史潮流。

在人类历史上,马克思是对世界现代文明进程影响最深远的思想家和革命家。他和恩格斯共同创立的科学理论体系,是人类数千年来优秀文化的结晶,是工人阶级及其政党的行动指南,是中国人民为实现中华民族伟大复兴而团结奋斗的思想基础。

《共产党宣言》分正文和序言两个部分。正文分为四章,第一章资产者和无产者主要阐述阶级斗争理论和无产阶级的历史地位,深刻阐明了关于阶级社会中阶级斗争的一般原理,阐明了无产阶级的伟大历史使命。第二章无产者和共产党人,主要阐述无产阶级政党的纲领,既阐明了无产阶级政党建立的必要性,又阐明了共产党的性质、特点和基本纲领,论述了无产阶级革命和无产阶级专政的基本思想。第三章社会主义和共产主义的文献,主要批判了当时流行的各种社会主义。第四章共产党人对各种反对党派的态度,主要阐述共产党对其他党派的策略,阐明了共产党人要立足于现实,积极参加和支持当时的革命斗争,但不能忘记无产阶级的革命原则和最终目标。该文把科学性、阶级性和革命性有机统一,熔于一炉,吹响了工人阶级革命的新号角。

马克思、恩格斯关于历史唯物主义的书信是《马克思恩格斯选集》第四版中的内容,是马克思主义基本著作的重要补充。关于历史唯物主义的书信,就是在论战中产生的,是对实践提出的理论问题的科学回答。马克思恩格斯把唯物主义和辩证法结合起来去分析社会历史及其发展。马克思和恩格斯关于历史唯物主义的书信同他们的专著相比较,具有不同的特点和长处,是我们研究历史唯物主义不可缺少的教材,书信中对历史唯物主义的理论性质、经济基础与上层建筑相互作用、历史合力论、历史中的必然和偶然等观点做了创新性解释。马克思、恩格斯关于历史唯物主义的八封书信揭示了社会所固有的生产力和生产关系之间、经济基础和上层建筑之间的矛盾运动及其发展规律;阐明了阶级斗争和社会革命的客观根源以及人类从无阶级社会到阶级社会再向无阶级社会过渡的历史必然性。这些书信内容是我们研究马克思恩格斯成熟的历史唯物主义思想的必读之物,具有不可替代的价值。

《共产党宣言》已经走过了 170 多个春秋,但是仍然具有蓬勃的生命力,成为经典的历史文献,是共产党人必读的马列经典著作之一。《共产党宣言》中蕴含着丰富的无产阶级政党理论,全面阐释了共产党的性质、宗旨、指导思想和政治纲领,为共产党带领世界无产阶级获得当家做主的权利、实现自由人的联合体奠定理论基础。《共产党宣言》阐述的"四个首次"是工人运动发展和无产阶级政党建设的有力武器。中国共产党自从建立以来就是践行《共产党宣言》的伟大无产阶级政党,在引领社会主义革命、建设和改革中一直贯彻落实《共产党宣言》无产阶级政党建设的精神,使这一思想在当前仍然具有重要的时代价值,显示出强大生命力,对无产阶级政党建设具有十分重要的现实意义和积极的指导作用。在进一步深化改革开放,顺利推进中国特色社会主义实践的过程中,仔细揣摩《共产党宣言》这部光辉著作,对个人及社会都有着重大的现实意义。在马克思恩格斯关于历史唯物主义的书信中,与系统性著作相比较,这些书信尽管语言具有一定的随意性,思想和观点表达也缺乏严谨性,但更能真实地反映马克思恩格斯的想法,展现他们对理论和实践难题破解的基本思路,因此,可作为原著研读的有益补充。

(学习小组:王钥元、王妍、袁琳、袁欣莹;指导教师:王敏)

实践项目三　社会热点分析

一、活动名称

社会热点分析

二、活动目的

通过"社会热点分析"实践教学活动,提高大学生对社会热点问题的关注度,增强学生社会责任感,提升学生理论联系实际的能力、辩证分析问题的能力、团队协作能力。社会热点是事关国计民生的重大问题、焦点问题。

三、活动时间

学期第 13 周

四、活动地点

各班级上课教室

五、活动具体步骤

1. 思政课教师提前布置实践教学活动,阐述活动的目的与实施方案。

2. 各班级学习委员组织学生分好学习小组,选定主题。

3. 第 13 周,各班级各学习小组开展热点分析活动。各小组逐一登台,交流汇报时要求主题明确、内容清晰,每组汇报时间在 6 分钟以内。

4. 汇报展示中,教师组织学生代表评审打分,明确评分的主要标准,教师也要给学习团队综合打分。

5. 汇报结束后,各班级学习委员进行小结。

6. 思政课教师作总体评价,肯定学生学习所获,指出存在的问题。

六、活动注意事项

思政课教师做好活动的布置工作,让学生明确主题并积极准备,展示自我形象。教师在课堂教学中应注意控制时间,及时做好总结,汇总好相关的材料。在教师指导下,各班级学习团队选择所关注的社会热点问题,结合所学课程的相关内容,对国内外相关社会热点问题进行分析讨论。学习团队应运用所学的马克思主义理论观点、立场和方法论进行评论。学习团队可用多种形式(课件展示、新闻时评等)展示对所选热点问题的看法。

七、活动考核评价

教师对讨论活跃、观点明确的小组与个人予以积极肯定,学生相关表现计入平时成绩,并作为思政课学习优秀团队与先进个人的参考依据。团队负责人根据小组成员贡献情况给出贡献率并进行排序。分数合成中,学生评委占 40%,教师评分占 60%。

八、活动附录资料

范例一

如何看待当前的大学生就业问题

大学生就业问题一直是全国性的市场经济条件下的一个突出的经济问题,是政治经济学理论研究的难点,在世界上的许多国家和地区,都在一定程度上受到这一问题的困扰。在我国,随着知识经济发展引起的经济结构调整的展开和改革的深化,大学生就业问题已成为经济发展中的特点问题和经济理论研究中的难点问题,在这样的背景下,深化对知识经济发展条件下就业理论的研究,具有特殊的重要意义。

如今,社会经济条件已发生了巨大变化,马克思关于就业方面的理论体系也面临着新的挑战。目前在知识经济发展的背景下,如何正确地把握马克思的有关经济理论,并结合经济发展中出现的新情况创新就业理论,是一项十分重要的任务。2021年,中国大学生就业现状与往年大学生千军万马挤向大城市的现象有所不同,大学生就业出现了一股“回流”潮,中小城市开始受到了大学生的青睐。近年来,我国大学生的数量几乎都是供过于求,大学生毕业后,几乎都不具备相关工作的经验。针对这一现状,我国现阶段就业问题的思路和对策主要包括以下几个方面:一是加速户籍改革以实现要素充分流动;二是大力发展教育以提高劳动者人力资本素质;三是强化市场就业保障以降低劳动力失业风险。

在马克思主义理论当中,联系和发展是唯物辩证法的总特征。联系和发展具有普遍性和多样性。事物是普遍联系,联系是指事物内部各要素之间和事物之间相互影响、相互制约和相互作用的关系。世界上的一切事物都处于永不停息的运动、变化和发展之中,整个世界就是一个无限变化和永恒发展的物质世界。新事物的发展是从根本上符合人民群众的利益和要求,能够得到人民群众的拥护,必然会战胜旧事物,用发展的观点看待事物,把握这一规律对于我们在现代化进程中创新、发展具有重大的意义。我们要用发展的观点看问题。要把事物如实地看成一个变化发展的过程:要弄清事物在其发展过程中所处的地位和阶段;同时,要有创新精神。因此,根据马克思主义基本原理,我们应该以联系的观点看问题,分析为何会出现大学生就业困难的现象。

(一)联系是具有客观性,事物的联系是事物本身固有的,不是主观臆想的。

从大学生教育方面来看,高校普遍扩大招生,扩招后优质办学资源被快速稀释。各校的办学定位被模糊,加上培养模式的僵化,学校责任心的下滑,致使人才培养的质量、结构与社会需求严重脱节。过快的教育规模扩张速度影响了大学生的培养质量。这也是大学生在社会上竞争力不足的原因之一。从大学生本身来说,大学生本身的就业观念出现错误,一大部分认为,大学生的工作应该是比普通工人的工资、待遇还要好才符合他们的学历,他们把自己的学历看成了是高人一等的门槛,不愿意去从事那些体力劳动。

(二)联系是具有普遍性,任何事物都不能孤立存在,都同其他事物处于一定的相互联系之中。

整个世界是相互联系的统一整体。从社会的大背景来分析,这几年来疫情、逆全球化等一系列的重大事件交织发生,这些直接或间接地影响了我国社会经济发展的格局,并构成了当前就业面临着紧张的局面。现在我国处于经济的转型期间,农村富余劳动力以及市场竞争产生了大量的下岗失业人员,再加上高校毕业生越来越多,更是冲击着整个市场的容纳能力。接着,我国经济发展不平衡,东西部差异、产业发展不平衡、第三产业发展不充分,限制了就业的机会。以上的原因可以说是分别体现了联系的客观性、普遍性。

另外,我们应该用发展的观点看待大学生就业困难的问题。其实,用发展的观点来看待的话,会发现:创业是大学生利用自己的优势为自己在当今的竞争激烈的社会上闯一条出路,大学生创业并不只是单纯的一份生计,而是利用自己的知识、创新能力实现自己的理想。所以,用马克思的联系的发展的观点来看待问题,会发现事物的产生都有其存在的原因以及发展的因素。由联系的观点我们可以了解到大学生就业困难原因是由时代的客观性以及影响的普遍性造成的,再次在发展观点的指导下,大学生就业困难另辟蹊径创业更是一种创新。因此,解决问题的对策也应该从联系、发展的层次出发。事物是普遍联系和发展的,整个世界就是一个过程的集合体,是在永恒发展的,大学生就业困难是我们的现实问题,但是,不会永远是社会问题。

(作者:林欣怡;指导教师:张祖晏)

范例二

学习贯彻党的十九届六中全会精神　凝聚共识共创体育事业新辉煌

实践时间:2021 年 11 月 26 日。

实践人员分工:张亚楠、梁萍、张璇、徐妙妙。

组长张亚楠主持讨论,确定实践主题,完成实践报告;组员梁萍记录讨论内容,参与讨论,完善实践报告;组员张璇负责拍照记录,查阅资料;组员徐妙妙查阅文献,积极发言。

实践目的:学习贯彻党的十九届六中全会精神,结合实际,知行合一。

实践内容:聚焦党的十九届六中全会,结合北京冬奥会,浅谈体育事业的重要性,贯彻十九届六中全会精神,从自身做起走向操场等等。

参考文献《习近平关于国家认同重要论述》、《论北京 2022 冬奥会的价值和意义》、《民族国家认同构建的逻辑》等。

实践总结:

党的十九届六中全会是我们党站在"两个一百年"历史交汇点上,对开启全面建设社会主义现代化国家新征程做出战略决策的一次重要会议,对于动员和激励全党全国各族人民继续抓住用好重要战略机遇期,推动"两个一百年"奋斗目标有效衔接,确保经济社会发展行稳致远,具有重大而深远的意义。

当前,全国上下掀起了学习贯彻党的十九届六中全会精神热潮。我们小组经过学习,一致讨论总结出核心要义为:理想创引、理论创新、改革创举、军队创强、党建创先等。

在社会现代化转型期,国家发展迎来新转变、国民认知呈现新转向,国家认同也在主体发展转变的背景下呈现出现代化的调适与转变。我国综合国力不断增强,我们的民族自信心也不断增强。我们认为在以经济建设为中心的同时,体育强国、文化强国和文化软实力的增强不容忽视。

冬奥会作为一项国际体育赛事,其组织与举办有推动冰雪项目发展、促进人与自然和谐相处、推动国际文化交流等目的,但除此之外也在国际社会发展中被赋予了复杂内涵。一次只能在一个国家举办的冬奥会,"在哪举办""由谁组织"等则成为国际关切,其举办国往往需要在经济、政治等诸多方面获得大部分国家认可。由此,在投票决议中,"举办"便在一定程度上具有了国际认同的意义。继 2008 年北京成功举办第 29 届夏季奥运会后,2022 年第 24 届冬奥会即将在北京拉开帷幕。中国对奥林匹克的情结,自近代以来便长期存在,无论是对近代时期内外交困的中国来说,还是对现在已经实现民族独立、人民解放的中国来说,参与和举办奥运会的内涵已不仅是对国际体育赛事的支持,而且被赋予了多元符号与内涵。中国的奥运情结中所蕴含的民族尊严和国家认同,我们在电视机前,在观众席上一起为健儿们欢呼,自豪感油然而生,这种自豪感的本质便是内化于国民个体内心的国家认同。

2019 年底爆发的新冠疫情打乱了人们生活节奏的同时,也打乱了众多体育赛事的举办计划。中国在疫情防控、国际援助等方面的种种表现,获得了国际社会的赞同,也获得了国际奥委会的认可。这种赞同与认可不仅体现在国际交流中,也体现在北京冬奥会的筹备中。在新冠疫情防控方面,我国在应对新冠疫情过程中的成功经验使得北京冬奥组委会在与国际奥委会、国际冬季单项体育联合会探讨冬奥会与测试赛疫情防控和预案过程中更具有话语权。这种防控话语权的掌握,便直观反映了北京冬奥会在国际维度的国家认同。2022 年的北京冬奥会是基于中国已成为世界第二大经济体后表达的国际担当。北京冬奥会"一起向未来"的口号,正是对全体人类守望相助的呼吁。

在开放化、全球化、信息化的发展进程中,中国的综合实力和国际地位得到了长足进步,国内外对中国的国家认同也在此期间不断提升。随着 2008 年北京奥运会、2014 年南京青奥会以及 2022 年北京冬奥会的举办,中国的大国形象与地位再次得到确立,这既离不开全体国民的努力奋斗,也离不开长期以来建构于国民内心的国家认同。在国内维度与国际维度的国家认同推动下,中国有了更充足的发展动力。北京冬奥会的举办既表征了中国对现代体育、现代文化的接纳与推进,也表征了中国的发展开启了新篇章,国家认同在此期间也具有了更丰富的内涵。在"我"与"我们"、我国与他国、"话语"与"行动"、政治与文化等多主体、多重因素的推动中,现代化的北京冬奥会国家认同呈现了更强的文化自信、政治自信。

十九届六中全会总结肯定了我们伟大祖国的发展,展望了未来。我们青年人要坚定文化自信,传承和发展体育文化,实现体育精神内核,这对促进社会主义核心价值观建设,实现价值引领,实现民族自信、文化自信具有重要意义。我们呼吁大学生们走回宿舍、走下网络、走向操场。

体育强则中国强,国运兴则体育兴。我们青年会多多参与到体育运动中来,培养自身形成自尊自信、敢于拼搏的精神品质,从而形成人人乐享运动的新大众体育生态环境以及价值观。我们的体育事业和体育精神是中国先进青年将自身奋斗历程与中华民族荣誉紧密结合,并不断地由小到大、由弱变强的扩大过程。——张亚楠

担当作为,青年先行。只争朝夕,不负韶华。逐梦前行,重在把舵导航;攻坚克难,尤需引领力量。今年很特殊,同时也给我们留下深刻的印象。今年疫情的反复并没有影响我们前进的脚步,积极努力筹备冬奥会,让我们看到了国家的强大。十九届六中全会公报指出,确立习近平新时代中国特色社会主义思想的指导地位,反映了全党全军全国各族人民共同心愿,对新时代党和国家事业发展、对推进中华民族伟大复兴历史进程具有决定性意义。作为新时代青年,我们沐浴在党的光辉下成长,应当始终跟随党的步伐,心系祖国发展,立志为祖国建设添砖加瓦。——梁萍

在信息时代,越来越多大学生变成"低头族"。不仅在文化课程教学中,深受各种电子设备与网络游戏诱导,无法集中注意力潜心学习,在锻炼身体素质的体育课堂教学中,也逐步缺乏主动性运动意识,尤其是欠缺课外坚持体育锻炼的意识。作为大学生,我们可能不能像体育健将那样为国争光,也没有机会像志愿者那样亲临赛场。但在平常生活中,我们可以好好学习,加强锻炼,为中国加油,为2022北京冬奥会加油。——张璇

百年风雨,从小小红船到巍巍巨轮,我们伟大的中国共产党从小到大,从弱到强,越过激流险滩,穿过惊涛骇浪,创造了举世瞩目的伟大成就,这是一份无上的荣耀。100年以来,中国共产党走出了一条得民心、顺民意、惠民利的践行初心的使命之路。当举起的右拳握紧,广大党员将用一生来践行对党的忠诚,努力为党和人民做出贡献。我们的文化自信源于实践,源于奋斗。——徐妙

(作者:张亚楠;指导教师:王敏)

实践项目四 "原理"课学习汇报演出

一、活动名称

"原理"课学习汇报演出

二、活动目的

活动可通过各种形式展示《马克思主义基本原理》课程学习相关内容。学生们可注意理论联系实际,进行文艺作品创作,展示其风采。学习汇报演出活动的开展旨在提升大学生的实践创新能力、语言表达能力、组织协调能力。

三、活动时间

学期第16周

四、活动地点

各班级上课教室

五、活动具体步骤

在教师的指导下,各学习小组结合《马克思主义基本原理》课程的"马克思主义哲学""马

克思主义政治经济学""科学社会主义"等相关内容,自选主题,设计排练丰富多彩的节目(话剧、歌曲、舞蹈、相声、小品、说唱、微视频制作、PPT 展示等),以多样的形式合作走上舞台展示学习成果。各学习小组积极准备,各班级需要成立演出剧组,明确导演、主持、道具、节目统筹、摄像等演职人员,并尽早开始节目编排。

各班实践教学结束后,授课教师结合班级节目展演情况,按专业遴选 1—2 个优秀节目,参加本学期全校思想政治理论课学习汇报演出活动(拟定 17—18 周,思政课教师另行通知)。班级汇报演出结束后,学习团队上交汇报演出节目的剧本,学习委员收齐交给任课教师。团队负责人根据小组成员贡献情况给出贡献率并进行排序。

六、活动注意事项

思政课教师做好活动的布置工作,让学生明确主题并认真准备,展示自我形象。教师在课堂教学中注意控制时间。教师及时做好总结并汇总好相关材料。

七、活动考核评价

教师对准备认真、积极投入表演的小组与个人给予表扬并计入平时成绩,作为思政课优秀团队与先进个人的评选依据。学生对节目进行评分。

八、活动附录资料

学生视频、图片、文稿等。

九、汇报演出的范文

学习汇报演出剧组工作人员情况表

职位	姓名	学号	电话	备注
总协调				班长
总导演				
导演				
导演				
节目统筹				学习委员
主持人				
主持人				
剧务				
剧务				

职位	姓名	学号	电话	备注
摄像				
摄像				
道具				
道具				
音响				
音响				
其他				
其他				

范例一

小品:教育

人物: 学生甲,学生辛,马克思主义基本原理老师(陆),辅导员(沈)

报幕: 场景一:在"马克思主义基本原理概论"课程上

旁白: 老师正在台上讲得津津有味,与此同时,台下两个学生也讲得滔滔不绝。

陆: 同学们,世界是物质的,物质是运动的,运动是有规律的,规律是可以掌握的! 掌握的……

(老师发现台下两学生只顾讲自己的,不听他讲课,于是走向两学生)

陆: 我说,你们两个在讲什么啊? 来,来,来,讲给我听听。来,你(指一学生)!

(两学生很尴尬。其中一个红着脸站起来)

陆:(拿起杯子问),你来说说这是什么东西啊!?

甲: 这不是一杯子嘛!

陆: 谁告诉你这是杯子啊! 我就说这是一个桶,行不行啊?

甲: 谁都知道这是杯子啊?! 笑话,怎么是桶呢?

陆: 我不是讲了吗! 世界是物质的,你可以说它是物质,但不能说它就是杯子。任何物质都是人为它定名的嘛!

甲: 可它就是杯子嘛,那我还说你是桶呢!

陆: 什么? 什么? 你说什么? 再说一遍!

甲: 我没说什么!

陆: 那我问你怎么一直不听课? 从开始一直讲到现在。

甲: 没有啊! 我一直认真听呢!

陆: 是吗? 那我问问你,你说说,一只狗它为什么活着啊?

甲: 啊? 狗为什么活着? 它不就是为了吃饭活着吗!

陆: 那你为什么活着啊?! 你是不是也是为了吃饭啊? 那你是不是和狗一样啊!

甲:老师,你怎么这么讲啊! 你怎么骂人啊!

陆:我不是骂你,我只是讲道理给你听嘛! 你说你一直讲个不停影响大家,影响我讲课啊! 毛主席教导我们要好好学习,天天向上,你这个人怎么理解的啊?

辛:老师,对不起,刚才他一直在和我讨论反恐的问题,没注意听。

陆:这个同学的觉悟挺高的吗,好的,那你来讲讲,习总书记的"中国梦"是什么?

辛:中国梦……梦……

陆:怎么讲不出来呢? 这和我们平时生活是很有关的啊!

辛:哦,梦,我做的梦,习总书记他老人家做的梦,我们全中国人民做的梦。

陆:你……你……孺子不可教也,朽木不可雕也! 下课和我到系办去!

(甲,辛,陆下)

报幕:第二幕:系主任办公室内

陆:主任,这课我没法教了!

沈:哟,您怎么生这么大气啊?

陆:现在的学生都翻天了! 连中国梦是什么都不知道! 上课说话还有的是歪理! 像这样的学生怎么对得起我们老一辈无产阶级革命家创建的新中国,怎么对得起党,对得起人民? 一点理论知识都没有,你可要好好地教育他们!

沈:好,好,我会的,你放心吧。

陆:我还要去参加关于人的工作的研讨会,我先走了。(对甲、辛)好好检讨! 马克思在看着你们的!(下场)

沈:你们两个站着干嘛,坐啊。

甲、辛:哦,谢谢老师。

沈:知道你们为什么来这吗?

甲:知道,上课说话。

辛:但老师讲得也太乏味了,所以我们实在无聊才说话的。

沈:哦,那你们的意思是不感兴趣的你就可以不听了?!

甲:我们可没这么说。

辛:老师这可是你说的。

沈:哦? 好! 那我们谈点别的好吧! 哎,你们知道最近娱乐圈有什么动静吗?

甲:你知道最近林心如和霍建华在一起了吧?

辛:这谁不知道呀,但我觉得胡霍更配呀。

甲:和林心如在一起多好,人家男才女貌的。

辛:我才不喜欢呢! 你说的与我无关。

(两人无语,互不理会)

沈:你们怎么不吵了呢?

甲:他又不喜欢男男,讲也白讲。

辛:道不同不相为谋,讲也是对牛弹琴。

沈:哦,你们也知道别人没兴趣自己就没积极性讲了,那老师也一样啊。你们不听讲,老师怎么能讲好课呢? 你们应该学会互相尊重,只有尊重他人,他人才会尊重你啊!

（甲、辛对视,惭愧地低下头）

沈: 老师讲课付出了自己辛勤的劳动! 对于他的付出,你们应该尊重啊! 有的理论可能我们现在觉得枯燥,但对我们以后的成长一定有帮助,我们本着"以人为本"的教育方针,不仅仅是教给你们知识,更重要的是教会你们如何做人。十年树木百年树人,你们将来的成功要靠现在一点一滴的积累啊,而尊重他人是你们首先要学会的。我这样说,你们同意吗?

甲、辛: 老师,我们错了。

（剧终）

（作者:陆梦莹;指导教师:吕甜甜）

范例二

红色家书

背景音乐

赵一曼与儿书:用实行来教育你

"宁儿,母亲对于你没有尽到教育的责任,实在是遗憾的事情。母亲因为坚决地做了抗日斗争,今天已经到了牺牲的前夕了,母亲和你在生前是永久没有见面的机会了,希望你,宁儿啊赶快成人,来安慰你地下的母亲………我最亲爱的孩子啊,母亲不用千言万语教育你,就用实行来教育你吧,在你长大成人之后,希望不要忘记你的母亲是为国而牺牲的。"

王尔琢与父母书:儿已以身许国

父母大人:

……儿何尝不思念着骨肉的团聚,儿何尝不眷恋着家庭的亲密,但烈士殷红的血迹燃起了儿的满腔怒火,乱葬岗上孤儿寡母的哭声斩断了儿的万缕归思。

为了让千千万万的母亲和孩子能过上好日子,为了让白发苍苍的老人皆可享乐天年,儿已以身许国,革命不成功立誓不回家。

感想:

何文雯: 王尔琢何尝不想报答父母之恩? 但在民族危急时刻,为了民族大义为了人民的幸福,为了挽救更多悲惨的家庭,他选择了冲锋陷阵,勇敢地战斗在最危险的前线。他是无法常伴父母左右的儿子,却是无数家庭的英雄,更是我们民族的英雄! 革命先烈对理想信念的执着追求、对党绝对忠诚的政治本色、舍生取义的崇高气节和报国为民的真挚情怀,惊天地、泣鬼神,震撼人心、涤荡灵魂,让我不禁潸然泪下!

肖紫涵: 这是革命烈士写给亲友的家信,字里行间透露着对亲人的深情道别;这是革命烈士写给组织的告白,质朴话语诠释着以生命铸就的忠诚;这是革命烈士写给自己的绝笔,一词一句充满着革命必胜的信念。品读红色家书,不禁感叹真理的力量映照初心使命的光芒,点亮前进的道路,赋予革命者昂扬的斗争精神,成为革命斗争的精神支撑。回顾峥嵘岁月读初心,展望未来担使命,时刻不忘革命初心,牢记时代使命,阔步走在新时代的新征程上。

（表演者:肖紫函、何文雯、罗博;指导教师:唐献玲）

第三章
《中国近现代史纲要》课程实践项目

实践项目一 近现代史演讲(诵读)作品创作

一、活动名称

"近现代史演讲(诵读)作品创作"活动

二、活动目的

通过指导青年大学生围绕中国近现代史的发展主线创作观点鲜明、内涵深刻、鲜活生动的演讲(诵读)作品,以创新的形式诠释中国智慧、中国力量、中国制度的独特优势,用丰富的载体传承激活红色基因,给予思想上的启迪、道德上的教育和价值上的引领,推动学生深入了解近现代中国社会发展和革命、建设、改革的历史进程及其内在的规律性,深度领悟历史和人民是怎样选择了马克思主义、选择了中国共产党、选择了社会主义道路、选择了改革开放,切实理解中国共产党在不同历史时期对于初心使命的"历时"担当,深刻体会当下全党全国人民向着民族复兴中国梦奋勇前进的"共时"情怀,确立起在全面建设社会主义现代化新征程中建功立业的坚定信心和崇高信念,增强拥护中国共产党领导的自觉性,提升青年大学生"红色筑梦人"的使命担当。

三、活动时间

学期第 3 周

四、活动地点

室内室外

五、活动具体步骤

1. 教师提前布置实践教学活动方案,组织学生积极讨论,指导学生选择与课程理论教学内容相关或相近的主题,凸显诸如革命理想、爱国情怀、初心使命等进行创作。

2. 每位学生围绕创作主题,查阅相关近现代相关资料,结合社会现实和自身发展,充分运用图文、短视频及 Vlog 等方式创作高质量演讲(诵读)作品。

3. 第三周完成作品创作,每位学生上交一篇 800 字左右的近现代史演讲(诵读)文稿或 5 分钟左右演讲(诵读)视频。班级学习委员按学号自小到大顺序整理、收齐上交,同时报送电子版(班级＋主题命名)。

4. 指导教师组织班级优秀作品汇报活动,学生评委参与现场评审打分。汇报人提前准备好 PPT 用于汇报讲解,汇报结束后发给教师存档,以备校级评优评奖提供佐证材料。未参与汇报活动的学生要认真听讲并做好记录。学生汇报过程中和结束后,指导教师要及时进行点评和总结,升华主题,增强教学效果。

5. 指导教师评阅本次实践作业和归档活动资料,按专业和适当比例推荐优秀作品参加全校"近现代史演讲朗诵作品创作"比赛。

六、活动注意事项

1. 本项活动为个人实践环节,每位同学要独立完成一份作品创作,作为实践教学考核基本依据。

2. 指导教师要提前做好活动说明和安排工作,使学生真正懂得演讲(诵读)作品与普通作品的不同之处,演讲(诵读)作品在聆听或阅读时需要产生情感共鸣。内容应简短有力,掷地有声。

3. 鼓励创新,要求原创作品,不得抄袭。

4. 汇报展示活动以鼓励为主,增强学生展示信心,建设开放式课堂。

5. 师生都要认真维护实践教学秩序,总结实践教学活动,真正做到教学相长。

七、活动考核评价

1. 考核要求

作品内容:积极向上且特色鲜明,具有较强的思想性、感染力和教育意义。

作品形式:诠释主题与众不同,富有创意,多种方式搭配使用。

展示效果:汇报人仪态自然,精神饱满,思路清晰、声情并茂,表达流畅。

时间控制:5 分钟左右,超过 8 分钟或少于 3 分钟,酌情扣分。

加分建议:作品原创品质高,汇报展示具有新颖性、独到性,酌情加分。

2. 考核构成

指导教师依据实践作业质量和展示完成度予以综合考评,占本次实践总成绩 60%;学生评委团由班委推荐和学生自荐5—7名同学组成,实行实名制评分及回避原则,占本次实践总成绩40%。

八、活动附录资料

范例一

铭记历史思道远,献礼建党百周年

百年的年华,铸造辉煌。百年的风雨,承载风霜。丰功伟绩讲不完,浴血奋战把国建,鞠躬尽瘁谋发展。备受瞩目之下,我国终于迎来了建党百年。我们高举"红色精神"之旗帜,在这面鲜红旗帜之下,我们深知无数英雄儿女将自己的血泪浸染为最浓烈的那一抹颜色。

他们的英雄伟绩不应该被我们遗忘淡漠,趁着这百年光荣岁月,让我们走进历史的胶片,慢慢追忆。泱泱中华从"周虽旧邦,其名维新",到"天行健,君子以自强不息;地势坤,君子以厚德载物",都为了天下大同而不懈努力着。遥想当年,日寇侵略我中华,让华夏大地生灵涂炭,哀鸿遍野。那些热血青年再也无法甘于做沉默的羔羊了,杨靖宇、赵一曼等抗日英雄与敌军奋勇斗争,在新中国的史册上留下了他们的姓名。说起董存瑞,相信大家并不陌生,在1948年5月,进攻开始了,但仍存在各种阻碍与困难。在东北角横跨旱河的一座桥上敌人在桥上修了暗堡,阻碍了我军冲锋陷阵的道路。副连长派出三名爆破手爆破,一名牺牲,另外两名身负重伤。董存瑞不惧危险,身头炸药包高呼"为了新中国,前进"的口号,他强忍疼痛,拖着腿、抱着炸药包冲到桥下。我军也随即发起了冲锋,他毫不犹豫地用左手托起炸药包,紧紧贴住桥底,镇定地用右手拉开导火索……随着天崩地裂一声巨响,碉堡被炸得粉碎。据战友回忆:他们只能看到一堆破碎的水泥砖石,他们徒手扒了很久,都没有找到董存瑞的遗体,哪怕是一块零星的骨肉、一片衣服残片……

休对故人思故人,且将新火试新茶。若说"试玉要烧三日满,辨才须待七年期",那么,经七十年历练的新中国正该是"三尺青山利刃出,锋芒皆展人畏之"的时候。高山仰止,景行行止,怀着对历史和前人的敬畏与景仰,我们仍应砥砺前行,不负韶华。

执前辈之火焰、建党之精神。今日"吾已许国,再难许卿"。防控疫情期间,无数医学工作者、科学工作者负重前行,力挽狂澜,他们坚守在抗疫前线,用血肉筑起新的长城。

凡此种种,不仅是个人的无私奉献,更是我们对历史的铭记和对盛世已至的献礼。现如今这个太平盛世,我们这一代青年更应为祖国的发展努力,献礼建党百年!

(作者:唐瑞;指导教师:李利平)

范例二

国之大爱
——关于疫情的演讲

亲爱的老师,同学们:

听,耳边那一声声急促的喘息;听,走廊里半夜还匆忙的脚步;听,手机那一边劳累却平

安幸福的讯息。你听到了什么？

今年是一个特殊的春节，这个春节的喜庆氛围，被一场突袭的疫情冲淡。庚子年，出现最多的已然不是一声新年好，而是一封封请战书、一个个红掌印和一道道签名。是它们代替了往年铺天盖地的新年祝福，让这个春节有了不一样的意义，让我们的生命绽放了不一样的光彩，让我知道，原来，我们是被多少人在保护，原来，我们中国人真的可以创造奇迹！

从2019年12月29日，元旦前夕，拉响新冠状病毒疫情阻击战的那一刻起，我就在被时时刻刻地感动着、担忧着、痛心着。哪里有疫情，哪里就是战场，是战场就会有牺牲，更何况这对于我们来说还是一场没有硝烟的战争，没有人知道它会如何发展，没有人能够预判它何时结束，但我相信，它一定敌不过我们的众志成城。84岁的中国工程院院士钟南山先生亲自披挂上阵，冲在了抗击疫情的第一线，钟南山院士在2003年曾参加非典战争，这无疑是给普普通通的我们打下的最有力的安心剂。无数的医护人员和全国各地党员纷纷主动请战，直面病毒，他们是这个春节最亮的一道"风景线"。多少医护人员为了拯救病人，不顾个人安危，多少民警消防等战士为了保护我们，最终不幸感染上了病毒，倒在了疫情的一线。多少人倒下了，又有多少人站起来了。这，就是中国人，这，就是中国精神！可是留下的人啊，他们没有时间悲伤，没有时间送那些英雄最后一程，抹抹眼泪，擦擦汗水，他们还要投入到疫情的战争中去，人民在等着他们！

曾看过一幅幅出征的照片，也曾看过累倒在走廊的照片，我更感动的是她们脱下防护面具，脱下口罩时的样子，那脸上流下的是他们觉得最幸福的印记。仰望这道"风景线"，我们看到了充满拼搏与智慧的光芒；仰望这道"风景线"，我们看到了充满忠诚与担当的光芒，在后防线上的党的各级领导干部都主动放弃假期，积极行动起来，开展宣传，做好防护，抓好后勤保障，纷纷站在后勤防疫第一线，公安部门也严厉打击不法商贩，利用困难哄抬物价囤积居奇等违法行为，医生也走向汽车站交通路口等进行消毒体温检测，一个卡口就是一个堡垒，一个党员就是一面旗帜，这就是中国共产党员！在疫情爆发后的第一时间，各地拉响了一级响应，这是国家给予人民的安心，他告诉我们，我们是被保护着的。这个春节，我们没有喜悦，但是我们拥有感动；这个春节没有家人，但是我们拥有同事；这个春节没有大鱼大肉，但是我们拥有来自人民的年夜饭！这顿饭，我们吃出了希望。武汉本就是一座英雄城市，他不会轻易倒下。你看，每天医院的那些瓜果蔬菜是郊区农民骑行几小时送来的；你看，几天内建成的雷神山和火神山是全国人民一起监督完成的；你看，全国各地铺天盖地的捐款、物资和爱筑起的城墙足以把疫情打倒！

回顾历史，2003年爆发的SARS疫情用了整整五个月的时间才最终确定为新型冠状病毒，2013年H7N9禽流感疫情仅用了一个多月，直到现在，我们最快只要两小时就可以检测出新型冠状病毒，抗病毒治疗、抗菌药物治疗、中医等各种治疗方案纷纷登场。空谈误国，实干兴邦，与新型冠状病毒的抗争，才是这个春节留下的最美的画卷。目前是抗击疫情最关键的时刻，不给国家添乱，就是对国家最大的帮助，广播中天天都在放不要串门，不要聚集，可是总是有些人不自觉。因为你的到处乱窜，有可能让正在防控一线的战士们功亏一篑，他们也是父母捧在手心里的孩子，他们也有家庭有子女有父母，他们也是受国家保护的公民，只是，疫情当前，他们必须要往上冲，因为只有他们才能真正拯救我们，所以再次呼吁大家听从国家的安排，不要给他们添麻烦。

"不知道你是谁？我却知道你为了谁。"多么形象的一句词,疫情时刻,白衣天使变成了钢铁战士,是他们筑起了一道坚不可摧的生命防线,守护着我们。乌云遮不住太阳,阴霾终究将散开,唯有努力,不会被辜负,我们有理由坚信,有以习近平同志为核心的党中央,有全国人民的共同努力,我们就一定能赢得胜利!2019年上映了一部电影《中国机长》,其中的英雄机长刘传健这次也负责运送医护人员们前往一线参加战斗,他曾说过,"等到疫情结束,我还要来接你们回家!"

等到武汉的樱花开了,等到大地复苏春暖花开之际,等到我们可以安心地摘下口罩,我想迎接你们回家,在给予你们最温暖的拥抱的同时诚挚地说一声:"你们辛苦了,欢迎回家!"我听到的一声声加油,我听到的一声声担忧,我听到是舍小爱成就大爱!

近日我看了《血战钢锯岭》,其中我印象最深刻的一句话是"上帝,让我再救一个,再救一个就好"。我想,你们也是在和疫情抢人,在和时间赛跑吧?谨以此文致敬如今依旧奋斗在一线的工作人员和为了大爱离开了我们的战士们,我的演讲到此结束,谢谢大家!

(作者:王雅;指导老师:李淼)

实践项目二 近现代史人事评说

一、活动名称

近现代史人事评说

二、活动目的

历史是最好的教科书。在中华民族5000年的历史长河中,中国近现代史跌宕起伏,最为波澜壮阔。通过指导青年大学生运用科学的历史观和历史唯物主义方法剖析中国近现代历史进程中重大事件和重要人物,使他们进一步明确中国近现代史的主题、主线和主流,深刻理解红色政权来之不易、新中国来之不易、中国特色社会主义来之不易、今天的幸福生活来之不易,切实懂得中国共产党为什么能,马克思主义为什么行,社会主义为什么好,增强中国特色社会主义道路自信、理论自信、制度自信、文化自信,树立正确的政治方向和历史观、人生观和价值观,自觉担负起新时代赋予的使命任务。

三、活动时间

学期第6、7周

四、活动地点

图书馆、教室

五、活动具体步骤

1. 指导教师提前布置本次实践教学方案,重点阐述中国近现代史人事评说实践活动的目的与宗旨。

2. 班长、学委协助指导教师完成实践小组成员分配(4—6人一组),选出组长(负责且认真),填报相关表格。

3. 第六周,实践小组组长带领组员在室外或线上平台进行讨论,确定评论主题,分工合作查阅相关资料(人物传记或者有关历史事件的专著),积极交流讨论,认真记录笔记和留存活动资料,合作完成一篇1200字以上的评论文章。指导教师与实践小组保持良好的沟通交流,随机参与实践小组讨论,解答实践过程的疑问。

4. 第七周,指导教师组织近现代史人事评说班级汇报活动,学生评委团参与现场评审打分。实践小组提前准备好PPT用于汇报讲解,汇报结束后发给教师存档,以备校级评优评奖提供佐证材料。在实践汇报过程中,指导教师对各小组实践作业质量及表现进行客观点评,提出修改意见,并在小组汇报全部结束后做总结发言,正面鼓励为主。

5. 实践小组依据指导教师的意见完成评论文章的修改和提升工作。班级学委收集整理实践作业和活动过程资料,上交给指导教师。

6. 指导教师评阅本次实践作业,归档活动过程资料,选择优秀作业推荐给马克思主义学院结集成册,对表现突出的小组给予表彰。

六、活动注意事项

1. 本项活动为团队实践环节,根据自愿的原则,每个班级需要分成若干个学习小组(4—6人一组),每个实践小组要合作完成本次实践活动,作为实践教学考核基本依据。

2. 指导教师要提前做好实践活动方案说明,明确团队实践活动的目的、意义与要求。

3. 实践小组近现代史人事评说主题的选择,同一个班级原则上不允许重复。组长在小组成员讨论的基础上确定小组项目,报学习委员处备案,如有冲突,由学习委员组织各小组长协调解决。

4. 在实践过程中,学习小组每一位成员都要发挥主观能动性,认真查阅相关的历史文献资料,通过个人思考、小组讨论,合作形成评论性观点比较客观准确的文章,并进行班级交流展示。

5. 指导教师要做好价值引导工作,注重培育学生辩证分析能力与团队协作创新意识。

6. 师生都要维护实践教学秩序,认真总结实践教学活动。

七、活动考核评价

1. 考核要求

实践过程：分工明确，态度认真，合作意识强，过程资料丰富。

作业质量：选择的历史事件或人物具有典型性，评论方法运用得当，剖析思路清晰，评论内容深刻醒世，富有教育意义。

展示效果：小组成员上下台纪律良好，配合默契。汇报人仪态自然，精神饱满，表达流畅。

时间控制：3 分钟左右，超过 5 分钟或少于 2 分钟，酌情扣分。

加分建议：根据完成过程和展示的新颖性、独到性，酌情加分。

2. 考核构成

指导教师依据实践作业质量、团队合作及汇报表现予以综合考评，占本次实践总成绩 50％；学生评委团由各实践小组推荐一位公平、公正的同学组成，实行实名制评分及回避原则（评委依然要参加所在小组的展示），现场打分，占本次实践总成绩 40％；实践小组依据自身表现和作业质量，自行打分，上报班级学委，自评成绩占本次实践总成绩 10％。

八、活动附录资料

范例一

新中国的开拓者毛泽东

有这样一个人，美国第 37 任总统尼克松曾这样评价他说："他的著作改变了世界"，原英国陆军元帅蒙哥马利说他是"凡人时代最不平凡的人"，这个人就是毛泽东，改变了新中国命运的毛主席。新中国成立至今，毛主席一直是家喻户晓的传奇伟人。

在科技快速发展的今天，试想一下，若是没有毛主席带领着当时迷茫无助的人们成立了新中国，找到了适合新中国人民的发展道路，我们是否还能如此这般衣食无忧地快乐成长，是否还能平安无事地坐在教室里接受知识的熏陶？所以，我们伟大的毛主席对中国的贡献是不可估量的，没有他也许就没有了新中国。

从 1849 年到 1949 年这一百年，是中国历史上最为惊心动魄、变动最为剧烈的一百年。从 1949 年到 2049 年，是中华民族逐步走向复兴的一百年。毛泽东正活动在这两个一百年的中间：1949 年前的半个世纪，他在剧烈变动的时代中是一个叱咤风云的人，是一个引领时代前进的人，他推动了历史的前进；在 1949 年后的 27 年中华民族复兴的征途中，他还是一个动员了中国全体人民的人，虽然在行进中难免跌跌撞撞，但毕竟是在探索中国前进的道路。毛泽东是一个把毕生精力毫无保留地献给了人民的人，他是一个为国家走向富强工作到最后一息的人！像毛泽东这样经历了那样多剧烈的世纪变化，那样多风雨历程的人，应该是前无古人，后无来者的！

毛泽东最为伟大的历史贡献当属带领中国人民赢得了独立并且创建了新中国。1840

年后,内忧外患交织在一起,中国人民受到了西方列强和本国封建势力的双重压迫。无数的仁人志士,从林则徐、魏源,到康有为、梁启超,再到孙中山先生,都为民族独立、人民解放做出了不懈努力。但是真正能够给中国指明一条道路,找到正确方向,并且变成现实的,是毛泽东和他的战友们。正如邓小平所说,没有毛泽东,中国人民还将在黑暗中摸索很长一段时间。

在新中国成立之后毛泽东又首先奠定了中国共产党的思想基础。毛泽东思想是马克思列宁主义基本原理和中国革命具体实际相结合的产物,是中国共产党人集体智慧的结晶。毛泽东提出的关于新民主主义革命、社会主义革命的理论、路线、方针原则,他在政治、经济、文化、军事、外交和党的建设方面做出的不朽贡献,他对社会主义建设一系列重大问题提出的正确思想,都是对马克思列宁主义的丰富和发展,都是我们党宝贵的精神财富。可以说,毛泽东不仅带领中国人民创建了新中国,走上了社会主义的道路,也为新中国后来的发展奠定了基础。

但是人无完人,如此厉害的伟人也会犯错误。1966年5月,由于对国内阶级斗争形势做出了极端的估计,毛泽东发动了"文化大革命"运动,这个运动因受林彪和江青两个反革命集团操纵而大大超出了他的预计和控制,以至于延续十年之久。在"文化大革命"中,毛泽东也制止和纠正过一些具体错误。他领导了粉碎林彪反革命集团的斗争,不让江青等人夺取最高领导权的野心得逞。

毛泽东虽然在晚年犯了严重的错误,但是就他的一生来看,他对中国革命的功绩远大于他的过失,他的功绩是第一位的,错误是第二位的,毛主席仍然受中国人民的崇敬。

泱泱中华,江山如此多娇,引无数英雄竞折腰。胸中有誓深于海,肯使神州竟陆沉。不求做到毛主席的心怀大志,但求心中有国,无愧于心。

(作者:张悦、王雨运、吴晓艳、朱吟秋;指导教师:范晓丽)

范例二

鸦片战争对于中国的影响分析

第一次鸦片战争(1840—1842年),英国经常称第一次英中战争或"通商战争"。十八世纪七十年代,英国开始向中国大量输入鸦片。中国白银大量外流,精神上和生理上受到了极大的摧残。1839年钦差大臣林则徐到达广州,从6月3日至25日,在虎门海滩当众销毁鸦片。1840年第一次鸦片战争正式爆发,英国侵略中国的战争正式开始。1842年5月,在英国军舰上签订了中国近代史上第一个不平等条约——《南京条约》,第一次鸦片战争到此结束。

第二次鸦片战争,又称英法联军之役,是英、法等西方国家于1856年—1860年为进一步打开中国大门而对中国发动的侵略战争。1858年,与英、法、美、俄等国签订《天津条约》。1860年8月,交换了《天津条约》,签订了《北京条约》。

任何事情都有两面性,距今180年的鸦片战争亦是如此,要辩证地来看,简单来讲要从两方面来分析问题。对此我们小组进行了热烈的讨论,对于鸦片战争我们小组成员有以下两种看法:

一、正面影响。如果没有鸦片战争,国人可能现在还过着"不知有汉,无论魏晋"的封闭落后的生活。诚然英国发动鸦片战争的主观目的是在于把中国变成它的产品销售市场和原料供应地，但是我们谁都不能否认鸦片战争带来的积极影响。理由如下：

1. 经济上：鸦片战争促进商品经济发展，使得封建经济开始瓦解，刺激了中国民族资本主义的产生。鸦片战争后，国门被打开，开辟五口通商，流入外国商品，出现新式企业。

2. 思想上：先进的知识分子兴起"向西方学习"的新思潮；西学东渐的局面开始形成。鸦片战争前，崇程朱理学，造成中国思想界"万马齐喑，死气沉沉"的局面。鸦片战争后开始摒弃虚骄自大的陈腐观念，注目世界，探索新知，关心时局，寻求强国御侮之道，掀起了一股"向西方学习"的潮流。社会各阶层都从各自的立场、不同的角度纷纷探讨救国图强的途径，从而兴起了一股强大的、长达半个多世纪的救国图强的社会思潮。

3. 社会更迭上：引起了中国近代社会思潮的更迭演变，牵引着各种思潮的产生、发展，驱动各种"新政"出台。"师夷长技以制夷"，"中学为体，西学为用"，"变法""维新"，"驱除鞑虏，恢复中华，创立民国，平均地权"。

4. 近代化上：促进中国近代化的发展。

二、负面影响。就算没有鸦片战争，中国也会慢慢改变的，但鸦片战争对中国的影响太大了，对后续中国历史发展产生连锁反应，从太平天国到二次鸦片战争、八国联军、军阀混战、抗日、内战、共产主义运动等等，直接的后果是让中国人多死了几亿人，间接让中国人失去了自信心，自此以后拼命地否定自己，从新文化运动到"文革"等等，都使得中国人想彻底与历史决裂，从而想与西方保持队形。理由如下：

1. 中国丧失独立自主的地位。割地，中国领土主权遭到破坏；中国的关税自主要遭到破坏；中国的司法主权遭到破坏；中国的领海遭到破坏。这就是鸦片战争对中国的第一个危害——中国丧失了独立自主的地位，开始走上半殖民地的道路。

2. 中国封建经济逐渐解体。资本主义国家对中国经济侵略的加剧。西方资本主义势力的破门而入和中国封建经济的逐渐解体，既没有给中国带来经济繁荣，也没使中国走上资本主义发展道路；而是使中国封建社会开始变为半殖民地半封建社会，并由社会性质的变化引起一系列的变化。

3. 社会性质、社会矛盾和革命性质变化。中国沦为半殖民地、半封建社会是以鸦片战争为开端、逐步变化的。中国社会原有的主要矛盾，即封建主义和人民大众的矛盾，没有随着外国资本主义势力的入侵而消失，反而更加尖锐；鸦片战争后，中国社会又增加了外国资本主义和中华民族的矛盾。

最后简单总结一下，首先，鸦片战争打破了清朝闭关锁国的局面，使中国走向开放，走向近代化；其次，它加速中国社会内部变革，促进旧制度的解体；再者，它使中国的封建自然经济逐步解体，为中国资本主义的产生和发展创造了条件；最后作为划时代的战争，它标志着中国近代史的开始。但是我们也不能否认鸦片战争给带来的负面影响，如影响财政（割地赔款），加大农民负担，军队战斗力减弱，危害人的身体健康、心理健康等等。

综上，我们一致认为，鸦片战争不仅仅是两国的武力对抗，更多的是两个民族、官僚体系、军队体系乃至传统文化的对抗。事实证明：清朝的体制（中国传统的体制）已经彻底腐败，不堪使用，所以我们觉得应当承认鸦片战争的爆发是历史发展的必然结果。

（作者：张静波、金子怡、迟旭彤、华嘉雯、陈丹丹；指导教师：范晓丽）

实践项目三 近现代史好书好文推荐

一、活动名称

近现代史好书好文推荐

二、活动目的

文以载道，文以传道。中国近现代史好书好文蕴含着深入了解帝国主义同中国封建势力给中国人民和中华民族带来的深重苦难，近代以来中国先进分子和人民群众为救亡图存而进行艰辛探索、顽强奋斗的历程的鲜活资源和历史依据，有助于推动青年大学生深刻理解新民主主义革命取代旧民主主义革命、人民共和国取代资产阶级共和国的历史必然性，以及没有中国共产党就没有新中国、只有社会主义才能救中国的道理。通过引导学生深度阅读和积极推荐中国近现代好书好文活动，提高他们运用科学的历史观方法论分析问题和解决问题的能力，明确中国近现代历史的主题主线、主流本质，警惕和反对历史虚无主义，树牢唯物史观，自觉用中国共产党的创新理论武装头脑，以实现中华民族伟大复兴为己任，增强做中国人的志气、骨气、底气，不负时代，不负韶华，开创未来，在全面建设社会主义现代化新征程中担当重任。

三、活动时间

学期第 11 周

四、活动地点

室内室外

五、活动具体步骤

1. 指导教师提前布置实践教学活动方案，为学生推荐中国近现代史好书好文，组织学生积极讨论，指导实践小组依据自身兴趣选定推荐的好书好文。

2. 实践小组全体成员深度阅读所推荐的近现代史好书好文，积极分享个人读书心得，充分讨论推荐理由，认真记录和留存活动资料，合作完成一篇 1200 字以上高质量的好书好文推荐报告。指导教师与实践小组保持良好的沟通交流，随机参与实践小组讨论，解答实践过程的疑问。

3. 第十一周,指导教师组织近现代史好书好文推荐的班级汇报活动,学生评委团参与现场评审打分。实践小组提前准备好 PPT 用于汇报讲解,选派一名成员做主题发言,同组成员进行适当补充。其他实践小组进行提问与点评,学委和组长记录活动过程。汇报结束后,发给教师存档。在实践汇报过程中,指导教师对各实践小组推荐报告质量及表现进行客观点评,提出修改意见,并在小组汇报全部结束后做总结发言,进行积极的价值引导。

4. 汇报活动后,实践小组依据指导教师的意见进一步完善近现代史好书好文推荐报告修改和提升工作。班级学委收集整理实践作业和活动过程资料,上交给指导教师。同时协助指导教师汇总各实践小组所推荐的好书好文名单,进一步丰富好书好文推荐阅读书单。

5. 指导教师评阅本次实践作业,归档活动过程资料,选择优秀的近现代史好书好文推荐报告结集成册,马克思主义学院对表现突出的小组给予表彰。

六、活动注意事项

1. 指导教师要提前做好实践活动方案说明,提供教师推荐书单,明确本次实践活动的目的、意义与要求。

2. 实践小组选择推荐的书目,同一个班级原则上不允许重复。组长在小组成员讨论的基础上确定近现代史好书好文推荐书目,报学习委员处备案,如有冲突,由学习委员组织各小组长协调解决。

3. 在实践过程中,学习小组每一位成员都要认真参与,深度阅读,积极分享,合作完成高质量的推荐报告,并进行班级交流展示。

4. 指导教师要做好阅读指导与督促工作,注重培育学生良好的阅读习惯与团队合作精神。

5. 师生都要维护实践教学秩序,及时做好实践活动总结与反思。

七、活动考核评价

推荐老师对符合讨论活跃、观点明确、课件制作精良、发言积极、有个人独特见解等特点的小组与个人予以积极的肯定。对于学生发言中出现的不正确的观点和结论要指出并提出更正意见。

同时对于每个小组的综合表现进行评分。评分采用教师与 5 名学生代表分别评分,然后取平均数。考核的内容包括了是否体现团队协作精神、读书报告的内容与格式是否符合要求、课件制作的质量(内容与形式)、展示发言的情况等诸多环节。该分数作为该小组的最终成绩计入平时成绩,并作为本学期评选思政课优秀团队与先进个人的重要依据之一。每组打出优秀、良好、合格、不及格的分数。其中,优秀作业可推荐入选马克思主义学院实践教学的优秀作品集。

1. 考核要求

实践过程:分工明确,态度认真,合作意识强,过程资料丰富。

作业质量:推荐报告逻辑清晰,理由充分,观点明确,能全面展示所推荐书目的主要内容和基本精神。

展示效果:小组成员分工明确,配合默契。汇报人仪态端庄,思路清晰,声情并茂,表达流畅。

时间控制:5 分钟左右,超过 8 分钟或少于 3 分钟,酌情扣分。

加分建议:根据完成过程和展示的新颖性、独到性,酌情加分。

2. 考核构成

指导教师依据推荐报告质量、团队实践表现予以综合考评成绩,占本次实践总成绩50%;学生评委团由各实践小组推荐一位公平、公正的同学组成,实行实名制评分及回避原则(评委依然要参加所在小组的展示),现场打分,占本次实践总成绩 40%;实践小组依据自身表现,自行打分,上报班级学委,自评成绩占比本次实践总成绩 10%。

八、活动附录资料

范例一

《习近平谈治国理政》的阅读报告

习近平总书记的《谈治国理政》,是一部内容丰富、视野广阔、瞻前顾后、继往开来,旨在开辟当代中国治国理政崭新局面的著作。

阅读这部著作,可以有远近两个方面的重要收获。就近处看,这是一部帮助读者全面了解中国"新常态"最系统、最丰富的著作。全书十八个部分,涉及当代中国的方方面面,论述切近经验,论旨高屋建瓴,让读者可以更加深入地理解何谓中国特色的社会主义,何以实现中国梦,怎么深化改革,如何促进经济健康持续发展,以及怎样建设法治中国、社会主义文化强国、生态文明,有效推进社会事业和社会管理改革发展、推进国防和军队现代化、推进祖国统一、推进构建新型大国关系、谋求周边外交和谐、加强与发展中国家团结合作、积极参与多边事务,并且对人们理解执政党的群众路线、提高执政党执政水平以及反腐倡廉建设,极有助益。

从远处看,这是一部言近旨远的重要著作。这部著作,不单对人们理解当代中国的大政方针、重大举措具有重要指引作用,更为关键的是它对人们站在百年历史的高度,审视中国从传统向现代转变、从独立向富强发展、从富强向文明跃升的历史进程,具有明确的导向作用。

百年中国的历史进程,艰难曲折、蜿蜒向前。正如习近平总书记指出的那样,中华民族的昨天,可以说是"雄关漫道真如铁";中华民族的今天,正可谓"人间正道是沧桑";中华民族的明天,可以说是"长风破浪会有时"。中华民族在漫长的古代历史与屈辱的近代历史中,一直努力奋进,从来不曾屈服,不断奋起抗争,终于掌握了自己的命运。而历经改革开放的艰辛探索,中华民族摸索出了一条举世瞩目的经济社会发展道路,从而展现了中华民族伟大复兴的光明前景。中华民族正是在这一历史飞跃中,展现出从独立富强向民主文明跃迁的亮丽景观。

诚然,这一伟大的变迁,有着中国特色社会主义的强大政治保障。撇开这一政治保障机制,中华民族顽强追求现代目标、努力实现自我超越、尽力建构现代国家,也为世人所称道。在百年的历史进程中,孙中山、毛泽东带领中国人民实现了国家独立的目标,挣脱了列强瓜分和奴役中国的悲惨命运。邓小平带领中华民族走上了民族富强的道路,实现了从贫穷落后向富裕先进的跃升。这是像中国这样一个地缘广袤、历史悠久、文化辉煌的大国,呈现给世人的壮观历史场景。

现代国家的独立富强,是国家足以完整行使国家权力的前提条件。一个积弱积贫的国度,是不足以在现代国际体系中获得平等的国家地位的。但一个独立富强的国家,并不见得就是获得人们尊重的大国强国。因为一个现代国家的民主文明程度,构成一个国家在现代国际体系中赢得世人尊重的决定性理由。中国的经济实力,无疑已经跻身世界前列。尽管国家的富强之路前路漫漫,但富强之途已经鲜明呈现。国家发展的重大任务,已经落到创新现代文明,为现代文明有所贡献上面。正是对这一任务的阐释,构成习近平总书记铺展中国历史百年画卷的醒目笔触。

追忆中国艰难困苦的漫长历史,是习总书记刻画中国梦的历史出发点。这当然不是中华民族要嫉恨什么的表现,而是一个民族对自己历史经验的珍视。中国的历史发展,长期领先世界。从发展的波峰跌入波谷,中华民族承受了难以想象的苦难。但民族脊梁的挺立,使中华民族终于在自己的艰苦奋斗中走出了一条重新崛起之路,给世人展示了一种古老民族复兴的独特魅力。而中华民族发展的远大前程,业已呈现出中国梦的强大感召力。

中国梦,是习总书记鼓舞民族自尊心与自信心的重要命题。这一命题,正在呈现它丰富的内涵,展示它引领中国发展的能量。中国梦,是现代梦、富强梦、民主梦、文明梦。在这一有力号召和有效整合国家与国际正能量的命题中,正显示出中华民族自强不息的强大生机、厚德载物的德性精神和温润敦厚的人类情怀。由此向人们表明,一种旨在落定在现代平台上的中华文明,已然浮现。

百年中国,方始复兴。这是人民的成就、人民的复兴、人民的胜利。在中国的不断崛起和持续发展中,人民既是牵引历史潮流的动力,也是经济社会持续发展的引擎,更是引导国家规范发展的强大推力。人民是国家权力的赋权者,也是规范国家权力的行动者,更是国家发展的受益者。这是任何一个现代国家根本的政治原则。习总书记强调的"权为民所赋",从根本上凸显了现代国家的人民主权原则。这条原则,体现为中国共产党长期坚持的群众路线。只不过,群众路线在现代中国走上治理现代化道路的时候,已经具有了鲜明的时代特征:那就是执政党务必确认,"人民对美好生活的向往,就是我们的奋斗目标";务必认识清楚,"我们一定要始终与人民心心相印、与人民同甘共苦、与人民团结奋斗,夙夜在公,勤勉工作,努力向历史、向人民交出一份合格的答卷"。这是中国现代建国必须坚守的基本政治准则,这也是中国共产党作为执政党理解治国理政重大问题的核心命题。这无疑表明,习总书记对现代政治具有十分精准的理解、把握与阐释。

在人民主权原则之下,一切现代政治与现代国家的建构理念渐次浮现:国家必须以人民主权原则为指引,建构依法治国的现代化治理体系,增强国家的治理能力。如果说现代国家的治理体系,在体系结构的经济层面上必须是开放的经济体系,能将"看不见的手"与"看得见的手"都用好,从而将国家与市场、政府与企业的功能各得其宜地加以发挥的话,那么,在国家权力的行使上,则必须落定在依宪治国、依宪执政的平台上。这既是所有现代国家的基本经验,也是中国可持续发展的必需,更是百年中国努力复兴的宝贵经验。展现现代国家的中国轮廓,正是习总书记这部著作的核心论旨。

习总书记对法治中国的论述,完全切中治国理政的现代首要原则。现代国家治国理政的首要原则,就是依宪治国、依宪执政。依宪治国,说的是"权为民所赋";依宪执政,说的是"权为民所用"。两者落定的是国家权力的来源与功用问题。而这两个问题,恰恰是划分传统国家与现代国家界限的分水岭。依宪治国,不是一种政治治国的状态,即不是一种按照政党、国家领导人的政治意志治国的状态,而是按照宪法的规定法治地治国的情形。这就让中国避免千年人治的窘迫,走上了现代法治的轨道。习总书记为此刻画了三条重要线索:一是高度肯定宪法在治国理政中的中心地位。"宪法是国家的根本法,是治国安邦的总章程,具有最高的法律地位、法律权威、法律效力,具有根本性、全局性、稳定性、长期性。全国各族人民、一切国家机关和武装力量、各政党和各社会团体、各企业事业组织,都必须以宪法为根本的活动准则,并且负有维护宪法尊严、保证宪法实施的职责。任何组织或者个人,都不得有超越宪法和法律的特权。一切违反宪法和法律的行为,都必须予以追究。"二是宪法的生命,在于贯穿治国理政的全过程。"宪法的生命在于实施,宪法的权威也在于实施。我们要坚持不懈抓好宪法实施工作,把全面贯彻实施宪法提高到一个新水平。"三是要将治国理政落实为依法治国。"各级党组织和党员领导干部要带头厉行法治,不断提高依法执政能力和水平,不断推进各项治国理政活动的制度化、法律化。各级领导干部要提高运用法治思维和法治方式深化改革、推动发展、化解矛盾、维护稳定的能力,努力推动形成办事依法、遇事找法、解决问题用法、化解矛盾靠法的良好法治环境,在法治轨道上推动各项工作。"这就为中国完全落实依法治国、依法执政,奠定了坚实的政治基础。围绕这一目标,建设法治国家、法治政府与法治社会,真正促使中国作别人治传统,步入法治轨道,建成现代国家。

将中国建成法治国家,是习总书记从总体上勾画出的中国发展蓝图。这是基于中国处在从富强走向文明的关头,做出的重大战略决定,也是将中国完全推向现代轨道的决定性举措。从根本上讲,中国走上法治的轨道,也就是人民依照宪法行使民主权利的轨道。这正是习总书记强调社会主义核心价值观必须坚定坐实、认真践行的理由之所在。在国家价值层面呈现的民主、在社会价值层面呈现的自由平等,无不关系到人民权利优先于国家权力的民主属性,而这正是法治中国展现出来的民主本质。

中国走向民主文明的发展新境地,既需要勾画宏观蓝图,也需要切实深化改革,从而稳妥地坐实中国发展的战略任务。为此,全面深化改革、推进反腐倡廉、提高党的领导水平,便成为中国实现依法治国的三大现实驱动力量。"改革只有进行时没有完成时","改革再难也要向前推进",这些掷地有声的话,表明习总书记推进改革的决心与信心,显现出改革在实现中国梦、坐实法治梦上的决定性作用。以"把权力关进制度的笼子里"为导向展开的反腐斗争,则体现出公权公用的现代国家权力公共性特质,预示着反腐作为一种政治新常态的长期性与持续性。而提高党的领导水平,直接显示了作为国家发展核心领导力量的政党建设所发展的关键性作用。化解执政党面临的四大考验、四大危险,构成执政党担负人民赋权的组织前提。这正是将中国共产党推向现代政党的强大动力。

习总书记的《谈治国理政》,确实是一部可以放置在百年中国现代转变历程中认真阅读的重要著作。

(作者:刘阳阳;指导教师:范晓丽)

范例二

《近代中国社会的新陈代谢》之感悟

新陈代谢,不是简单意义上的历史发展,而是中国所有历史经历的见证。就此书的成书背景而言,最重要的是陈旭麓先生自觉地要反省新中国成立以来政治对学术的束缚,并力图要挣脱这种束缚,打破政治给学术划定的种种框框,突破新中国成立以来形成的"以马克思阶级理论为指导,以阶级分析为研究方法,以政治是经济的集中表现为基本线索,以一条红线、两个过程、三次革命高潮、十大历史事件为基本架构"的"毛—范近代通史体系"。陈先生的反思见诸多篇文章,以其《关于中国近代史线索的思考》为例,陈先生对传统的以阶级斗争为主线的近代史叙述模式反思深刻:"这个构架积久渐趋公式化,许多近代史著作只有肥瘦的差异,很少有不同风格和个性的显现。"陈先生认为要突破这种思维的桎梏必须要解放思想,对自己实行民主,不为别人的意见所惑。正是在这样不断的反思和自我解蔽之下,陈先生的思想和学术一步步逼近学术的巅峰状态,最终成就了这样一部博大精深的近代史通史著作。当我们了解了这一背景之后,就很容易理解,为什么《新陈代谢》的每一部分都流露出对前人的观点突破,以及背后所蕴含的作者的自觉与辛酸。

观其书,同西方近代化不同,中国近代化是在西方侵略中不断被迫进行的,它自身的旧与新(近代化)是明显地对立在一起的,并且表现出剧烈的变动与革新,这才是中国近代时期的社会动因和表象。而西方的近代化是自身发展出来的,是如同中国古代的封建制一样自然发展起来的,其新旧交替便不会如同中国近代般剧烈且明显。

历史的发展,总会有所牺牲。就像一个人做事一样,有得必有失,鱼和熊掌不能兼得。历史若是向前发展,那么,那些落后的文明和那些落后文明地区便要遭受一些损害,即使有些时候这损害会有些大,但是,唯有这样,历史才能发展。而近代的中国,便是这样一个落后的地区。作为封建社会的头号强国,相比之下它遭受的损害也更大。

皇皇三百年大历史,从庙堂到人间,各色人物粉墨登场,各层阶级发挥力量。鸦片战争、签订不平等合约、公车上书、戊戌变法、洋务运动、资产阶级改良运动、派遣留学生、太平天国、义和团、民间起义、资产阶级革命运动……回望历史,无论哪个时代,感觉真正的"人民"都是无关紧要的。兴,百姓苦;亡,百姓苦。如若领导者英明神武,则身在好年月;如果决策者罔顾人民,那百姓就会活得更苦一点。然而,作为泱泱几千年文明的中国之所以经久不衰,便是因为历史的关键时期,总会有英雄人物站出来承担保家卫国的责任。近代中国处于大变革时代,中国,这一个沉睡中的大国,在各种英雄人物的号召之下,逐渐开始觉醒。这些英雄人物纷纷登上历史舞台,为救国存亡而展现自己的才华,为大国的崛起而奋斗! 这便是近代中国的新陈代谢的伟大之处。

我们社会的新陈代谢带来的是社会面貌的革新和替换,究其原因,这都是历史的选择。从1840年到1949年这110年的中国近代史,留给我们太多心酸的往事,去除感情,冷静分析和思考,我们看到了一批又一批时代先锋的抗争与选择。洋务运动、戊戌变法、清末新政、辛亥革命、新文化运动、新民主主义革命,中国社会无时无刻不在变化,通过对百年社会新陈代谢的勾画,陈旭麓先生把我们带回到了百年前的中国社会,用更清晰的视野和更清醒的头脑来回望过去并展望未来。

以前,中国的英雄们不愧对过去,我想现在的我们也应该做到不辜负将来。

(作者:张渝清、杨婷、俞静、罗剑群;指导教师:范晓丽)

实践项目四　近现代史情景剧

一、活动名称

近现代史情景剧展演

二、活动目的

"历史是最好的教科书,也是最好的清醒剂",中国共产党历来重视对大学生的历史教育。2005 年,《中共中央宣传部、教育部关于进一步加强和改进高等学校思想政治理论课的意见》中指出:"教学方式和方法要努力贴近学生实际,符合教育教学规律和学生学习特点,提倡启发式、参与式、研究式教学。"近现代史情景剧展演,可以通过历史情景剧的各种灵活形式展示"中国近现代史纲要"课程的相关主题内容(再现近现代历史情景),在联系实际中进行创作,提升大学生对课程学习的积极性和参与性,增进师生之间及学生之间的交流合作,缩短大学生与历史的距离,激发学生的爱国情怀,提高大学生的思维分析与实践的创新能力、组织协调能力,提升其综合素质。

三、活动时间

学期第 15 周

四、活动地点

室内

五、活动具体步骤

1. 前期准备阶段。指导教师提前布置"近现代史情景剧展演",阐述活动的目的与宗旨,提出具体要求。

(1)人员构成。原则上以宿舍为小组,也可以在班级范围内进行自由组合,即学习团队可以同一小组或跨组设计节目,可以同一主题或相似主题的小组相互交流合作。

(2)展演主题。围绕中国近现代史纲要课程的相关主题内容,以再现近现代历史的情景为主,如探索国家出路、中国革命的新道路、社会主义建设新成就等,设计丰富多彩的节目,以多样的形式合作,走上舞台展示学习成果。

（3）展演时间要求。正常一个小组表演控制在 10 分钟左右,如学生兴趣高,极个别原创内容好的,教师鼓励学生在校内进行演出,时间控制在 90 分钟内。

（4）在班级内通过自荐及推荐形式产生本次活动的主持人、拍照及摄像人员、记录人员等。

2. 剧本选题阶段。指导教师明确剧本选择要突出教学重难点,在此基础上,让学生明确主题并创作剧本,剧本创作鼓励学生集思广益,进行多种形式的创新,允许学生充分发挥自己的创造力和想象力,教师对学生的创作活动进行积极指导。

3. 演出准备阶段。学生剧本编写完毕后,指导教师帮助学生根据自己的特长和个性特点,选定合适的角色,确定各自的分工,指导每一个参演学生多找与自己要表演的人物相关的资料（包括视频资料）,认真学习,揣摩人物心理与性格特征,在此基础上同学们在一起要多次练习,不断修正与打磨,找准角色定位,每位小组成员必须熟记台词,保证能够脱稿表演,还要充分运用肢体语言,加强表演的感染力,展现自我良好形象。力求能多次排练,学生在课前准备好 PPT、旁白、道具、场景布置等。

4. 情景剧展演时。教师认真组织展示活动。实践小组派出一名成员代表简要介绍故事情节,然后开始情景剧展演,注意运用音乐、图片和视频等辅助方式,增强感染力。

5. 分享交流环节。全部学生表演结束,指导教师请表演优秀的小组分享创作感受及上台表演感受,选择其他同学作为大众评审发表观看感受,然后请各班班长及学生评委团对各组表演进行点评。

6. 总结反思阶段。指导教师对各实践小组表演进行客观点评,积极引导。实践小组成员根据教师点评及其他同学的反馈情况,结合自身表演实际,对表演进行深刻反思和总结。

六、活动注意事项

1. 情景剧展演准备时间较长,本次实践活动要在开学初进行布置安排,保证近现代史情景剧展演质量。

2. 指导教师要讲清本次活动的目的与要求,重点强调是自主选择课程内中国近现代历史进程中的某个重大历史事件（要明确可选剧本的历史间距,防止学生选题偏差）,告诉学生原则上以小组为单位,自编、自导、自演一个 10 分钟左右的历史情景短剧。

3. 班长、学委要协助指导教师完成实践活动,成立班级情景剧演出剧组,督促各剧组编排节目和日常练习。

4. 指导教师要全程跟进各情景剧展演小组实践活动,对选题及剧本内容有偏差的作品及时做出调整,并督促展演小组认真排练。

5. 学生评委的选择要注意代表性,尽量防止产生不公正评分。指导教师要事先设定详细的评分标准,在评定阶段去掉学生评委中的一个最高分和一个最低分,评选最佳男女演员以及最佳编剧。

6. 教师及时做好总结,加深学生对课程理论知识的理解和把握。

7. 师生都要维护实践教学秩序,认真总结实践教学活动。

8. 教师要鼓励学生自制视频,扩大实践活动影响范围。

9. 班级汇报演出结束后,学习团队成员及时整理并上交汇报演出节目的文本等相关材料(脚本或底本)。

七、活动考核评价

1. 本项活动团队集体完成,计入平时成绩。展演观点明确,学生表演积极认真,人物性格表现好的予以充分肯定,作为实践教学活动加分提升项目并作为思政课优秀团队与先进个人的材料来源。

2. 班级演出时,教师组织学生评委和老师共同打分,对每组打出优秀、良好、合格、不及格的具体分数,团队负责人根据小组成员贡献情况进行排序并给出贡献率。

2. 展演结束后,教师最终按专业推荐一两个优秀节目报送到马克思主义学院参加全校的思政课学习汇报演出活动(拟定 16—17 周,思政课教师另行通知)。

八、活动附录资料

范例一

太平天国之天京事变

主要角色:天王洪秀全、东王杨秀清、北王韦昌辉、燕王秦日纲、陈承瑢、韦玉娟、洪仁发、洪仁达、蒙得恩和司琴、牌刀手

正文

第一幕:杨秀清"逼封万岁"

背景:1856 年 6 月,太平军攻破清军江南大营后,杨秀清已经集教权、政权和军权于一身,是太平天国实质上的首领。1856 年 8 月,在指挥太平军攻破江南大营后,杨秀清以此大功为由,假借代天父传旨,要求洪秀全把他由"九千岁"加封为"万岁"。

地点:东王府便殿前空场上

独白:(一八五六年八月二十二日,太平天国天历七月二十二日)各王府的官员已分别按品级跪满了一地,东王杨秀清在便殿上手舞足蹈,正在训斥手下人。洪秀全正在赶往东王府。他看见洪秀全的銮驾进了二门,洪秀全已经下了金銮,走上前来。

洪秀全跪在丹墀下,而且口称:"秀全来聆听天父教诲。"

(洪仁发、洪仁达、蒙得恩和司琴等人紧紧跟随,跪在天王四周。)

杨秀清问:"秀全来了吗?"

洪秀全忙答:"禀告天父,秀全来了。"

杨秀清说:"朕派你携尔弟秀清去治理天国,成绩如何呀?"

洪秀全答:"朕与秀清岂敢不尽心竭力、官衣轩食、勤恳视事,一切尚好。"

杨秀清说:"你们是不是骄傲了?"

洪秀全答:"不敢,仅有半壁河山,北伐大业未成,岂敢骄傲?"

杨秀清说:"不要半途而废,有妖挑拨离间秀全、秀清兄弟,有无此事?"

洪秀全侧目看了蒙得恩和韦昌辉一眼,高声答道:"无此事,秀全对秀清十分信赖,非他人所能离间的。"

杨秀清又说:"尔兄弟一心一德,方能胜妖,千万不能自相猜疑,朕将不会饶恕你们。杨秀清干得如何?令你放心吗?"

洪秀全答:"他是天国柱石,干得好,秀全再无不放心之处。"

杨秀清开始语出惊人了:"既然秀清干得好,你也满意,他有如此大功,为何你称万岁,他只称九千岁呢?"

(洪秀全愣了,所有的人都惊得面无人色。)

见洪秀全没有及时回答,杨秀清又问:"你怎么不回答?东王怎么不能呼万岁呢?"

洪秀全终于说:"东王打江山,功劳最大,也该称万岁。"

(他这么一答,许多人惊讶地抬起了头,场上有了骚动。蒙得恩目视洪秀全,似在请示。韦昌辉也频频目视洪秀全,随时准备动手。洪秀全谁也不看,仍毕恭毕敬地跪在那里。)

杨秀清问:"封秀清万岁,是你本心吗?"

洪秀全答:"是我本心,东王万岁,世代万岁。"

杨秀清舞蹈的步伐逐渐降低了频率,终于收步,说了声:"好自为之,我回天去了。"

独白:等杨秀清坐下,变成了人,天王才率众官站了起来。天热,加上惊吓,每个人都是汗水淋漓。

(杨秀清又在装傻,他降阶相迎,将天王拉到便殿龙椅上坐下,自己小心地坐在一边,韦昌辉也在侧面坐下。)

杨秀清问天王:"天父方才有何谕旨?"

洪秀全恨不得一刀宰了他,但脸上却十分平和:"天父说,东王功劳大,也该称万岁。"

杨秀清故意谦逊了几句:"小弟理应为天朝驱使,封不封万岁在其次。"

洪秀全说:"那怎么行?一来这是天父意旨,二来朕也正有此意,正好趁此加封。"

(杨秀清肚子里暗笑,庆幸自己这一招又将天王治得服服帖帖。)

洪秀全继续说:"封万岁是天国大事,不能草草完事。朕记得,秀清弟的生日是天历八月十七,没有错吧?"

杨秀清说:"难为天王记得这样准。"

洪秀全说:"今日是七月二十二日,距我弟生日还有二十五天,朕想在那一天大大操办一下,正式加封。又是生日,又是封万岁之日,举国同庆,你看行吗?"

杨秀清心里好不得意,他趁机说:"怕来不及,天王不是要委小弟去江西、安徽督师吗?"洪秀全回答说:"督师之议可暂搁置,改派别人去就是了。下月的加封大典,你怎么可以不在呢?"

说罢,洪秀全又对韦昌辉说:"大典的筹备由你专办,该从圣库领多少银子,该雇多少工匠,该怎样改修东王府,你都拿个准稿出来,朕要亲自过目。"

韦昌辉忙答应到:"是!"

第二幕:韦昌辉发动武装叛乱

背景:由于加封东王杨秀清"万岁",北王韦昌辉不服,请求天王诛杀东王,天王不肯。东王以西线紧急为由,调北王韦昌辉和翼王石达开赴前线督师,只剩下天王和东王留在天京。陈承瑢后来向天王告密,谓东王有弑君篡位之企图,天王密诏北王、翼王及燕王铲除东王。

地点:天王府

(七月,陈承瑢秘密前来拜见天王,向天王告密。)

陈承瑢:"臣陈承瑢参见天王。"

洪秀全:"你有何事?"

陈承瑢道:"杨秀清要杀天王你,还要夺取你的位置。"

洪秀全大惊:"此事当真?"

陈承瑢急忙说:"这事千真万确,是臣亲耳听到。"

洪秀全神情肃穆道:"朕马上草拟密诏召回北王、翼王及燕王,叫他们点本部兵马,克日起程,回天京擒王诛贼。"

陈承瑢:"臣告退。"

(洪秀全匆忙书写密诏,命人送去前线。)

独白:9月1日,北王韦昌辉率三千精兵赶回天京,当夜在城外与燕王秦日纲会合,陈承瑢开城门接应。

韦昌辉先表态:"天王英明,早该诛杀此贼了。"

陈承瑢也抢着说:"他已到了丧心病狂地步,如再不除之,他不仅是逼封万岁了,势必要篡位了,一国岂能有二主?"

燕王秦日纲想起了一件事,他说:"讨逆时,是不是只杀杨秀清一人呀? 天王可是反对大肆屠戮。"

韦昌辉说:"做大事不能太女人心肠,斩草要除根。东王府的人一个不能留。还有,杨秀清的亲信、爪牙、兄弟,凡在外面领兵的,应叫天王一律召回,名目可说是庆贺东王加封万岁庆典,届时一网打尽。"

独白:一八五六年九月二日凌晨,北王府内书房,北王韦昌辉与燕王秦日纲和陈承瑢在做最后的部署。

地点:东王府

(东王府十分安静。)

忽然院墙外呐喊声震天,杨秀清被惊醒,问:"什么声音?"

韦玉娟:"应该是在练操吧?"

杨秀清:"不对,这么早。"

(杨秀清毕竟有经验,他快步往前院奔,走到后苑的月亮门,碰上了叔父杨茂林。)

杨茂林踉踉跄跄跑来,说:"快,快调兵,贼人造反了!"

独白:杨秀清没等说话,已见二门里的女官、家眷和宫女哭喊着四散奔逃,像没头的苍蝇一般。

杨秀清喊了一声:"别慌! 人呢? 叫东门外牌刀手!"

独白:北王府的军队正在围攻东王府的卫队,由于来得突兀,东王府的卫队大多数没来得及拿起武器已经就戮,一部分在死战。无奈北府人多,后来燕王的卫队又增援进来,东王府卫队渐渐失去了反抗能力,满地是黏糊糊的血水,尸体横七竖八满院子都是。

地点:东王府大门

(便殿前韦昌辉、秦日纲、陈承瑢几个人在韦以邦、韦玉方的簇拥下从大门进来了,登上了便殿。)

韦昌辉往台上一站,四下看着,问:"杨贼杨秀清呢?"

韦昌辉在人群里走了几个来回,真的没有发现杨秀清。他说:"我不信杨贼能上天入地!就是入地也不怕,来人!掘地三尺,也要把杨贼抓到。"

接着他对跪在面前的人吼道:"你们听着,你们都是有罪的,谁能说出杨贼藏在哪里,可免一死。"

陈承瑢带人拥入尸横遍地的寝殿,他亲自用刀在各处墙上、地上试着敲打,听听声音,他说:"可能有密室,把它挖开。"

独白:牌刀手们动起手来,富丽堂皇的宫殿烟尘四起。只挖了几下,掘出一个地下室的气眼,里面黑漆漆像口枯井。

独白:几个士兵点起火把,有人走进去,陈承瑢也跟着走进去。

独白:地道里陈承瑢举着火把向地道深处走着。他在最里面的角落发现一团黑影子,移过火把一照,正是杨秀清蜷缩在那里。

陈承瑢走过去,问:"你也有今天?"

杨秀清站起来,说:"看在我没有为难你的分上,你饶过我,日后有你的好处。"

陈承瑢冷笑说:"你还没有为难我?不过杨秀清,你说我和秦日纲帮妖,却又没有马上杀我们,这可是你的失误,你怪不得别人。"

杨秀清说:"我平生做的最大的错事就是没有杀你们。"

陈承瑢说:"你说错了,你一生中最致命的错误是你死到临头还不知道怎么回事!"

杨秀清知道难免一死了,就说:"别啰嗦了,该死该活凭你们了。"

陈承瑢对牌刀手说:"把他拉上去。"

独白:东王府便殿前广场上,当杨秀清蓬首垢面地出现在广场上时,那些跪着的昔日的臣子们当中起了一阵骚动。

有人喊:"杨贼跪下。"

杨秀清仇视地看着韦昌辉、秦日纲说:"我不能跪,除非天王来。"

秦日纲问:"你想见天王吗?"

韦昌辉也说:"你是不是还幻想着天王能赦免你的罪过呀?"

杨秀清:"我要见天王,我不能死在你们这两个乱臣贼子手中,如果天王让我死,我二话不说,你们假传圣旨不行。"

韦昌辉冷笑了几声,从怀里拿出天王密诏,举到杨秀清眼前,说:"你睁开眼睛看看,这是什么?这是天王命我和翼王、燕王讨逆诛杨的密诏。"

"这不可能!"心里已经绝望了的杨秀清大叫着给自己壮胆,也在臣子们面前为自己开脱,"你们挟天子以令诸侯,你们蒙蔽天王,你们这是谋逆、造反。"

韦昌辉说:"你还在做梦!你这么多年来假借天父下凡,欺凌百官,专权跋扈,连天王你都杖打,甚至要篡位,要封你万岁!你万岁没封上,你的死期到了。"

秦日纲说:"你恶贯满盈,是自取灭亡,让我实话告诉你吧,我们谁也没有能力制伏你,天王早有此意,不是天王懦弱、怕你,而是欲擒故纵,让你坏事做到头了,才下诏讨伐你呢。"

　　杨秀清仰起头来大叫一声:"罢了!"然后说,"动手吧,还等什么? 我后悔我没有先把你们都杀了!"

　　韦昌辉说:"你是该后悔,不过你得下辈子再报复了!"

　　说完,他一挥手,说:"把杨贼就地正法,然后把首级悬在门外旗杆上,示众三天。"

　　秦日纲不等牌刀手上来,他亲自提刀过来,抓住杨秀清的头发,说:"你记住,这就是你打我一百大板的代价,你该用脑袋来偿还。"

　　(说着手起刀落,杨秀清的血溅了秦日纲一身。)

　　陈承瑢问韦昌辉:"这些人怎么办?"

　　韦昌辉说:"还用问吗? 全部杀掉。"

　　陈承瑢还有些顾虑,说:"天王再三说只处死首恶……"

　　韦昌辉冷笑一声,大声下令:"动手,凡东府乱党,一个不留,斩草除根!"

　　此言一出,牌刀手们蜂拥而上,向人群砍杀,霎时哭号、惨叫之声令人发指。

　　事后,众多东王部属在弃械后被杀,平民也不能幸免,随后血洗南京城,2万余人被屠杀。

　　独白:翼王石达开十余日后到天京,进城会晤北王韦昌辉,责备滥杀之事,不欢而散,连夜匆忙逃出城外。北王未能捉拿翼王,尽杀其家属及王府部属。翼王从安庆起兵讨伐北王,求天王杀北王以谢天下。此时在天京以外的太平军大多支持翼王,北王在势急下攻打天王府,但最终败于效忠天王的将士及东王余众,北王韦昌辉被杀,燕王秦日纲及陈承瑢不久亦被处死,天京事变告一段落。

(作者:周希、李洋等;指导教师:王敏)

范例二

炮兵之父——朱瑞

第一幕　年少罢课

场景一　礼堂

人物:朱瑞、马汝良、执教老师、同学甲、同学乙等一众学生

旁白:美国教会学校的礼堂里,气压似乎低极了,黑压压地挤满了人,人群中间围着一个低年级的学生。他一个人低着头。一阵阵教鞭敲打的声音清晰地传到每个人的耳朵里,伴随着学生低低的抽泣声。

执教老师:(用力,用教鞭打在学生的身上)你们这些学生! 冥顽不灵!(说着又重重抽打在学生的身上)神是会看到你们的不恭的,是会惩罚你们的。

学生(低头抽泣,每次教鞭打下去的时候,身子一抖)

执教老师:(凶狠)站好了! 不许躲!(学生们开始窃窃私语)

同学甲:(拉拉旁边学生的袖子)这是怎么了? 教我们集合,就为了看他们打人? 杀鸡给猴儿看呢这是?

执教老师:(眼一横)嘀咕什么? 别以为我没听见! 一个个扯着明白装糊涂,谁允许你们不来参加祷告的? 还私下逃课! 一个个不把教会放眼里? 不得了了都?

朱:(毫不在意)教会放眼里,那科学放哪里?

马汝良:(拉了拉朱瑞)你小声点行嘛?

执教老师:(把教鞭掂了掂)你们谁说的? 站起来!

朱瑞刚要站出来,马就拉住了他,但是朱瑞并没有退后,拉开马,大步上前。

朱:(大声说话)我说的!

执教老师:(气急败坏)你们怕是反了!

马汝良叹了口气无奈之下陪他走出人群。

朱:(站出来,十分激动)难道我说错了吗? 你们只会以教会的名义来禁锢我们的思想! 五四运动都过去了,爱国主义思想又不是让我们变成上帝的教徒!

执教老师:(举起教鞭,狠狠摔下来)你这是在宣传什么反动思想? 我们教会学校教你的都忘哪儿去了? 听了几句什么新思想就以为自己能耐了?

马:(挡到朱瑞面前)老师,再怎么说你这样动手总是不对的,你就这样教给我们学生看吗?

执教老师:(激动)要你来教育我? 基督! 将是中国唯一的王和崇拜对象! 惩罚不是应该的吗? 每周基本的传教、集会还不愿意来! 教训几句就开始反抗! 还在教堂这样神圣的地方大放厥词! 没人能管得住你们了是吗!

朱:(据理力争)您是在和我们开玩笑? 五四运动的核心思想是爱国、进步、民主、科学! 您说的却是什么王什么崇拜对象,请问这和正确思想挂得上一点干系?

马:没错! 难道我们天天在教堂祈祷,请求神的庇佑,我们就能够争主权? 我们就能够惩国贼? 我们就能取消二十一条?

执教老师:(拍桌子)闭嘴!

同学乙:(激动)为什么不给我们说! 哪里说错了吗? 教会思想有些地方就该改正!

执教老师:你们都不想干了?! 我们教会教了你们多少道理知识? 以为自己学了什么新思想新道理就都忘了根本了?

朱:不! 老师! 是您忘了根本了! 我们的根本就是爱国!

众多学生附和:(举起手,挥舞):说的对! 说的对! 我们抗议!

马:(带领大家)我们抗议! 教会不有所改变,我们就拒绝上课!

众人:对! 罢课! 罢课!

执教老师:来人! 把这些学生都给我带回去! 让他们在宿舍思过! 快点!

朱:新思想是打不倒的! 关了我们没有任何意义!

来人把朱瑞和马汝良等带头学生推搡走,从左边下台,再从右边上台(熄灯,再亮灯)

场景二 昏暗的小教室

人物:朱瑞、马汝良、执教老师、同学

执教老师(边说边从右边再下台):你们都老实待在这里反思! 给我想明白了!

马汝良与朱瑞蹲在一边,大家都很安静,一句话都没有。

马:(凑近朱,低声说)哎! 你就这么急匆匆地冲出来,现在我们咋办?

朱:能怎么办? 不冲出来就看着那小孩儿挨打? 反正我们本来就看不惯老师的做法,反宗教、反迷信本来是迟早的事,怎么可能随他们摆弄我们的思想?

马:哎哟,我又没跟你讨论对不对! 我就是问你现在打算怎么办,这次课是肯定罢定了,然后呢？下一步干嘛？

周围的几个人凑过来：朱瑞，平时你就最有主意了，你说咋就咋！我们都信你！

朱：（到桌子那儿拿出纸笔，开始写标语）总之我们得带着信念坚持下去！不能有一点儿示弱！我们不能再接受这些腐败不堪的思想了！

马：（接过纸笔）行！反正无论如何先把新气象搞出来，不能再让别的同学受到宗教迷信的迫害！（大家开始在台上写标语，讨论。）

（台上不出声，台下放音乐。）

旁白：对于已经接受了五四运动新思想的朱瑞来说，进入教会学校读书已非所愿，他与马汝良等进步青年热烈迎接新文化、新思潮，这和灌输奴化思想的培心中学校训格格不入，学校对这些新思潮活动坚决压制，没收进步书籍，禁止外出，同时不能容忍这样离经叛道的学生，将朱瑞、马汝良等60名带头闹学潮的学生开除学籍……

（台上暗场，旁白不断，开始换场景道具。）

旁白：在大哥朱佩的支持下，他到了古都南京私立钟英中学就读，优良的学习环境让朱瑞得到极好的发挥，他在课余依旧关心时政忧心国家，在校办杂志上他说："所谓民国，徒具招牌，内容尽失，要建立名副其实的民国还要革命！"中学毕业，他如愿以偿地考入进步青年所向往的广东大学。

第二幕　报名留苏

人物：朱瑞、主考官谭延闿和陈公博

旁白：去苏联学习，这是朱瑞梦寐以求的愿望。听说莫斯科中山大学要在广州公开招生，朱瑞喜出望外，立即报名。

场景一　教室

人物：朱瑞、徐彬如

徐彬如开场就在台上，朱瑞从左上

朱（激动地跑上场）：彬如，你看到学校布告栏了吗？

徐：我一直在教室，还没来得及去看，怎么了？

朱（摇晃徐的肩膀）：莫斯科中山大学要在广州公开招生了！

徐（无奈点头）：这确实是个好消息，我知道你一直想去苏联学习，但你能不能冷静冷静，我头都要被摇断了。

朱（放开徐，摸摸自己的后脑勺）：嘿嘿，我这不是太激动了吗，去苏联学习，是我做梦都想要去做的事。我一定要报名！彬如，你跟我一起吧！

徐（沉默两秒）：老朱，我知道、我理解你的激动。我也很想去苏联学习、报效国家。但……路途是不是有些太远？去了苏联，那势必不能经常回家看看，我实在有些忧心。

朱（正色）：彬如，你说你想要报效祖国，可如今的广东大学却死气沉沉，学校组织松懈，既无新事物，亦无新思想，这些你是知道的，我们看了那么多进步书籍，加入新学社，不就是希望有朝一日能够用自己的绵薄之力为祖国建设做贡献吗？现在有这样一个大好的机会摆在面前，我们怎能不及时抓住？到了苏联，也可以时常与家中通信，问问家中近况。为小家而舍大家，这不是你会做出来的事。

徐（握住朱瑞的手）：我跟你一起去报名！

场景二　口试现场

旁白：当时国民党中央党部规定，去莫斯科中山大学学习的必须是国民党党员。朱瑞到广州后，因未接上组织关系，当时已不是国民党党员。幸好中共粤区学委向国民党中央组织部作了推荐，要求以左派青年的名义，批准他去莫斯科学习。这一要求得到了国民党中央组织部长认可，因而顺利通过了政审关。而后朱瑞在笔试中成绩优异，成功取得了参加口试的资格，当时他的主考官是广州国民政府常务委员谭延闿和陈公博。

灯光起，主考官坐定

谭：陈校长，下一位考生，朱瑞，可是中共粤区学委向国民党中央组织部推荐的，是你们学校的学生。

陈：哈哈，我倒是略有耳闻，听说他一直热心学生运动，力求思想解放，我对他确实感兴趣，也想看看他能说出些什么话来。

谭（笑了笑，放大音量）：下一位！

朱瑞从左侧上场，站到两位主考官面前，心里一阵紧张，但很快镇静下来。

陈：朱瑞，你觉得共产主义与三民主义有何区别？

朱（从容）：就目前阶段来说，共产主义和三民主义的目标是一致的，都是要解决社会问题。但两者手段不同，共产主义是以革命手段解决社会问题，三民主义是以改良手段解决社会问题。

陈：那么在你看来，国共两党能不能合作到底？

朱（意识到不对，皱起眉头，略加思索）：只要两党领导者精诚合作，领导得好，能够合作到底。

谭延闿陈公博对视一眼，连连点头，看上去十分满意。

旁白：就这样，朱瑞闯过三关，实现了长期以来留苏学习的理想。

第三幕　莫斯科中山大学

场景一　教室

人物：朱瑞、任课教师丽雅、同学甲、同学乙、同学丙

旁白：经过两个多月的旅途颠簸，朱瑞一行人终于抵达莫斯科，朱瑞给自己取名西尼，以极大的热情投身于学习之中，朱瑞原来英语基础较好，故而在俄语学习上不比别人吃力，但却比别人更加刻苦用功。他上课用心听讲，把每一课的生词和语法都记在一个小本子上，得空就看、就背，为了提高会话能力，他不怕别人笑话，经常用他那"半通不通"的俄语去同教员对话。他这种刻苦好学、大胆主动的精神，深深地感动了任课教师。

丽：从开学到现在就要两个月了，为了检查一下我们的教学情况，同时也要看看同学们的俄语水平，请你们大家根据每个人自己的情况，做一次中译俄的翻译，翻译内容随意，一篇文章、一个报告，还是一段小说，都可以。当然，有的同学如果实在觉得不好翻译，那就自己看书，不过我希望同学们不妨都试试。

（朱瑞上交自己的作业）

下课铃响

朱瑞仍在默记课文

丽（关切）：西尼弟弟，你要注意休息，当心把身体累坏了。

朱(右手握拳,锤了锤胸口,笑哈哈地):你瞧,铁打的,垮不了。

丽(被逗笑):好,你不必拘束,学习上遇到问题随时可以来找老师,不要怕打扰老师,我们都很愿意帮助你的。

二人身后

同学甲(小声):丽雅老师怎么这么喜欢朱瑞?

同学乙:其他老师也都挺喜欢他的啊,课上总夸他学习认真。

同学丙:这不一样,有天深夜我还看见朱瑞从教员宿舍出来呢,我问他去干嘛,他说是登门请教问题。

甲(刻薄):他有什么问题请教,深更半夜的,谁知道他跟老师是什么关系。

丙(连连点头):就是就是。

乙(看着丙):那你深夜去教员宿舍干什么?

丙(愣了一下):······我······

丽(走进):都下课了还在闲聊什么?

同学甲、乙、丙推推搡搡地下场

丽(担忧):西尼弟弟,你不要在乎他们私底下说什么,有什么问题还是可以来问我,学习更重要。

朱(嗤笑一声):谢谢您,不过我不在乎,我认为这些人实在愚不可及,叫人可怜。

灯光暗

场景二　教员办公室

人物:两位女教师

灯光起

两位老师正在翻看同学们上交的翻译作业

丽雅(起身走向另一位老师):你看这篇,奇迹! 真是奇迹!

另一位教师(翻看完激动站起身):了不起! 真是了不起! 两个月的学习时间能将《三民主义与中国革命》译到这种地步真是了不起,这是哪位同学的作业?

丽:你猜猜看。

另一位教师:我不用猜也知道是朱瑞,只有他有这种水平!

丽:没错,我想将这篇译文推荐给领导审阅,并且建议他直接升入俄语第一班,让他有更开阔的空间和更多的机会去施展自己的才华。

另一位教师:我完全同意。

旁白:有关领导看了朱瑞的译文后,立即批准了任课教师的要求,就这样,朱瑞进入俄文第一班。

场景三　教室

人物:朱瑞、国民党员学生甲、国民党员学生乙、国民党员学生丙

旁白:朱瑞并没有因为升入俄文第一班而骄傲自满,他还像从前一样用功努力。当时第一班有几个俄语学得比较好的国民党员学生对朱瑞的提前升班很不服气。

灯光起

朱瑞一开始就在台上　埋头读书　后方坐着同学 A

两个国民党员学生从左侧上台

甲:喂!(敲敲朱瑞的桌子)

朱瑞没有理会

乙(轻推了朱瑞一下):你怎么不理人。

朱瑞(抬头,温和道):不好意思,我确实没有听到,你们有什么事吗?

甲:听说你是提前升班来的?

朱瑞(点点头):是的,怎么了?

甲(轻蔑):敢不敢和我们比试比试?

朱瑞:比试什么?

乙:下面有好几场考试,你敢不敢跟我们比比,谁的成绩更加突出?

朱瑞笑了笑,并不作声。

甲:不说话我就当你不敢跟我们比了,到时候你就等着输给我们吧!

两位国民党员学生从右侧下台

同学A:西尼,他们这是在挑衅你啊,你就这么忍了?

朱:我只是不想说空话,也不想与他们争辩,我只想努力学习、提升自己而已。

灯光暗 撤道具

旁白:朱瑞对于这样的挑衅,并未逞口舌之快,也没有因此心绪不宁。他一直埋头苦读,在后来的考试中名列前茅。朱瑞在第一班学习两个多月后,又渐渐感到不满足,转入了中山大学俄语水平最高的第七班。在这期间,朱瑞一直努力学习、热心集体活动。1927年,朱瑞从中山大学毕业。

第四幕 克拉辛炮兵学校

场景一 实训基地

人物:朱瑞、同学

旁白:克拉辛炮兵军官学校位于莫斯科的列佛多沃区,是一所有名的军官学校,在沙俄时代就是培养炮兵军官的摇篮。学校环境优美,设备齐全,训练严格。

炮校的良好条件,进一步激发了朱瑞学习的热情。

朱瑞正在台上练习扔手榴弹

同学甲从左侧跑上台

甲(拍拍朱瑞):老朱!你怎么还在练,走啊,吃饭去!

朱(摇摇头):你先去吃吧,我再练会。

甲:不是吧。上次考核你都第二了,还这么认真,饭都不吃啦。

朱(叹了口气):唉,上次的考核我犯了几个不该犯的错误,我认为还是练习不够,前段时间太懈怠了。

甲:好吧好吧,我就先去吃饭了啊,你加油。

同学甲、朱瑞下台

场景二 食堂

人物:同学甲、同学乙

乙边吃饭边聊天

乙:老朱不来?

甲(摇摇头):不来,在实训基地练手榴弹呢。

乙:他真的好刻苦,理论课和实践课都认真对待,难怪每次考试都名列前茅。

甲:我上次问他,想不想在莫斯科谈一场恋爱,我们班里不是就有人谈恋爱吗,他性格、成绩都那么好,俄语又那么流利,肯定有很多女同志爱慕他。你猜他说什么?

乙:什么?

甲:他说:"我来苏联是要努力学习知识,而后回国为革命事业做贡献的,身已许国,不可在此耽误人家的大好年华。"

乙:这确实是他会说的话,你看看人家的思想觉悟。

甲:吃饭吃饭。

灯光暗 撤道具

人物下台

场景三 礼堂

人物:朱瑞、周恩来、陈家齐

旁白:中国白色恐怖后六大召开,周恩来受邀到莫斯科宣讲六大精神。

刚开场学生端坐,听周恩来宣传六大精神

会议散场

周恩来:(笑眯眯)希望大家能从我说的这一堆里,准确树立自己的目标,努力为国奋斗啊!

各人鱼贯而出

陈:(若有所思,对朱说)这次宣讲从下午七点半到凌晨两点多了吧? 虽然讲了这么久但我还没听够呢! 周先生实在是讲得太好了!

朱:(期待)听说周先生这次会和我们一个个谈话,什么时候到我啊,我是真的有些期待啊!

陈:(好奇)要是周先生问你问题,你是如实按想法说话,还是说漂亮话啊?

朱:想什么呢你? 肯定是如实说话啊,漂亮的套话千篇一律,周先生一听就听出来了!

陈:(无奈)好吧,那你先说几句我听听,我怕我一紧张啥都想不出来,那可是和周先生说话啊! 不行……我有点怂了!

朱:(笑)哈哈哈,那我给你说两句? ……

朱瑞刚要说话,台下有人喊他:朱瑞! 到你了。

朱:(心里一喜,急切准备下台,被陈拉住)我回来跟你说! 回来说! 我先去了啊!

陈:(慌张)哎! 你别啊,那你回来一定和我说一下要注意啥!

朱瑞左边下台,随后陈右边下台。

场景四 办公室

人物:朱瑞、周恩来

周恩来一开始就在台上,朱瑞由左边上台。

周:(和蔼)过来,坐下吧! 你就是朱瑞?

朱:是的,周常委。

周:(被朱瑞一本正经的样子逗乐了)哈哈,不用那么严肃,我们就随便聊聊自己的想法就好啦!没什么,你不用太紧张的!

朱:我也不想紧张(不好意思挠挠头)哎呀!

周:那行,你和我说说你觉得咱们现在党的中心任务是什么吧!

朱:(沉思)嗯……我们主要得总结大革命失败以来的经验教训,分析中国社会性质和革命性质,制定党在新时期的路线、方针和政策,统一全党思想,发展革命力量。

周:(赞同,欣赏)不错啊,小伙子!总听见人家夸你,很有想法啊!

朱:(不好意思)这都是周先生您刚才说的,我就套用了下您的话。实质上这次大会主要是为了系统地总结第一次国内革命的经验教训,批判右倾投降主义和"左"倾盲动主义的错误,明确新时期革命的性质和任务。

周:你可比我有想法多了!

朱:没有没有,我就是刚才和几个同学聊了聊,总结了下大家的想法。

周:不用谦虚!夸你就是在夸你,你现在在炮兵学院学习,可要努力啊,我们在国内盼着你们这批学生回去壮大知识储备力量呢!

朱:国内炮兵资源太少了,炮兵是步兵的冲锋枪,只有炮兵掩护打得好,步兵突击才更安全。

周:是这个道理……

台上做动作没有声音,旁白起

旁白:和周恩来同志聊的那些内容在朱瑞后来的学习历程中一直印在他心里。国内对炮兵的需求,让他更加坚定了建设中国自己的炮兵部队的决心!

灯光暗　撤道具

场景五　教室

人物:朱瑞、同学甲、东大众学生

旁白:不久后,炮校的中国学生发生了新的纠纷,使大家的学习情绪受到了严重的干扰。

灯光亮起

甲(拍拍朱):老朱,你知道吗,隔壁班那个很热心革命的男同学竟然加入托派组织了!

朱(吃惊):为什么?

甲:还不是因为那群东大的学生!

朱:这我倒是知道一些,苏联国内的托洛茨基分子正把中国革命失败的原因完全归咎于斯大林和共产国际,挑拨中国共产党和共产国际之间的关系,还在留学生中到处拉人,所以东大中国军事班的学生才常闹不团结。

甲:何止啊,他们学习成绩也不好,违反纪律的情况也时常发生,加上宗派主义野心勃勃一心夺取领导权,共产国际这才决定解散中国军事班,将那些学生分散到各个军事学校,这不,有些人就来了我们炮校。

朱(叹了口气):这些人来了炮校之后也不安分呐。既不愿好好学习又……

嘭!

门被推开,一群东大学生推门而入

学生A:你就是朱瑞?

朱瑞并未说话

学生B：他不是朱瑞，他是俄国人的走狗，还是条大狗！旁边那个就是他的小狗吧哈哈哈哈哈

东大一众学生哄笑

朱：你们！

学生A：我们可听不懂狗说话。

东大学生下台

甲（愤怒）：他们！他们也太过分了！

朱：这不是第一次了，我之前就听说他们在校外制造流言蜚语，挑拨中国学生同共产国际的关系，明目张胆地攻击以斯大林为首的联共中央，打击进步学生，甚至还纠集队伍到共产国际驻地游行示威。我是反托派最积极的一个，他们打击我当然是最厉害的。

甲：老朱！你就不生气吗！

朱：我当然生气，但生气不能解决问题。我们要做的，是与他们坚决斗争到底！

甲：对！！我一定要同他们斗争到底！

旁白：以朱瑞为代表的中国进步学生同他们进行了坚决斗争。他透过各种渠道查清了他们的政治背景，将他们的情况同炮校当局反映，并利用其内部矛盾，进行说服争取工作。反对托洛茨基分子的斗争，是朱瑞入党后所经受的第一次党内斗争考验，这对他思想的成熟发展有着重要作用。

场景六　连长办公室

人物：朱瑞、连长

旁白：朱瑞虽然在苏联清党中花了很多精力来领导炮校中国支部的反托派斗争，但他对学习始终没有放松。随着国内南昌起义、秋收起义和广州起义的消息相继传到苏联后，朱瑞深深感到自己所肩负的责任重大，时刻把学习同国内的火热斗争联系在一起，更加发奋努力。中国炮兵连的连长对他十分赞赏。

敲门声响

连长一开场就在台上，朱瑞从左上

连长：进。

朱瑞上场

朱：连长，您找我有事？

连长：是这样的，我找你来，主要是想了解一下你的学习情况，我看过你平时的作业，字迹工整、图像准确，计算也较为精密。

朱（爽朗一笑）：这都是最基本的，不算什么。

连长（点点头）：我知道你学习用功，在这同时更要开放眼界，不能拘泥于书本知识。我们课时有限，只能讲基本的常识，有许多知识要靠自己利用课余时间去钻研，明白吗？

朱：我明白，我已经在图书馆借阅了《红色炮兵和装甲兵》《炮兵文集》等杂志，同时正在了解巴尔斯科夫《俄国炮兵对世界大战的准备》等专著。

连长：好！好！

连长起身拍拍朱瑞的肩膀，连连点头。

旁白:朱瑞在学校的表现,受到了苏联教官和苏联同学的一致称赞。1928年朱瑞光荣加入了苏联共产党。1929年6月,他在毕业考试和实弹射击中都获得了第一名,受到了炮校领导的嘉奖。炮兵学校毕业后,朱瑞急欲回国效力,正值中东路战事扩大,中共中央决定从苏联抽调一批熟悉军事的人才到东北去筹建军委及组织游击战争,开辟东北根据地,朱瑞第一个被指定回国。

第五幕 以身许党

第一场

旁白:1930年1月上海,阴冷的天空下弥漫着血腥,国民党反动派叫嚣着"宁可错杀一百,不可放过一个"的口号,到处捕杀共产党员和革命群众,按照回国前的约定,朱瑞和陈家齐与腾功臣三人抵达上海后,在东亚酒楼住下了,等待党组织派人前来接头,这一等又是几个月……

陈:(来回踱步)都一晃过去这么多天了,怎么还没人来啊? 搞得我们都像孤儿似的,急死人了。

腾:(不紧不慢,喝了口茶)急什么呢? 我们应该好好打算打算,接下来我们可以干点什么,像你这样干等着肯定急啊。

陈:(拍手,坐下)你倒是说的好,咱们能干嘛?

腾:你问我? 我怎么知道你想干嘛,这么久没回家,你不想家啊? 乘着还没有忙起来,不如回家一趟去看看瞧瞧,反正我是想家了。

陈:(犹豫)想是想啊,那要是我们不在,突然来人接我们怎么办?

腾:那不简单! 我们临出发前发个报联系下柏林党中央,看看能不能转接下!

陈:(脑袋一拍)对啊! 我怎么没想到,走走走,我们去找朱瑞说说去!

腾:(把陈拉回来)你可得了,这就是朱瑞想出来的主意! 他自己去拍电报了咱们等着消息就可以了!

腾和陈等待着,朱从台下大步走上来

陈:(迎上前去,抓住朱瑞的衣服)怎么样,联系到没有? 怎么说的? 我们可还能回家?

腾:(拉过朱瑞让他坐下)急什么你? 先让他进屋坐下!

陈:(一起坐下,手还拉着朱瑞的胳膊)好好,坐下坐下,说说到底怎么样!

朱:(看着陈的表情笑了出来)急什么? 好消息一个坏消息一个,先听哪个。

陈:(急切)哎哟! 还和我卖起关子来了! 急死我吧你!

腾:(笑)哈哈哈,你可别逗他了啊! 看他给急得!

朱:(继续逗他)让他选啊! 好的还是坏的?

陈:(放弃)好吧好吧好吧,你们一个个都气我! 我选好的! 我才不想听坏消息,先让我开心会儿后再说别的!

腾:(拍了拍陈)你先靠边去,等会儿乐,朱瑞,坏消息是什么?

朱:(叹气)唉……柏林党中央没有联系上中共中央,我们可能有的等啊!

陈:(激动)不是! 真假的? 你不是开玩笑吧? 这怎么行? 我们难不成还真成了孤儿了?? 别吓我行吗?

朱:谁没事干了,用这消息唬你!

陈：那……那我们怎么办？

朱：（严肃）我们只能等了！先不说了，大家收拾下！赶快准备回去一趟，记得低调行事！不可暴露！一切等回来再说吧！

腾：也是，我们先回去，后来的事再从长计议，都快去快回吧，别耽误事儿。

朱：（起身，下台）那我先去收拾东西，你们也快点准备准备。

腾：（拍了拍陈）别愣着了！快去吧，别担心太多！我们要相信中央政府！

陈：（点头）我知道！

第二场

旁白：回到阔别已久的家乡，朱瑞十分激动，决定在路过徐州的时候去看看许久不见的马汝良，毕竟那是他坚定革命信心的同伴！

餐馆

马：（神色慌张）你怎么想起来找我了？

朱：（激动地拉着马）太久不见了！我见到你差点认不出来！我刚从苏联回来！那里真是个好地方啊！今天我们哥俩喝几杯！好好聊聊！给我看看你有啥进步没！哈哈哈！

马：（惊讶）你从苏联回来的？那不是十月革命家乡？你……不不不，我今天还有些事儿，以后再跟你聊吧，我也待不了多久！

朱：哎！别啊，我们哥俩多难得聚聚！我还记得那时候我们一起在教会学校带头闹事儿呢！哈哈哈，说起来那应该也算个小革命吧！

马：（搓了搓衣角）对对对，哈哈哈……

朱：我跟你说啊，（小声）我已经入了苏联共产党了！你怎么样了？

马：我……我还没入党呢，没呢。

朱：（好奇）怎么会？你以前可比我积极多了！是有什么困难？你说说，看看我能不能帮你，要是你也入党就好了，咱们就能像以前一样一起携手战斗了！

马：（干笑，勉强）我太忙了，对这些不太感兴趣，咱们随便吃点，快点回去吧！哈哈……

朱：怎么了这是？出了什么事了吗？

马：（含糊其词）没有没有，没什么事，一些小事而已，你说你说。

朱：那行吧，先吃吧……

马：（松了口气）好的好的。

旁白：这顿饭吃得朱瑞心里很不是滋味儿，他知道马汝良要么就是叛变了，要么就是开始思想消极了，他匆匆忙忙吃完这顿饭就赶回了上海，对于这次见面他十分后悔，这说明他不能回家了，他得掩盖好自己的行踪防止组织暴露。回到上海，他们和中共中央失联了整整六个月，钱都花得差不多了，只能从东亚酒楼搬走，找个便宜的酒楼，他们天天在路上逛着，直到有一天遇到了邓颖超，这才让他们回到了党中央的怀抱。

第六幕 长征路上

第五次反围剿以来，由于"左"倾冒险主义军事指挥上的错误，红军在战斗中接连失利，伤亡惨重。许多指战员思想困惑，对革命的前途、出路充满忧虑。已有一小部分人感到悲观失望，即使是在下级干部中，逃亡现象也时有发生。而朱瑞的讲话，实际上是长征前的一次思想动员。

一九三四年十月十六日,中央红军开始了举世闻名的长征。

场景:动员大会上

十月十八日,许多指战员不舍地望向苏区,心情沉重,这里有他们的家人队友,一个个思想沉郁。

在军团直属队的动员大会上,朱瑞拳头紧握,举过头顶,满怀深情地说:"同志们! 由于敌人大军压境,形势严重,为了保存革命的有生力量,以便战胜敌人,我们今天不得不暂时离开为之浴血奋战的苏区这块土地。但是! 总有一天,我们依旧会回到这块土地上,革命的红旗会一直飘扬在苏区的上空!"

一士兵:说得轻巧,江西苏区是我们辛辛苦苦打拼来的,就这么扔掉了? 我不走,要走你们走? 大不了再上山打游击,到时候欢迎你们再回苏区来。

台下一个战士猛地站起来,高呼:"坚持朱将军的指导! 冲!"

台下的战士们此时一个个都变得热血沸腾起来,齐声高呼:"冲! 冲! 冲!"

(朱瑞看到台下有一个瘦瘦小小,手腕上系着红绳的女同志,也举起拳头,在人群中高呼。)

场景:湘江前

在突破第四道封锁线湘江时,红军战士用自己的血肉之躯筑成坚固甬道,中央纵队终于安全通过。

(战士们一路颠沛来到湘江前,朱瑞望着湘江水无奈地摇了摇头,这时,突然一个战士跳进江里,接着一个又一个战士跳进江里排成一排。)朱瑞:"你们这是做什么?"

一战士:"这条江没有桥,那就让我们筑成甬道让大家通过吧。"

(朱瑞当然舍不得让这些战士们做甬道,但看着后面还有好几万的战士们等着渡江,又不得不这样。)

(朱瑞无奈地看着在江里已经准备好的战士们,转身)说:"大家有序渡过江吧。"

一开始在江里做甬道的战士们还可以扛得住,渐渐地,有的战士倒在了江里再也没有站起来,(一个接着一个战士跳进水里):"同志们,我们继续补上,一定要让大家都过江。"

红军战士们:"一二一——一二一——"

当剩下的战士都渡过湘江时,有的战士却永远地留在了湘江里。

朱瑞带着安全渡过湘江的战士们:"摘下帽子,敬礼。"朱瑞的眼中有了泪花,但他很快调整好状态继续上路:"同志们,我们不能让我们的同志白白牺牲,我们一定要坚持到最后,胜利一定属于我们。"

场景:路上

夜里,朱瑞转身看着自己带来的队伍,人数越来越少,心里涌起阵阵伤感,他哀声问道:"我们这里还有多少红军战士?"

(指战员有些支支吾吾,他不确定是否该告诉朱瑞真实数字):"只…只剩三万多了。"

"出发时候有八万多战士,现在……哎。"朱瑞不忍面对这个残酷的事实。

(朱瑞的思想受到极大的震动,朱瑞转过身来,双手背在身后,望着远处一望无际的原野,想起从前,心里不惊有些落寞,自己一边走着,一边自言自语):"想当年也跟随毛主席东征打潭州,在朱总司令周副主席领导下攻打安乐、黄陵,战士们英勇奋战,激情澎湃,如今……哎!"朱瑞看着远处的红霞。

红霞中,朱瑞看到人群中一个手腕上系着红绳的女同志身边堆着一堆衣服,慢慢缝缝补补着。现在的她脸也变黑了,也更瘦了。

朱瑞对着指战员:"把我的那份饭拿给那个女同志吧。"

指战员看着本来就不多的粮食:"首长,你昨儿个也没吃,今天可真不能再不吃了,这么多战士都信服您啊,你可真不能把自己身体搞垮啊。"

朱瑞蹙着眉:"按照我指示的去做就行。"

指战员看着感觉朱瑞貌似有些生气:"那……那好吧,但是首长,我那份给你,你就别推辞了!"

场景:草地上

不久后,部队渡过湘江后,眼看着离苏区越来越远。

几个战士坐在草地上休息,闲谈中,一个战士问起:"我们到底要到哪里才能落脚啊,也不知道家里的老母亲过得怎么样了,苏区还好吗?"

"我也是,也不知道要逃到什么时候?"

"不知道啊,能活着就不错了,跟我一起来的多少战友都牺牲了,下一个是我了么?"

"我们还能不能回根据地啊?"

"这些贼人这么厉害,一路围着我们打打杀杀,我们还能活吗?"

这样的谈话传到朱瑞耳朵里,他意识到是时候该开展思想工作了。

朱瑞走到指战员身边,小声道:"把大家都喊来开个小会吧。"

众人坐在草地上,抬头看着朱瑞,朱瑞心里明白,现在众战士心理很脆弱,在这个节骨眼上,必须要激励他们的斗志,为国也为家,他坚定地说:"现在我们已经冲出了敌人的堡垒区域和包围圈。我们可以到外线作战了!哪里有利于我们作战,我们就到哪里作战。我们要相信党!我们要相信红军!我们一定能够重新建立起新的根据地。我们要相信通过努力,我们一定能过上幸福的生活!"

红军战士们的信心升起,凝聚起一股力量:"好!为祖国!为人民!"

朱瑞还特别注意扩充红军工作。

红军进入湘黔边界的苗族地区。

一群苗族群众躲在深山里商量:"我看到又来了一群队伍,好像是红军,国民党那群人说要离他们远一点。"

朱瑞看到苗族群众都躲着自己队伍,便对军团政治部主任说:"立刻吩咐下去,不许战士随意拿苗族同胞的东西,别让他们对我们红军产生误会了,还有,把那几袋大米拿下去给苗族同胞们分了,再去把那些土豪那里拿来的钱财都拿去接济生活贫困的苗族人民吧。"

军团政治部主任:"马上去办。"

红军战士们站在苗族同胞身边,一边给他们分发大米,分发钱财:"乡亲们,这些都是我们打土豪得到的,军民一家人,乡亲都不要客气啊。"

(军团宣传队在墙上张贴"红军是穷人的队伍""红军和苗族是一家人""援助少数民族"等标语。)

虽然苗族同胞半信半疑,但他们都能感受到红军和国民党军队的不同,他们渐渐感受到了红军的热情淳朴。

苗族同胞:"他们好像并没有国民党说的那么可怕。"

"是啊,感觉他们是好人,还给我们发吃的。"

"对我们这么好肯定是好人。"

"说不定他们是我们的救星呢。"

渐渐,苗族群众开始信任红军。

这么多天,红军对他们的帮助,苗族群众看在眼里都很感动,苗族一个老人紧紧握住朱瑞的双手:"你们可是我们的救星,有什么需要尽管提,我们一定全力帮助你们。这是我们刚刚烧的热水,快趁热喝吧。"

朱瑞看着各位苗族同胞,心里也很感动,于是,胜利的信心也更坚定了,他也知道得民心者得天下:"感谢苗族同胞,我们也相信最后的胜利一定属于我们。"

某个苗族青年突然跑过来:"红军哥哥,我可以参军吗,我也想加入中国共产党,我也想为祖国做贡献,我也想我的族人过得更好。"

许多苗族青年:"我也想参军,我也想报国! 我们都要为祖国做贡献。"

朱瑞看着他们,满是欣慰:"好好好,当然可以。"

根据中央北上方针,朱瑞和二师师长陈光率领一军团前卫团——红六团和军团警卫营翻过梦笔山向卓克基前进。

场景:腊脚沟

(部队前进至卓克基附近的腊脚沟时,突然遭到了藏民土司武装的袭击。)

一战士:"报告! 我军受到藏民土司的武装袭击。"

朱瑞和陈光立即赶到尖兵连。

朱瑞看着伤员,严肃地问:"组织这次袭击的是什么来头?"

尖兵连连长:"是小金川的土司头领。"

朱瑞面色立即沉重:"这个土司头人同国民党四川军阀的关系密切,他们之间有直接利益关系,相互勾结,在当地胡作非为,欺压藏民。他一定是提早知道我们要从他们地盘路过,所以想带着他的队伍和被他胁迫来的藏民事先埋伏在腊脚沟狭长深谷的两边,向我前卫部队袭击,妄图阻止红军前进,并以此向国民党邀功。真的险恶至极。"

尖兵连连长思考一会儿:"现在土司和我军实力相差悬殊,只要我们派一些精兵前去,定能将他们一举围剿!"

朱瑞立马制止了尖兵连连长:"我们不能让战士再受没必要的伤亡了,再加上土司那里还有被欺骗来的藏民,先让前卫军暂停前进,及时止损。"

一指战员看着朱瑞,思量着有道理——红军就是为了保护百姓:"是啊。"

朱瑞想着以退为进反倒是一个好办法,便对组织人员说:"用藏语向对方喊话,告诉他们我们的来意。"

组织人员:"是!"

组织人员都躲在山上的树后、草丛里向对方喊话:"藏族同胞们,我们是红军,是穷人的队伍。你们不要听信国民党反动派的欺骗宣传,红军就是为了黎民百姓,为了大家啊。红军坚决不打自己的同胞! 我们要北上打鬼子,就是路过你们这儿,不会同你们打仗的,就是麻烦你们让条道儿。"

那些被裹胁的藏族同胞有的探身张望，将信将疑，有的偷偷放下枪已经准备后退。

一被要挟的藏族同胞："他们好像并没有敌意，要不我们放过他们吧。"

另一被要挟的藏族同胞："我也想啊，不知道这土司头领给不给啊。"

又一被要挟的藏族同胞："我们还是撤了吧。"说着放下了枪支。

矮胖的土司听到红军的话，立刻站起身来，双手拿着枪，直接抵着藏民脑袋："你！你！还有你！全都不许给我后退，（强迫他们）继续向他们瞄准，不许放下枪。你们谁再退一步，老子直接崩了谁！"

藏民们被逼无奈，双手双脚颤抖着，但是谁都不敢开枪。

矮矮的土司转动着他肥厚的身躯，气急败坏地跺脚，手里的子弹直接向着红军队伍打去："你们这群废物，都给我打！"说完，狠狠地踹了脚身旁的藏民。

罪恶的子弹接连打去，几个尖兵连指战员就如此牺牲了。鲜血染红了众人眼睛，也燃起了战士的怒火。

朱瑞、陈光忍无可忍。朱瑞身躯一震，怒目而视："同志们，给我冲……"

这些平时在藏民面前作威作福的土司武装哪里是英勇红军的对手。在前卫营一阵冲锋下，他们就像夹着尾巴的狗，使劲往回跑："这群红军怎么这么能打。"红军一气追击到土司官前："都不许跑！"

一战士："报告，我们已经到了土司官前。"

朱瑞、陈光、红六团团长朱水秋、政委王集成商量。

朱瑞一向以大局为重："考虑到党的民族政策，我们不宜直接动手啊。"

朱瑞："我看先派人前去谈判，还是争取和平解决。"

谈判的战士回来："朱主任，那土司头领冥顽不化，不论我同他如何商量，就是不和平解决，拒绝谈判。"

朱瑞想起藏民和红军的前途，语气坚定起来："这土司如此执迷不悟，如果我们不采取果断措施，势必影响我军大局。"

深思后，朱瑞一拍桌子，对着众人道："就在今晚！就在今晚，以夜袭手段坚决占领土司衙门。

众战士看着格外豪华的土司官，一脸不可思议，朱瑞也是大为震惊，指着土司官对指战员们说："你们看，在我们面前就存在着天堂和地狱。在这荒野的穷山沟，土司头人能盖起这么豪华富丽的官殿，不知要榨取多少藏族同胞的血汗和骨髓，难怪许多普通藏民只能同牛羊住在一起。这说明，阶级剥削和阶级压迫在哪个民族都是一样。今晚，我们一定要把这座人间地狱攻下来。"

天黑后。

陈光对朱瑞："朱主任，我们可以开始进攻了吗？"

朱瑞看了看夜晚的月亮，点了点头："进攻！"

随后，几颗照明灯腾空而起，土司官乱成一团。

土司没见过照明灯，还以为是什么法术。

一土司："你们快看呀，那是什么在亮？"

土司看了看天上的照明灯,声音颤抖地说:"不会是红军的什么法术吧。"

土司们听了更害怕:"那我们该怎么办,必死无疑了。"

红军看土司们惊慌失措,乘机进攻,朱瑞:"同志们,冲啊,这群欺压百姓的恶人,今天非得好好收拾他们。"

同志们:"冲——"

朱瑞:"让你们欺压百姓,我今天非杀了你不可。"

土司:"红军战士手下留情啊,我们知道错了。"

朱瑞压根不给他解释的机会,一声枪声……

红一军团八月二十一日进入草地。茫茫草地,一望无边,没有道路,没有人烟,多年烂草,层层淤泥,散发着腐臭,到处是积水和泥泞。

场景:路上

在路上,朱瑞一边和战士们赶路,一边鼓舞战士:"我们今天为什么要过草地? 受这么大苦? 是为全中国劳动人民的解放,为了苏维埃事业。同志们一定要有信心,跟着朱、毛走出去!"

同志们听了都很感动,眼含泪花说:"首长,你别只照顾我们了,你不也是和我们一样走路、吃苦吗? 你也应该注意休息!"

路上一些同志走不动了,坐在草地上一动不动。朱瑞见状,走到前面说:"同志们,再加把油,前面就有粮食了。"

战士们继续走。

休息的时候,大家坐在草地上。

指战员:"大家原地休息会儿吧。"

大家陆续坐下。

有的战士已经没有吃的了,坐在地上没有精神。朱瑞:"你没有口粮了吗?"

那个战士无力地摇摇头。朱瑞看向其他没有吃的战士们,号召大家:"我们要发挥友爱精神,东西要匀着吃。"说着,战士们便开始轮圈传递苹果,每人都不舍地咬一小口。

传到朱瑞这,他看了看已经不剩几口的苹果,又看了看那些已经饿得没有力气的战士们,朱瑞推开苹果说:"我还不饿,你们先吃吧。"说着便把苹果推给其他战士。

场景:临时驻扎地

走出草地不久后,军团直属队在一个山沟里打土豪,搞到了四头肥猪,十几只鸡,还有许多纸烟。

同志们想着这一路的奔波,都商量着:"我们打土豪搞到了些家畜,朱首长过草地时胃病发作得厉害,我们给他送点过去补补身子吧"

一同志:"朱首长一定会拒绝的,我们得委婉点。"

一同志:"要不我们请大伙一起吃小灶吧。"

同志们:"好主意。"

一个手腕系红绳的女同志也参与进来:"朱首长平时都省吃俭用,什么粮食都留给百姓和我们,这次我们可得要把他请来! 我去炊事队一起下厨!"

炊事员把饭菜做好,派人去请他。

炊事员看到朱瑞,便上前拉住他:"首长,同志们打土豪得了些食材,我们做了些,都给大家伙补补,你也一起去吧,同志们可都等着你呢。"

朱瑞终于露出笑容:"同志们一路上很辛苦,难得有这么个机会,应该好好在一起高兴高兴,但我就不去了,我还有些急事要处理。" 说完便匆匆离开了。

直罗镇一仗粉碎了敌人对陕北根据地进攻的阴谋。在胜利的歌声中,迎来了一九三六年。

一战士拿着报纸:"大家快来看啊,朱首长在《战士报》上发表了文章!"

另一战士闻声而来:"让我看看! 让我看看!"

大家都过来抢着要看:"《艰苦的一年,伟大的一年》……"

朱瑞也闻声而来,看着大家胜利后的喜悦,脸上露出了欣慰的笑容。

第七幕　陈若克牺牲

旁白:1941 年 11 月 7 日,日军的飞机、大炮对着蒙阴东北部的大崮山顶猛烈轰炸。此前,隐蔽在山洞的山东分局机关几个女同志,正在给陈若克做小孩的衣服。陈若克是山东分局的女干部,朱瑞的妻子,此时她已有 8 个月的身孕。日军每次轰炸时,床板都会震起来,洞顶的石头、灰土呼啦啦往下掉。陈若克艰难地趴在床上,努力护住肚里的孩子,她感觉孩子在里面折腾得厉害,阵痛提前开始。无论如何,这不是生孩子的时候。她与朱瑞结婚三年多,他们生下第一个孩子时,正值鬼子"扫荡",孩子因患重病无法医治而死。这次又赶上鬼子"大扫荡",形势更加恶劣。

陈:(推开警卫员)我走得太慢了,你们先走吧,别和大部队落下太远了!

警卫员:(焦急)那可不行,怎么能让你一个人待着?

陈:(苦笑)那这样吧,我感觉我快要生了,你去附近村里找干娘王换于,让她来帮帮我,你快去,我撑不了多久了。

警卫员:我把你扶过去吧? 咱们一起走!

陈:(推了推警务员)你快去吧! 我动不了了,快点!

警卫员:(犹豫)那……那你等着! 我很快回来!

陈:快去吧,去吧!

警卫员下场,陈艰难地躲到一堆草后面,还没等警卫员回来这个孩子就出生了。

陈:(搂着孩子,把外套脱下来裹在孩子身上)乖乖……(搂紧孩子,把孩子的脸和自己贴在一起)妈妈对不起你,乖乖……给妈妈好好看看你,好好看看……乖乖,你说我们母女俩可还能见到你爸爸吗?(孩子轻声啼哭着)乖乖,别哭,别怕,妈妈在呢乖乖……

日军:(寻声而来,把草堆扒开)这儿! 这儿有个人! 呦西! 还带了个娃娃!(用手去抓孩子,陈躲开)还跑! 来人! 把她带回去! 这女人身上穿着毛衣! 带回去好好审问!

来人把陈押下去,从左边下台,再从右边上台。

日军:(把陈推进去)你的! 给我在这里老实待着! 等我们太君来审问你!(用铁丝把她的双手捆起来,并且把孩子装到蛇皮袋里)

陈:(冷静地走到屋子里坐下)我且等着! 看看你们这些鼠辈能做出什么来!

日军下场,陈急切地走到蛇皮袋边,用嘴巴把袋子口解开,看着孩子的脸。

陈:(含着眼泪,弯腰看着孩子)乖乖,不哭……咱们不哭不怕!

突然有人走上场来,陈立刻退到一边,一脸坚定果敢。太君和日军从右边上场。

太君:(上下打量着陈)这就是你们抓来的女人?有什么有用的地方?

汉奸:(一脸谄媚)太君,你有所不知啊,您看看,这女人穿的毛衣啊,中国人北方这里都穿棉袄!一看就是个干部家属,南方来的呀!

太君:(点头,摸了摸山羊胡)你!是哪里人?

陈:(高高地抬起头,笑了笑)你听我是哪里人,那我就是哪里人!

太君:嘴硬?你是做什么的!

陈:我?你姑奶奶我是干抗日的!

太君:抗日?你丈夫是谁?

陈:我丈夫也是干抗日的!

看到日军不说话

陈:(催促道)还问什么?快点枪毙好了。

日军恼羞成怒,他们把陈若克按在地上,用红烙铁压在她的背上,她惨叫一声,昏死过去。

太君:(用脚踢醒她)再问一次!你是干什么的?

陈:(不甘示弱,扯着嗓子喊)你问几遍我都这句话!!我是抗日的!

太君:(气急败坏)好好回答!你丈夫是干什么的?

陈:我说过了!我丈夫他就是打你们的。

之后,陈若克再也不屑理日本人,日本太君暴跳起来。这次,红彤彤的烙铁按在陈若克的后背、脸上。她一声不吭,直到昏死过去。陈若克被抬进牢房,她紧闭眼睛,脑袋上包着纱布,厚厚的纱布被血浸透。狱友杨以淑忍不住哭了。

陈若克:(睁开眼睛,艰难地吐出一句话)哭什么?我们是中国人,中国人就有中国人的苦痛。哭有什么用处?(说完又回过头去抱住孩子,轻声唱歌哄孩子)

日军:(过了一会儿,上台来,拿了一瓶奶)我们知道你是八路,很坚强。你也是孩子的母亲,难道一点都不疼爱自己的孩子吗?给孩子吃点吧!

孩子饿得几乎哭不出声,干瘪的小嘴,一张一合地翕动着,绝望地望着母亲。

陈若克:(心都揉碎了,她把牛奶瓶摔在地下)要杀就杀,要砍就砍,少来这一套。我的孩子也是抗日的!

旁白:陈若克意识到自己时间不多了,她把自己裹伤的纱布拆下来做了一顶小白帽,又从自己破烂不堪的衣服上撕下一条红布,叠了一个小五星缝在帽子上,然后戴在女儿头上。然后艰难地揽过孩子,咬破自己的手指,把流着血的手喂到女儿的小嘴里

陈:(带着眼泪)乖乖,你来到世上,没有吃妈妈一口奶,就要和妈妈一起离开这个世界,你就吸几口妈妈的血吧。你爸爸还没来得及看你一眼呢!

日本士兵:(暗地里伸着大拇指,悄悄地议论)这个带孩子的女的,审了几天,就闹几天,一点也不怕,还喊口号、唱歌,真是倔强得很!

旁白:临刑前,陈若克紧紧抱着孩子。在陈若克看来,整个民族都在共苦难之中,落在残暴的日本人手中,孩子也难保住,索性拼上一块血肉,让日本人知道中华民族是不可战胜的。陈若克母女的遗体被日本兵派人看守着,抗日人士买通看守官,运了回来,给她置了一大一小两口棺木。朱瑞闻讯悲痛不已!陈若克的头被敌人割掉,身上体无完肤,衣服也是,唯有

腰中还系着朱瑞送她的腰带,那是唯一让送她最后一程的人们知道死者是陈若克的证物!

朱瑞:(悲痛)若克同志牺牲了!她死得太早,因她才廿二岁!她的死,是革命的损失,党的损失,妇女的损失,也是我的损失!因为我们是衷心互爱的夫妻和战友啊!

但她的死又是党的光荣,妇女的光荣,也是我的光荣!因为她和我们前后的两个孩子,都是为革命而牺牲了的。以牙还牙,以眼还眼,以血还血,以肉还肉,让我们心里永联结着亲爱与仇恨,一直斗争,直到最后的胜利吧!我们的一切流血牺牲,都将在最后的胜利中取偿!

第八幕　炮兵建设

旁白:1946年,朱瑞到东北后,被毛主席亲点为东北炮校校长。来到炮校之后,朱瑞一边主持炮校工作,一边手把手在训练场上教授学员。由于资源有限,炮校的教学设备一直不足,这成了迫切需要解决的问题。一天,朱瑞听说日军撤退时把七门大炮推进了镜泊湖里,他急忙带着学员赶往镜泊湖。

A:司令员,这老乡说,日本人把七门大炮就推在这湖里了。

朱:在什么位置啊?

A:(手指向远方)在那旮旯。

朱:(疑惑)这冰能有多厚啊?

A:(犹豫了一下,用手比划)那敢情……能,能有这么厚?

宁:(难以置信)啥?!这么厚啊!

A:那是!就这样的我还说少了呢!

朱:老宁,咱们就这么做,先用炸药炸,然后呢再用人刨。

宁:好!

A:司令员,咱们不知道大炮具体在什么位置,就这么用炸药炸,别把大炮炸坏了,咱们还是刨吧。

朱:好,那就按照你的办法来,走!

(众人刨冰)

宁:(开心)司令员,我找到炮了。

朱:起开,从旁边跑过去。

宁:司令员,我捅着大炮了,(边说边用竹竿捅)就在这个位置。

朱:找几个身体好、水性好的战士,分成几组,轮流下水。

宁:好!

朱:水太冷了。下水以前,给每个战士来一碗热牛奶,

宁:这热牛奶啊,比那老白干还管用哪!

A:(看着朱用碗装牛奶)司令员,你这不是也想下水啊!

朱:怎么了,不行啊!

A:(坚定)不行,坚决不行,司令员你不是东北人,你不知道,这冰下去可就上不来了!

朱:下去就上不来了,这算什么本事啊?倒上!

A:哎,宁大队长,司令员也想下水。

宁:(跑过来)不行,太危险了,

(把碗抢过来)不行,牛奶可以喝,人不能下水。

朱:放心吧,我天天洗冷水澡,没事。

A:司令员,这跟洗冷水澡不一样,这可是冰湖,下去就麻爪儿啦! 你还是让他们去吧,啊!

朱:我在苏联啊,经常冬泳,没事,比这冷多了啊,倒上!

(朱,脱衣服,脱帽子)

老乡:这八路真尿性,刀枪不入啊!

(都跳下水,下水的人下场,不在台上,台上众人看向后台)

A:找着没有?

宁:找着了找着了。

A:接绳子,来接着。

众人:一二一二三……

(绳子突然断了一根,众人都冲过去拉着同一根绳子,大炮都被拉上来了)

B:司令员,这种炮,咱们炮弹能用上吗?

朱:能啊,当然能!

第九幕

哈尔滨市郊,炮械修造厂,院内几株大树,几条长靠椅。侧后是靶场的观察掩体。

田文手持图纸上,后随宋清和。

田文:(思索)宋厂长! 这是怎么回事儿?"铁柱"和原来的图纸不符?

宋清和:前几天,廖部长修改了几处,我们才投产的。

田文:"铁柱"是我的设计,我签发的图纸不生效?

(廖岱英手拿卡尺走到树边)

宋清和:这两份图纸,技术人员讨论了,认为廖部长的修改是对的。

田文:就是对的,也要通过我! 廖岱英是个旧军人出身,他弟弟还当着国民党炮兵团长!

宋清和:朱司令员说,廖部长是请来担任领导的爱国人士,不是敌伪留用人员。

田文:我们历来内外有别的!

宋清和:田副部长,那我……在内还是在外?

田文:你……你在中间。我们要召开党委会,研究加强领导问题!(下)

宋清和:(转身发现)廖部长,您……

廖岱英:啊!(手中卡尺落地)

宋清和:(拾起递回)廖部长! 我以为是技术问题,不会掺入个人感情。

廖岱英:(缓缓转身)即便是投诚,也该以诚相待!

宋清和:廖部长,您是累了!

廖岱英:不,我是老了! 应该找一把尺子,量量自己!

宋清和:也……咱俩的尺寸差不多。您歇歇吧!(下)

廖岱英:(沉思)……难道是我错了,我是真心实意……可是为什么……竟会这样! 旧军人出身,亲敌关系,控制使用! 这简直……就是滑铁卢一声炮响啊!(跌坐在长椅上)

(朱瑞带乔世荣、参谋上)

朱瑞:这位老同志,请问……

廖岱英:(挪开捂脸的双手)朱司令员!

朱瑞:岱英,你……(疑惑)

廖岱英:我……累了,歇一会儿。

朱瑞:我看了你们生产部的报告,下半年的任务提前完成了! 恭喜!

廖岱英:(若有所思)是……下半年,还有明年……

朱瑞:啊,连明年的任务……

廖岱英:不不,是另一同事儿。

朱瑞:老同学,你是怎么了? 我打了三次电话要你休息,立刻休息! 可是你,一直硬拼!

廖岱英:硬拼只能产生疲劳,而疲劳绝不是痛苦!

朱瑞:对于刚参加革命的人来说,怀疑和信仰都是必要的。怀疑能把昨天的信仰摧毁,替明天的信仰开路。

廖岱英:我参加革命太晚了! 每个人都用自己的眼睛看世界。我是老已将至,所见之物没有生气……

朱瑞:(一愣)真知灼见,来自多思善疑。你快成哲学家了!

廖岱英:常问路的人不会迷失方向的,我问路问得太少了。

朱瑞:对任何事情,包括人生经验,只要认真思考,总会发现并不简单!

朱瑞:你好像有什么心事!

廖岱英:(沉默片刻)我是搞技术的,我请求解除生产部长的职务。

朱瑞:岱英,共产党的官不好当?

廖岱英:我是旧军人出身,岱雄还在那边……"曾经沧海难为水,除却巫山不是云哪!"

朱瑞:过去并不能决定一个人的价值! 我们的朱总司令、贺老总、刘伯承同志,当年都是在旧军队里当过军长的,可是他们放弃了荣华富贵、显赫地位,非要啃树皮、穿草鞋,当革命军人! 老同学,吞了棒槌横竖窝心,还是一吐为快吧!

廖岱英:能学习一种事物,不一定能变成那个事物。对于摘不到的葡萄,我想它不仅可能是酸的,也想过它可能分外地甜。

朱瑞:你的确是一个优秀的军事科学家,但是对于社会发展的知识却太陌生了! 军事家不懂政治,他只能是一架下命令或执行命令的机器!

廖岱英:你的话并没有使我轻松。

朱瑞:那就睡觉去吧,醒过来就轻松了。(岱英一脸郁闷地走下,宋清和与一群工人上)

宋清和:朱司令员!

朱瑞:大家请坐。宋厂长,你向我报喜不报忧! 话说得不够可以补充,说得过高叫人压根儿不信!

宋清和:没,没有,就是粮食不太足,有的工人家里断了顿儿。(目光不知道看向何处)

朱瑞:说话不真,肚皮隔心哪!

宋清和:但是不得不说工人敢于吃苦的精神大大发扬了!

朱瑞:你学了不少进步话! 吃苦的革命精神,不是只为吹牛皮打掩护的! 把干部的全部细粮调给工人。司令部机关的换季推迟半个月,单军服送到工厂。

工人:我们不能让子弟兵吃苦!

朱瑞:部队理当在后方吃苦,上前线享福!(拉宋清和走下)你谈谈廖部长最近……

(工人们兴奋地议论走下,化装成工人的特务黄金驹走上,左右窥视。高长贵凑上)

高长贵:黄队长,你怎么来了?

黄金驹:朱瑞来了!要试验一种叫"铁柱"的新式大炮,一次就能射出二百公斤炸药,威力巨大!

黄金驹:(掏出一枚小炸弹)炸掉它,叫"铁柱"变成傻桂子,炮毁人亡!(奸邪笑容)

高长贵:(纠结的神色)这……共军戒备很严。

黄金驹:我把汽车开到厂外等你。等你跑到沈阳,保证你小黄鱼大大的有!

高长贵:(把炸弹放进饭盒)快走,来人了!(与黄金驹下)

(罗胜上,疑惑地盯着黄金驹、高长贵的背影。朱瑞和田文上)

田文:(激动)我们又抢修了一百二十门大炮。

朱瑞:都试射了吗?

田文:是。(递上)这是改装火炮防盾箱的最新说明书。

朱瑞:要检查运往前线的每门大炮,各项原始测试数据务必都要完整,不能有一丝懈怠!

田文:是!经过改装,这些大炮都提高了威力。

朱瑞:那你这门大炮怎么样?

田文:(一愣)正常射击!工作越干越顺手了。

朱瑞:为什么总爱把奉承留给自己呢?你有知识才干,却不想发挥别人的知识和才干!在真正的知识不充分的地方,愚昧就会自命为科学。

田文:朱司令员,我可不是骡子吃石灰,一张白嘴!

朱瑞:你提出了"铁柱"的设计,可是全部试制并不是你一个人能完成的。偏狭和自私比无知更危险。我是说,廖岱英是生产部长,你是副部长,他是老师,你是学生。

田文:可是,他是非党……

朱瑞:正因为他是非党员,我们党员就更有必要做团结的模范。你这门大炮的瞄准镜出了问题。火力再猛也是打瞎炮!

田文:旧式大炮可以改装,这种旧军队出身的知识分子改造起来很难。

朱瑞:奇怪!你自己是个知识分子,竟然瞧不起知识分子!而且,偏偏是在自己知识欠缺的方面瞧不起人家!

田文:这——也不能以一技之长,身价立刻就提升十倍吧!

朱瑞:这就更奇怪了!以人之长、补己之短,是个很普通的道理!

田文:司令员,我就没算过这个账来。

朱瑞:你只算了个人得失的账!

田文:换个人来当副部长吧!我……

朱瑞:(拍着田文的肩膀)不要做谬误和偏见的俘虏,去掉了党员的优越感,没有做好的工作就能做好了!世界上最难的是革命,革命最难的是识才、惜才、用才!我们在人才方面的眼光要放得远,放得亮,不能只停留在党内。要学韩信点兵,多多益善!

田文:司令员。让我好好想想。

朱瑞:"铁柱"怎么样了?

田文:已经试制了两门,"铁柱"一号、二号。

朱瑞:(打开文件包)这是你当年画的图纸,我是来要"铁柱"大炮的。

田文:按原定计划试验,请首长进入观察掩体。

(响起军号声。朱瑞、廖岱英、宋清和等走入掩体)

田文:(举起指挥旗)预备!(旗挥下)放!

("轰"的一声,闪出巨大光焰)

观测员:报告!"铁柱"一号射程三公里,击中目标。

(众人欢呼)

朱瑞:很好!咱们"铁柱"这个丑小鸭,一上天就飞了三公里。

第十幕　英魂永存

旁白:中国炮兵在朱瑞的带领下越发壮大,尤其东北炮兵部队的发展。在大决战前,朱瑞写了一封家书。他说,东北发展很快,我想不久我们就能打进去了,这次应该是真正的胜利了,希望母亲、哥哥、嫂子以及小侄等一切安康,都能团圆见面才好。随后他指挥大军南下,进入大决战战场,接到中央军委与毛泽东关于辽沈战役的作战计划。

时间:一九四八年九月三十日,夜里十一点。

地点:义县前线。

幕启:油灯亮着,朱瑞站在桌前看地图。(罗胜跑上。)

罗:报告!我在水里漂起来了!漂起来了!

朱:(拿出罗胜藏在衣下的枸杞枝编的花环)唷,学会了姑娘家的玩意儿!谁教你的?

罗:(背过身子)自个儿……

郭:你碰见姑娘,眼珠子不守纪律了吧?

罗:报告!确实没有!花环是为"铁柱"编的!

朱:(拾起罗胜衣袋掉出的照片,对罗胜)东北冷吗?

罗:不冷!水里热平平的!

朱:多少人冻掉了鼻子?

罗:没有见!不,国民党伤兵没鼻子!

郭:(把照片还给罗胜)钢笔使唤大金星,老婆要找大学生!

朱:战场上不准谈恋爱!

罗:是!

朱:将来结婚我批准!晓星是个好姑娘……

罗:感谢首长!参加婚礼,别带手榴弹了!

郭:(惊奇)喝喜酒还要全副武装?

罗:是怕新娘冻掉鼻子。

朱:小鬼,你敢调皮!

罗:听,"铁柱"到了!(汽车、炮队行进声渐近。幕侧移出炮架。)

步兵围观、议论:"嗬!这家伙,一下子还不把蒋介石的总统府掀了?""它和你一个名儿,叫'铁柱'!"(罗荣桓率廖岱英等走上。)

罗荣桓:后方人民派来代表,慰问人民炮兵!(朱瑞敬礼,与廖岱英等握手。)

田文:报告:"铁柱"一号、二号、三号共十五门,全部运到!

朱:欢迎"铁柱"重炮参战!

王德山:司令员,给我两门"铁柱"吧!

朱:好大的胃口!"铁柱"是远程重炮,你用不着嘛!

王:什么时候叫我们上?

朱:总攻开始前,你带游击炮队插入敌腹,对敌军集结地域、指挥部、坦克乘员集中火力袭击!

王:是!

朱:中途遇敌断行攻击,不必等待命令!

王:是!(下)

朱:山、野、榴、重进入配置区域!(炮队驶去。义县传来隆隆炮声。)

朱:(看表)很准时,一点整。(天空升起两颗红绿信号弹。照明弹、探照灯亮得夜空恍如白昼。)

朱:蒋军榴炮师起义成功!

参谋:起义部队进入前沿阵地,电话架上了双线。

电话员:(递上另一个电话)司令员,敌军司令部的电话接通了!

朱:(换电话)你是程智煌吗?(程智煌声:"是我,你是谁?")

朱:我是朱瑞。(程智煌声:"啊,朱将军!")

朱:你已陷入重围,我军全部大炮已对准你的营盘! 我奉劝你停止反共反人民。否则,我将要到俘虏大队看望阁下了!(程智煌声:"围地则谋,死地则战!")

朱:战场上见!(放下电话)

罗:一九四八年冬季攻势打响了!

朱:(拿电话)我命令:野炮师,射击! 重炮师,射击!(炮声猛烈。)

罗:我在这里影响你们指挥,到附近部队转转。

(罗荣桓下)

(马中骏头戴坦克兵帽,与白石亮上。)

马中骏:坦克团准备完毕!

朱:刚才我在望远镜里看到,一辆坦克斜骑土坎,几乎翻掉!

马:一个老油子连长,换了新型坦克,操作不熟。

朱:限你十分钟拖走! 平日的训练,不是为了吓唬敌人!(对白石亮)担任掩护的炮团怎么样了?

白石亮:都是打四平立过功的老炮兵。

朱:四平的敌人,也没给咱们大炮安上眼睛! 坦克团前进了,炮群机动要跟上!

白:是!

马:我们一定提高进攻速度,以削弱敌人突围的势头!

朱:就是在进攻的前一分钟,坦克也要加强伪装! 被打中的坦克,就是火葬炉!

马:司令员,现在保证你看不见我们的坦克了!

朱:发起攻击之后,我希望马上看到展开履带辙印的战场!

白、马:是!(敬礼,走下)

郭:许多战例证明,年轻的指挥员往往比老一辈更能适应瞬息万变的战局。

朱:战争是年轻人的事业! 他们以杰出的想象力,创造和发展着未来的战争!

参谋:(举望远镜)报告,廖晓星被一股突围敌人压迫在前边凹地上!

朱:(举望远镜)罗胜,把廖晓星拖出来!

罗:是! (拎枪奔下)

观察员:报告,敌人掩蔽重炮开火了!

朱:好样儿的王胡子,到底把敌人打吐血了!

郭:(举望远镜)我军一号阵地受到敌人夹击,炸成了一片火海……

朱:(举望远镜)秦海东率炮团向敌军阵地抵近,直瞄射击!

观察员:(用炮镜观察)秦海东倒下了!

朱:我看不清了……救护起来没有?

观察员:被战士扶起来,可是战士倒下了!

朱:已经倒下了七十三个,接着往下数!

观察员:是! 七十四、七十五、七十六、七十七……司令员,还有大炮!

郭:我数着呢! 炸坏了二十六门!

朱:人! 数人! 我们倒了多少战士?

观察员:八十四、八十五……司令员,我再也数不下去了!

朱:(看表)临近总攻,只打出一个突破口!

(参谋奔上。)

参谋:报告! 敌人集中火力封锁突破口,在纵深里大量配置曲射炮,专门杀伤我们冲锋的部队!

郭:(接电话,放下)罗政委来电话,为了减少步兵损失,提前发起总攻,要求我们迅速打开突破口!

朱:(对电话)秦海东! 推上五门野炮,用二百发炮弹猛射城墙中部,然后左右摆射,立即打平四十米突破口!

观察员:发现敌人空中碉堡,架在离地四米的水泥柱上,火力异常猛烈!

朱:(对电话)"铁柱"! "铁柱"! 瞄准敌人主堡,射击!

("铁柱"射击的巨响。)

观察员:报告,义县守敌弹药库、地下汽油库均被击中!

朱:好! 集中炮火射击敌人师、军、兵团指挥部!

(罗胜背秦海东,廖晓星扶住奔上。)

朱:秦海东!

廖:(痛哭)秦团长双腿炸断,剩下一只胳膊,爬着……去打炮!

秦:司令员……突破口……打开了……

朱:(紧紧抱住秦海东)马上抢救!

郭:他……牺牲了……

(朱瑞拿起大衣盖住秦海东,命罗胜等抬下。)

(廖晓星转身欲冲出指挥部。)

朱：廖晓星！（摘下廖晓星的钢盔）你守在电话机旁,随时向我报告！

廖：司令员！前线还有伤员……

朱：服从命令！

参谋：乔参谋长电话报告,冒山屯已被我军占领！

朱：重炮师在大胜堡一带设观测所,把锦州机场控制在炮火之下。

参谋：是！

朱：（佩好手枪）我要亲自到前线去看看。

郭：司令员,敌人埋设了密集地雷！

朱：突破以后,纵深战斗是最复杂、最有决定性的阶段！郭政委,我们的坦克部队第一次投入战场,我要到第一线指挥！

参谋：朱司令员,等我们用炮火扫清道路……

朱：战争是伟大的,也是公平的！不论司令员还是战士,在枪林弹雨中都一样地流血牺牲！我们要尽早为攻打锦州、沈阳,拿出成功战例,减少伤亡！

郭：你就像一颗出膛的炮弹,谁也挡不住！（对参谋）带上一个班警卫！用报话机随时向我报告情况！

（朱瑞带参谋等下。）

（支前队伍扛弹药走过。潘彩琴上。）

潘：郭政委！

郭：你们都来了?!

潘：朱司令员呢？

郭铁林：上第一线去了！

潘：（震惊）他……（拿起地图上的小铜炮）

郭：参谋人员也去了,我又派了个警卫班。

潘：（自语）天……下雨了……天空多晴啊！可……为什么下雨呢？

郭：战场上有个奇怪的现象,每次大规模炮击之后,都要下雨。

（电话铃响,郭铁林接。）

潘：是他！一定是他！

（朱瑞声："'铁柱'威力很大,不仅扫平地面敌堡,连地下工事都掘开了!"）

郭：（对话筒）一号请问,总攻就要开始了！

（朱瑞声："等一等,我要亲眼看见坦克通过的突破口!"）

郭：那一带是敌人的密布雷区！

（罗荣桓带警卫员上。）

罗：我知道朱瑞同志上了第一线,马上派人接他回来！

郭：是！（对电话）一号,一号,我是二号,请你马上回指挥部来！

（朱瑞声："炸开的坡度是小于45度的喇叭口。坦克团出击!"）

罗：（接过电话）朱瑞同志,你马上回指挥部来！

（朱瑞声："罗政委！你亲眼看看,咱们的大炮把蒋介石屁股打烂了!"）

罗：我命令你赶快回来！

(朱瑞声:"我的好政委!让我先下命令:全线发起总攻击!")

(军号嘹亮,炮声大作。)

罗:(摔下电话,向警卫员)烟!拿烟来!

警卫员:罗政委!你……戒烟了!

罗:快拿来!

(警卫员无奈,掏出烟点燃,递上。罗荣桓接过烟,大口大口狠吸着。)

廖:敌我炮火都落到最前边,司令员怎么……

潘:(焦虑、失神地)天……又下雨了!战场上……每次大规模炮击之后,天……都要下雨……

廖:罗政委,快命令司令员回来!

罗:在这个战场上,他是一号!

观察员:报告!朱司令随着进攻部队往前走哪!

罗:(摔下烟,拿起话筒)朱瑞!朱瑞!我代表东北总部命令你:回来!马上回到指挥部!

观察员:报告,我军炮火摧毁守敌全部工事,冲锋部队占领了敌人指挥部!

罗:好!干净!彻底消灭敌人!

(乔世荣急上。)

乔世荣:报告,锦州之敌已被完全割断。进攻部队在我强大炮火掩护下,迅速向锦州合围,占领了飞机场!

罗:同志们!人民炮兵发挥了"快、准、猛",急合成之所急,创合成之所需,以合成部队的胜利为胜利,中央军委传令嘉奖炮兵全体指战员!

(众人发出欢呼:"解放全东北!""解放全中国!")

观察员:报告!司令员他们陷入敌人布雷区!

(人们惊呼:"司令员!")

观察员:司令员身边的警卫员触雷了!

廖:罗胜!

郭:我命令所有大炮猛轰残敌,掩护朱司令员!

(炮声猛烈。)

罗:要猛!还要猛!

(一声巨响,火光冲天,舞台骤暗。)

音乐:

旁白:后来,毛泽东说:朱瑞同志在中国人民解放军的炮兵建设中功勋卓越,今日之牺牲为中国人民解放事业中之巨大损失,中央特致深切悼念,我们要继续为革命战争的彻底胜利而奋斗!

解放战争中为朱瑞司令报仇的怒吼回响在辽沈战役的战场上,一发发怒火燃烧的炮弹狠狠地砸在国民党军的城墙上,朱瑞牺牲14天后,锦州解放,牺牲52天后,东北解放,牺牲一年后,中华人民共和国站起来了!朱瑞将军永垂不朽!

(作者:桑梦媛;指导教师:范晓丽)

实践项目五 "纲要"课学习汇报演出

一、活动名称

"'百年峥嵘 红心向党'学习汇报演出"活动

二、活动目的

学习小组围绕"中国近现代史纲要"课程的相关主题内容,以多样的节目,如话剧、情景剧、歌舞、微视频为主要形式再现中国共产党历史发展及伟大成就,设计丰富多彩的节目,走上舞台展示学习成果,激发大学生课程学习的积极性和参与性,提高大学生的辩证思维能力、实践创新能力与组织协调能力,提升大学生综合素质。

三、活动时间

学期第 15 周

四、活动地点

各班级上课教室

五、活动具体步骤

1. 思政课教师可以提前布置。在教师的指导下,学习小组围绕课程的相关主题内容,如中国共产党的诞生、中国革命的新道路、抗美援朝、社会主义建设新成就等相关主题内容设计节目,以多样的形式展示。在实践活动过程中,教师应提前布置,组织学生讨论并对所选内容的创作活动进行指导。各班级在准备中,学习团队可以同一小组或跨组设计节目,同一主题或相似主题的小组可以相互交流合作。班级演出时,每个节目时长在 6 分钟左右。班级班长、学委协助教师组织学生评委打分。请各班级班长、学委认真负责,组织成立班级学习演出会务组并尽早开始节目编排工作。

2. 各班级需要成立演出剧组,明确导演、主持、道具、节目统筹、摄像等演职人员,并尽早开始节目编排。

3. 学期第 15 周利用课堂或课外时间,各班级所有学习小组积极准备。整台节目主张灵活创新,允许部分小组可以联合展演节目。

4. 班级学习汇报演出结束后,学习团队上交汇报演出节目的文本(脚本或底本设计),学习委员收齐交给任课教师。团队负责人根据小组成员实际表现给出贡献率并进行排序,请各位同学务必认真对待。

5. 实践教学结束后,授课教师结合各班级节目展演情况,按专业遴选1—2个节目,参加本学期全校思想政治理论课学习汇报演出。

六、活动注意事项

思政课教师做好前期活动的布置工作,让学生明确主题并鼓励积极发言,展示自我形象。课堂中注意时间的控制与交流主题的突出,及时做好总结,汇总好相关的材料。

七、活动考核评价

综合表现突出的小组与个人予以积极的肯定,计入平时成绩,并作为思政课优秀团队与先进个人的材料来源。每组打出优秀、良好、合格、不及格的分数。

八、活动附录资料

范例

百年党史微电影剧本
——《我们走自己的路》

题目:我们走自己的路
概述:1935年,毛泽东在遵义会议上"一语惊醒梦中人",自此,中国共产党走向成熟。
主题曲、插曲待定
影片主要角色: 战士甲:张诗媛 战士乙:武广鹏
毛泽东:武广鹏 博古:张诗媛
李德:殷婕 翻译:陆可驰
小女孩:周成溪
女人:杭天宇
旁白:陆可驰
众人:大家一起来

正文:
场景一:"第五次反围剿"中的某次撤离,江边,战火中
战火特效
战士甲(回头大喊):哥,我们这些东西能不能丢下!

战士乙(连忙上前拍了甲后脑壳一下):你瞎说什么呢! 这些中央说了,都是我们苏维埃共和国宝贵的物资,不能扔,要用生命保护它们!

战士甲(怀里紧紧抱着电台,背上背着沉重的衣物,步伐开始变缓):好,我们要,努力保护这些物资!

镜头拉远,淡出

场景二:"第五次反围剿"某次撤离后,江边,战火平息,满目狼藉

特写

毛泽东(慢慢走近江边,深深叹了口气):你们看见了吗?

中景

身边跟着的几个战士(警惕地看着周围环境,紧握着枪,忽听到毛泽东的问题,有点疑惑):您说什么?

渐入插曲

特写

【毛泽东不语,只是望着被血染红的江水,眼神逐渐变得坚毅】

场景三:1935 年 1 月,会议室外北风萧萧,室内剑拔弩张。

镜头快速切换闪进 几个片段

【李德、博古坚持己见,毛泽东等人激烈反对】

播放插曲

毛泽东(义愤填膺,站起来,双眉紧敏,目光如炬):【鼓掌声】我来按着洛甫同志的话讲,我概括,博古、同志的错误,有三个主义:首先就是冒险主义,下了死命令,攻打赣州,说是要夺取中心城市,争取一省或者数省的首先胜利,结果失败了。大家都知道啊,两个拳师比武,聪明的拳师,往往先退让一步,而蠢拳师则会气势汹汹,劈头使出全部的本领,结果往往被退让者所打倒。接着呢,是保守主义,不管实际情况死守广昌。【李德眼神躲闪,不敢说话】说是御敌于国门之外,用堡垒对堡垒打阵地战,结果挡不住敌人的飞机大炮,也失败了。这拼消耗啊,不是龙王跟龙王比宝,而是叫花子跟龙王比宝,未免滑稽啊。【众人笑】最后是逃跑主义,打了败仗就惊慌失措,仓促突围,三十六计逃为上计,这恐怕是全世界最可笑的一次逃跑,什么没用的东西都带上了,连苏区结婚证的存根都没落下。【众人再次笑】所以战士们都调侃说,只差马桶没带上咯。【众人大笑】(毛泽东停顿了一下)现在大家可以笑,可当时我在湘江边听到这些话的时候,望着一个个战士,为了保卫这些废物,倒进江中,鲜血染红江水的时候,我的心也在流血。【众人低头,感同身受】为什么会出现湘江之战的失败呢?因为我们队伍中的一些人拒绝红军血战史的经验,轻视国民党军队的力量,对敌人采用的新战术视若无睹,结果受到了一次极大的历史性的惩罚。【特写博古】博古听到翻译,脸色变白,眼神愤怒】他们自称为马列主义者,却连一点马列主义也没有学到。(毛泽东语气急促)列宁说过,马克思主义最本质的东西,马克思主义的灵魂就在于具体的情况具体地分析。(毛泽东大手一挥,怒斥道)他们恰恰忘了这一点。

【众人鼓掌】

切入历史资料图像

旁白:1935 年 1 月 15 日至 17 日,中共中央政治局在贵州遵义召开的扩大会议(即遵义

会议），是我们党历史上一次具有转折意义的重要会议。会议围绕军事指挥问题，做出了调整党和军队领导的几项重要决定："（1）毛泽东同志选为常委。（2）指定洛甫同志起草决议，委托常委审查后，发到支部中去讨论。（3）常委中再进行适当的分工。（4）取消三人团，仍由最高军事首长朱、周为军事指挥者，而恩来同志是党内委托的对于指挥军事上下最后决心的负责者。"这是毛泽东第一次被选为中央政治局常委，进入中共中央的最高决策层，成为党中央的主要领导人之一。这次会议解决了当时中共中央和中央红军面临的最迫切的军事问题和组织问题，结束了王明"左"倾冒险主义在中央的统治，实际上确立了毛泽东在党中央和红军中的领导地位，从而在极端危急的紧要关头，挽救了红军、挽救了党，也挽救了中国革命。

镜头切换

缓入现代遵义会址

场景四：遵义会议会址，游客人群中

小女孩（扯扯身边女人的衣角，好奇地询问）：妈妈，这栋楼是做什么的？ 为什么那么多人都要来看？

母亲（蹲下，平视小女孩，微笑）：因因啊，知道毛爷爷吗？

小女孩（得意扬扬）：当然知道！ 毛爷爷是最最……最伟大的！

母亲（轻轻捏了捏她的脸，轻笑）：这里是毛爷爷让共产党学会自我独立的地方，毛爷爷当时提出"走自己的路"。（看着自己的女儿）你以后也要学会走自己的路哦，不能别人说什么就是什么，知道吗？

小女孩（似懂非懂，重重点头）：知道啦！

结束

【播放片尾曲，字幕等】

（作者：周成溪、武广鹏等；指导教师：李明建）

第四章

《毛泽东思想和中国特色社会主义理论体系概论》课程实践项目

实践项目一 走近马克思主义者

一、活动名称

走近马克思主义者

二、活动目的

大学生通过阅读伟人传记、观看红色影视作品、查阅资料等方式深入学习毛泽东、周恩来、邓小平、朱德、李大钊等伟大马克思主义者的思想觉悟、政治品格、人生抱负等,感悟其理想信念与历史功绩,结合自己的时代使命,通过多种形式进行作品创作,阐发学习心得感悟,以增强"四个意识",坚定"四个自信",树立远大理想,致力于建设社会主义现代化强国。

三、活动时间

学期第3—4周

四、活动地点

第3周:学生在校内自主选择活动地点;第4周:各班级上课的教室

五、活动具体步骤

1. 思政课教师提前布置讨论主题"思想指引方向 致敬马克思主义者"。阐述活动的目的、宗旨与具体要求。教师组织学生展开讨论,引导学生选择合适的选题。

2. 学生自主阅读毛泽东、邓小平等伟人传记、与之相关的研究性文章、相关题材小说,深入了解他们对中国革命和社会主义建设、改革事业所做出的伟大贡献,感悟他们的崇高境界和高尚品质,选择一个角度撰写读书笔记或心得体会。或观看相关影视剧、短视频等,理解马克思主义者在推进马克思主义中国化过程中的探索与努力,对马克思主义中国化理论成果有较清晰的认识,选择一个角度撰写观看收获。教师做好指导和答疑解惑工作。

3. 学生可以采取微故事、读书心得(1000 字左右)、微视频、书画作品、图文结合或手抄报等多种形式完成学习成果,并通过个人自荐、小组推荐、教师随机点名等方式进行讲台展示。活动由个人独立完成,每位学生发言时间不超过 2 分钟。教师适时进行引导和激励,确保学生发言价值导向正确、政治立场坚定,激发学生独立思考、积极参与的热情。

4. 允许个别学生自由拓展,时间 8 分钟以内。

5. 推荐与自荐两位同学做好记录,以备总结。

6. 请班级团支书小结,时间控制在 5 分钟以内。

7. 思政课教师积极引导,总结好本次活动。

8. 本项活动作为实践教学考核的基本依据。

六、活动注意事项

任课教师要做好充分准备,明确此次活动安排的目的和意义,合理规划与引导,以引起学生对本次活动的充分重视,提升活动质量。课堂学习交流中教师要注意引导与激励,鼓励学生积极交流,实现思想碰撞与共鸣,要注意控制好时间。课后教师要及时做好总结,并汇总好相关材料。

七、活动考核评价

教师要做好考核工作,对学生提交的文本质量做好把关,结合学生课堂发言情况,给出综合评价,注意发现和遴选表现突出的学生,将其表现计入平时成绩,并作为思政课先进个人的评选依据之一。

八、活动附录资料

记录大学生代表性的畅想发言,可提供自拍视频、图片、感悟小文等。

范例一

《历史转折中的邓小平》观后感

8 月 22 日是邓小平诞辰 110 周年纪念日,2014 年 8 月,央视一部电视剧《历史转折中的邓小平》在黄金档上映,致敬这一特殊日子。刚播完第 1、2 集便引起全国观众的热议,不少网友点赞该剧拍摄用心,场景动人,故事感人,特别是首次在荧幕上大胆地披露鲜为人知的历史细节和国家领导人的真实生活,不避历史,实事求是地讲述邓小平的丰功伟绩。

这部电视剧以平凡人的视角书写着一代伟人的一生。"雷雨交加的深夜,为了照顾残疾的儿子邓朴方,70多岁的邓小平打来热水和夫人卓琳一起给儿子擦背,他慢慢弯下腰,弓下背,把手伸到床底帮儿子捡螺丝刀……"这就是我们的英雄领袖邓小平,同时他也是一位慈祥的父亲。

1977年,恢复高考制度,广大学子有了坐进大学教室的机会,是那代人成为国家顶梁柱的基础。中国教育的春天,就是邓小平拨云化雾,给我们带来的。邓小平作为一名伟大的政治家,有着高远深邃的目光,在粉碎"四人帮"百废待兴的困窘局面下,邓小平考虑的是国家现代化和发展。他在剧中指出:国家的发展和现代化,必须要从科学和教育开始。

邓小平对教育的重视和关心是一以贯之的。早在1954年,邓小平就要求办好学校,培养好的干部,要整顿学校教学纪律,要提高教师各方面的待遇,尤其是高级知识分子的待遇。1958年,邓小平提出办学校一要普及二要提高,保证教育的经费,提高师资力量。1978年3月,在全国科学大会开幕式上,邓小平在大会开幕式上明确提出"现代化的关键是科学技术现代化""知识分子是工人阶级的一部分",再次强调了"科学技术就是生产力"。科学技术就是生产力,从事各方面工作的人,都是社会主义社会的劳动者,这也间接地表明了人才的重要性,人才培养的基础在于教育,并要求教育事业要有一个量到质的变化。聆听邓小平在这剧中的铿锵致辞,回顾邓小平对教育事业的重大贡献,使人热血沸腾感慨万千,仿佛回到了那个年代,深刻地体会到教育改革的好处,遇到伟人邓小平是那个年代人们的幸运。是他,让人们灰暗、看不到未来的人生,从此有了光明,有了无数精彩、远大的未来。

邓小平勇敢冲破传统观念,解放思想,实事求是,敢闯敢试,坚持走改革开放之路。"文化大革命"十年的影响,不仅仅表现在物质的匮乏,更表现在思想的教条和束缚。该剧重点描写了《光明日报》刊发《实践是检验真理的唯一标准》的情节,这些鲜见的内容首次在荧屏上呈现,是关于实践是检验真理的唯一标准的深刻讨论,是对"两个凡是"的否定,为党的十一届三中全会的召开奠定了思想基础。1978年12月召开的党的十一届三中全会,停止使用"以阶级斗争为纲"的口号,做出把党和国家的工作重心转移到经济建设上来的决策,拉开了改革开放的序幕。如今,改革开放已经成效显著,这都归功于邓小平坚持改革的勇气、解放思想的锐气和责任担当的正气。

解放思想,实事求是,改革开放,科教兴国,一切为了人民,一切依靠人民,让我们继承邓小平优秀的精神财富,全面深化改革,坚信中国模式,坚持中国特色社会主义道路,为实现中华民族伟大复兴的中国梦共同努力,不懈奋斗!

(作者:杨梦雪;指导教师:罗前娥)

范文二

邓小平,新时代的梦想家

《邓小平时代》是美国人傅高义写的人物传记,不仅仅是人物传记,更多的是讲述了一个时代。看着一本书起初是偶然,后来也确实从一个外国人的笔下去了解邓小平爷爷,去了解那一个时代。其实我也很震惊于一个外国学者可以去专注地着眼于中国革命与改革几十年,从中看到了"邓小平的时代"。最后读完书,我才感受到原来真正的邓小平时代是我们正生活的当下的时代。

"我是中国人民的儿子,我深情地爱着我的祖国和人民",中国改革总设计师邓小平在接受外国媒体采访时动情地如是说。满满的爱国怀民之情,从字里行间满溢了出来。这几句话对于小时的我来说,可能只是觉得邓小平爷爷值得敬佩,并没有更深的理解。现在对于作为大学生的我来说,也能体会到由心而生的豪情万丈,是那种从心底迸发的对国家的深深的爱。

正是本着这种精神,邓小平以其非凡的智慧和坚强的意志带领中国人民走上了改革开放之路,使中国的政治、经济、文化发生了翻天覆地的变化,极大地改善了中国人民的生活,提高了中国的国际社会地位,同时也极大地促进了世界的稳定与和平。

《邓小平时代》我每读一次,邓小平爷爷对社会主义的巨大贡献都会带给我震撼。同时,那崇高的境界和高尚的品质更是值得我用一生的时间去体悟、去学习。

邓小平爷爷在十几岁时就加入了中国共产党,指导过数不胜数的革命战斗,不惧艰难困阻,为新中国的成立做出了卓越贡献,在建国初期带领解放西藏。在外交上,邓小平着力发展中国特色社会主义外交;在港澳台问题上,提出了"一国两制"构想……而在邓小平爷爷的丰功伟绩中,令我最为震撼的是关于其改革开放的决策。

习近平总书记说:"如果没有邓小平同志指导我们党做出改革开放的历史性决策,我们国家要取得今天的发展成就是不可想象的。"不错,邓小平敢于撇开僵硬的计划体制而拥抱自由市场的力量,并让中国的大门向世界开放,他真正改变了中国。作为改革开放的开创者和总设计师,邓小平以惊人的坚忍和洞察一切的政治决断力近乎开创了一个伟大的时代。在传记中我了解到,邓小平爷爷早年曾经留学法国,在印刷厂当过工人,因此深谙改革之于1978年以前的中国的意义。邓小平爷爷提出的"三大改革政策",其中一大改革是指让一部分人、一部分地区先富起来,最后走向共同富裕。这个制度为当今时代全面建成小康社会打下了良好的基础。邓小平爷爷先进的思想,给我以极大的震撼。"稳定压倒一切"与"摸着石头过河",以及"不管白猫黑猫,抓住老鼠就是好猫",都是邓小平的改革名言,我真真切切地感受到了邓小平爷爷对于"改革"这一个词语的体悟。

读完《邓小平时代》,我突然对生活中发生的很多事情有了更加清晰的理解,连看《新闻联播》都比以前更能体会到里面深层次的含义,并不仅仅只是对于国家大事的报道说明,而是讲国事之于世界,之于每个普通的中华人民。所以读书还是应该广泛涉猎,这并不是说仅仅为了提高人的认知。其实,因为人们对于物质生活的需求越来越大,人们期望的生活水平有时也难以满足。所以特别多的人想去赚快钱,纷纷涌入股市,人人都开始研究巴菲特,研究指数基金这一类以前离我们普通生活特别遥远的事情,有人说"人不能赚到自己认知以外的钱",于是大家开始纷纷阅读,为了提高自己所谓的"认知"。

于我看来,你越是急于做成什么事情,反而总是很难完成,我相信任何有价值的东西都是时间的加持。就像邓小平,他为什么能在中国如此艰难的时刻,力挽狂澜,因为他从小就读了私塾,接受了正统的教育,后面去了法国留学,跟周恩来他们一起干过革命,人生前面几十年都在做这件事情,对于革命事业早已经积累了丰富的经验,有过长期的全面思考和规划,这也是时间赐予他的力量。

为什么要经常看名人传记,因为他们都有一个共同点,在各种危难的情况下,都能抵住压力继续前行,永不放弃。

邓小平爷爷关于改革开放的政策打动了世界,我深刻地意识到邓小平爷爷的思想对吾辈青年的方向引导力量是多么强大、多么重要。

很少有看书流泪的时候,邓小平爷爷去世时,他把他的眼角膜捐献了,捐献身体器官用于医疗研究,骨灰撒向大海,里面说天安门有毛主席纪念堂,但是绝对不会有邓小平纪念堂。看到这一段时,确实深有感触。我认为邓小平爷爷确实眼界开阔,不局限于眼下,而是放眼长足的未来。

纵观邓小平爷爷这一生,从少年的勤工俭学,青年的抗日,中年先是度过沉淀时期,再是有了对中国社会的伟大构想,晚年对中国进行全方面的改革,邓小平爷爷一生都在为中国为人民,他确实是中国发展版图中一块巨大的基石。

学习新思想,争做新青年,时代在发展,社会在进步,我定当以邓小平爷爷的崇高境界与高尚品质为鞭策,增强"四个意识"、坚定"四个自信",争做新时代的优秀新青年!

为什么我说邓小平爷爷是新时代的梦想家,因为我在书中看到了邓小平爷爷对未来的构想与实现,一切构想付诸实践都是不容易的,邓小平爷爷也确实符合了梦想家这一个词,他不仅仅只是提出构想,而是用亲身去经历,去探查,从而塑造了伟大的中国发展的版图与框架。

（作者:郁梦叶;指导教师:罗前娥）

实践项目二 时事政治评论

一、活动名称

时事政治评论

二、活动目的

活动旨在引导大学生关注新闻,选取新闻事件。运用所学理论、"缘事而发"展开时事评论;紧扣时代脉搏、讲明道理。通过此活动,以启迪学生智慧、澄清学生思想,培养他们理论联系实际的能力、价值判断能力,提高其对社会问题的敏感度与社会责任意识,大学生即将踏入社会,只有了解社会环境、国家政策、民生问题等,投身火热的现实,才能与时代同频共振。该实践项目可以帮助学生选择正确的人生方向,促进其更好地担当民族复兴大任。

三、活动时间

学期第 13 周

四、活动地点

各班级上课教室

五、活动具体步骤

1. 教师提前布置"时事政治评论"主题实践活动。在教师指导下,各小组以分工合作的形式展开探讨与分析,教师引导大学生结合所学书本内容,对当下时政社会热点事件及时关注,选择合适话题。确定话题后,需要报送老师处进行筛选。如若话题选择不当,则需立即更换话题。然后各个学习团队要围绕选择好的话题展开讨论,对所关注的国内外社会时政展开述说评论。

2. 学习团队讨论过程需要做好相关记录,可以通过多种形式(课件展示、新闻时评、微影采访等)展示本小组对所选时事的看法与分析。在撰写评论时,各班级统一使用实践教学作业用纸。学生学习团队需要写出 1000 字以上的相关文本,团队负责人对小组成员贡献大小进行排序,并标清贡献率。学习委员第 12 周报送电子版(班级+主题命名)给本班级任课教师(纸质版第 13 周课上交给任课教师),电子版是为以后的作品评优评奖提供佐证材料。任课教师在批阅的同时审核挑选小组优秀作品。

3. 在第 13 周,各班级各学习团队在线下课堂开展"时事政治评论"活动。以小组为单位,每小组内选派 1 名代表作为汇报人对完成作业进行汇报发言,汇报人要提前准备好 PPT 用于汇报讲解,要求主题明确、内容清晰等,时长在 5 分钟左右。汇报者可以针对所选主题进行全面讲解,也可以在不偏离主题的前提之下发表一些自己的见解或者扩展内容,也可以此为主题引发课堂讨论。

4. 思政教师可以组织 2 名学生代表(自荐或推荐均可)在汇报人汇报过程中进行记录总结。汇报人全部汇报完之后如果尚有剩余时间,可以让同组未发言同学对汇报人汇报内容进行补充说明,其他组同学进行点评分析。让更多的学生参与进来,最终达到互相学习、互相促进,达到良好教学效果。

5. 思政课教师积极引导,总结好本次活动。在各小组汇报结束后,对学生汇报内容进行总结与主题升华,以达到良好的思政教学效果。汇报结束后,教师按专业推荐一两个优秀小组参加全校比赛。优秀作品将在"概论"的线下课程的"时事政治评论"专栏及相关平台展示交流。

六、活动注意事项

思政课教师要做好前期活动的部署工作,处理好教与学的关系,并以此作为实践教学考核的基本依据。在思政课堂上,教师要让学生明确汇报主题,并鼓励学生积极发言,主动展示自我形象,彰显当代大学生风采。同时,教师课堂中注意时间的控制与交流主题的突出,及时做好总结,汇总好相关的材料。

七、活动考核评价

实践的作品创作要有一定原创性,杜绝抄袭行为和不认真态度,一经发现实践成绩记零分。在原创基础上尽量做到有一定的创新性与逻辑性,同时,要保证内容紧扣主题,主旨要符合主旋律,树立正确的社会主义核心价值观。思政教师要引导学生积极发言、建设开放式课堂,鼓励学生大胆实践创新,提出有主见的观点与建议,只要观点明确的个人均要予以积极的肯定,并计入平时成绩,作为思政课先进个人的材料来源。最后,为每位同学打出优秀、良好、合格、不及格的分数,作为最后综合成绩计量来源。

八、活动附录资料

记录大学生有代表性的发言,可提供自拍视频、图片、感悟小文等。

范例

基于新时代老龄工作的时事讨论

时事:2021 年 11 月 18 日,《中共中央国务院关于加强新时代老龄工作的意见》提出,为实施积极应对人口老龄化国家战略,需要加强新时代老龄工作,提升广大老年人的获得感、幸福感、安全感。我们小组基于这个时事热点,展开了讨论。

老龄化是老年人口占总人口的比重不断上升的过程,老龄化进程的快慢取决于生育率下降和平均寿命提高的速度。目前,我国 60 岁及以上人口为 26402 万人,占 18.70%,其中,65 岁及以上人口为 19064 万人,占 13.50%。与 2010 年相比,60 岁及以上人口的比重上升 5.44 个百分点。根据以上数据可以看到,我国人口老龄化程度进一步加深,未来一段时期将持续面临人口长期均衡发展的压力。

我国的人口老龄化有三个主要特征。一是绝对基数大与快速老龄化共存。二是面临"备""富"不足的双重老龄化挑战。三是城乡与地区间老龄化发展不均衡问题凸显。

造成中国人口老龄化加速的原因是多方面的,但最主要原因有两个方面:一是长期以来实行计划生育政策出现的较低生育率。另一方面是经济的快速增长、科学技术的进步、人民医疗条件的改善和生活水平的提高,人口寿命大大延长。

我国的人口老龄化带来的影响分正负两面。正面影响:老年人众多,具有较强的养老产品和服务消费欲望与实力。带动了养老院、医学上的发展,为保险行业提供了商机;老年人形成经验丰富的劳动队伍,其具有年轻人不具备的工作经验和熟练的工作技能,同时老年人的经济负担也比年轻人小很多。负面影响:减慢经济发展的速度和规模;社会保障保障压力增大,经济负担加重;劳动力减少,社会建设问题增多;影响社会就业和再就业;人口老龄化带来的劳动力老化,不利于劳动生产率的提高,对经济发展起阻碍作用。

人口老龄化是上个世纪末到本世纪头十年出现的一个世界性的问题。

在人口老龄化这个问题上,国家层面,首先要提高思想认识,加强老龄工作。弘扬传统美德,创新养老模式。其次,需要加强法制建设,保障老人权益。加大投入力度,健全养老体系。一是大力宣传《中华人民共和国老年人权益保障法》,提高全社会保障老年人合法权益的法律意识,提高老年人依法维护自身合法权益的意识和能力;二是及时为老年人提供法律援助。然后可以发展养老事业,建设"银发工程"。发展中介机构,提高服务水平。围绕老年人的需求,加大政府扶持,以创业带动就业,以创新提高效益,加快发展老年服务业。最后可以制定鼓励政策,开发老年人才。坚持改革创新,完善保障制度。加快体制改革,整合涉老机构。探索实行富有弹性的退休制度,让健康低龄老年人中的高级专家参加经济社会活动;以创业、创新破解发展难题,采取灵活政策,构筑创业平台,鼓励、引导老年人参加力所能及的经济社会活动。

随着物质生活水平的不断上升,人们生活日益提高,同时我们发现了人口老龄化的现象日益突出,很多青少年的劳动力并不愿意从事一些传统行业,同时青少年劳动力也严重不足,所以越来越多的人开始重视人口老龄化的问题,也会对这个问题发表一些个人看法。经过我们小组讨论,我们认为人口老龄化是一个正常的社会现象,且人口老龄化不只有弊端,还有对我们有利的一面,我们要把握好老龄化带来的正面影响,用政策等方法手段,减少老龄化的不利影响,人口老龄化问题会得到改善。人口的发展是有规律的,当我们经历了人口高速增长以后,那某些人口必然是会衰老,当然随着老龄化发展速度的加快,同时也带来了一系列的社会矛盾和社会问题。只要我们积极响应国家号召,按照国家政策实施,缓解人口老龄化的问题指日可待。

(作者:周艳倩等;指导教师:张祖晏)

实践项目三　我为地方发展献计策

一、活动名称

"我为地方发展献计策"活动

二、活动目的

大学生是社会主义现代化事业的建设者和接班人,是祖国的未来和希望。因此,要积极引导大学生关心国家大事,关心国家的建设和发展,坚持理论联系实际,学以致用,将课本所学的知识运用到解决实际问题中去,从而增强自身建设现代化的本领和各种能力。因此,本次实践活动就以新中国的发展为背景,围绕党和国家在新时代建设和发展中的重要课题,并从当地经济、政治、文化、社会等发展的实际出发,结合大学生自身的兴趣和特长,设置一系列选题范围,如经济发展、产业转型、党的建设、生态文明、文化建设、环境卫生、公益活动、民生工程、网络创业、校园(城市)文化等。引导大学生关注这些选题,关注某一领域的社会现象以及问题,就此展开深入调查分析研究,提出可行的对策,为地方经济社会发展献计献策,为国家建设和发展贡献自己的一份力量,从而增强大学生观察能力、分析问题与解决问题能力以及团队协作精神和能力,同时也进一步增强大学生主人翁意识。

三、活动时间

学期第 11—12 周

四、活动地点

第 11 周在图书馆,第 12 周在各班级上课教室

五、活动具体步骤

1. 思政教师提前布置。在第 10 周思政课堂上,老师抽出一定时间,对本次实践活动目的、宗旨、内容以及具体安排进行说明,并让学生对照实践手册,认真学习,争取每位学生都熟知整个实践作业的内容及活动流程。

2. 学生以小组为单位,从本次实践作业选题中,确定好选题。在此过程中,老师要做好选题的指导工作。学生以小组为单位,将确定好的选题发送给学委,学委统计整理好后,统一发给思政老师。思政教师针对小组的选题给予指导、修正,确保选题适合学生的调查研究能力。

3. 各个小组在 11 周上课规定的时间内去图书馆查阅与选题相关的资料,设计问卷,老师给予指导,如何设计问卷。学生利用课余时间发放问卷、回收问卷并整理数据,在此基础上撰写调研报告。在此过程中,思政教师依然要给予必要的指导。另外,告知学生,以小组为单位,在第 11 周要上台进行展示和分享,提醒学生提前做好展示的课件和讲稿。教师也可以对展示的课件及讲稿进行指导,并提出修改意见。

4. 在第 12 周思政课堂上,对即将展示的小组,教师做好统计,规定好每组展示的时间。同时对展示、发言、点评等一系列流程和步骤等进行安排和说明。尤其是从学生中挑选 5 位大家信任的学生担任评委,公开评分的标准和依据。

5. 学生以小组为单位,每组选代表一名做主题发言,同组同学可以补充。在此期间,允许和鼓励其他同学就该小组的发言内容,进行自由发言,或评价或补充,并嘱咐学委做好所有同学发言的简要记录,以备后期总结、点评和考核。

6. 教师针对小组展示课件、内容以及其他同学的发言等诸多情况,进行较为完整的点评。在点评时,不仅要指出优点,也要委婉说明不足及改进的地方,但注意整个点评以鼓励为主。教师与学生代表打分,给出每个小组最后的成绩。

7. 思政课教师总结好本次活动,并在课后做好总结和反思,以便今后不断改进与完善。

六、活动注意事项

思政课教师做好前期活动的布置工作,要求所有学生明确此次实践教学作业的内容及要求;在学生查阅资料、设计问卷、撰写报告等诸多环节,教师一定要做好指导与监督工作;在第12周的课堂展示环节,教师提前做好所有的准备工作,做好相关事务的安排,并鼓励学生积极展示和发言,积极展示自我风采。展示过程中,要提醒学生,注意时间的控制与交流主题的突出。最后,教师要及时做好总结与反思,汇总并保留好相关的材料。

七、活动考核评价

讨论活跃、观点明确、课件制作精良、发言积极、有独特见解的小组与个人予以积极的肯定。对于学生发言中出现的不正确的或不妥帖的观点和结论要指出并提出更正意见。

同时对于每个小组的综合表现进行评分。评分采用教师与5名学生代表分别评分,然后取平均数。考核的内容包括了团队协作精神是否体现、问卷设计、报告的内容与格式是否符合要求、课件制作的质量(内容与形式)、展示发言的情况等诸多环节。该分数作为该小组的最终成绩计入平时成绩,并作为本学期评选思政课优秀团队与先进个人的重要依据之一。每组打出优秀、良好、合格、不及格的分数。其中,优秀作业可推荐入选马克思主义学院实践教学的优秀作品集。

八、活动附录资料

范例

××大学生参加志愿服务的现状调研报告

一、调查目的(背景)

志愿者服务行动是由共青团中央组织发起的一项社会公益事业,以青年参与为主题,以志愿服务为手段,通过青年志愿者为他人、为社会提供服务和帮助,推动经济发展和社会进步,推动社会公民思想道德建设的发展。志愿者,"他们付出额外的时间,并且不期待经济回报,其根植于道德的义理之中,他们也获得了神圣的自我形象以及人格,以及某种他自以为有能力改变现状的浪漫抱负。"大学生是我国青年志愿者的主力军,他们利用业余时间,结合自己的知识技能、资源和善心为他人、社区、社会提供非营利性、非职业化的援助。在自觉、自愿基础上,参与志愿者组织开展的各项活动,使大学生实现了自身价值,培养了大学生的公民意识和社会责任感,锻炼了大学生的奉献精神、服务能力等整体素质,同时也传承了中华民族扶贫济困、助人为乐的传统美德。可见,志愿者服务活动是动员和组织青年大学生参加精神文明建设、提高自身素质的有效载体,是新形势下高校对大学生开展思想政治教育的新途径,开展好此项活动意义重大。

本次调查的直接目的是了解现阶段大学生志愿服务现状及大学生对青年志愿者行动的

认识、理解、心态及存在的问题,为推进大学生志愿服务的建设,进一步加强青年大学生志愿者工作力度,丰富动员方式和手段提供决策参考,更好地调动青年大学生参与社会、服务社会的积极性,激励青年深入基层锻炼,不断积累社会经验,为和谐社会建设做出贡献。

二、调查对象

主要以在校大学生为调查对象,在专业类型方面,尽量涵盖几大主要专业。

三、调查方法

此次调查主要采取调查问卷的方式。

四、调查内容

(一)大学生参加志愿服务的现状分析

1. 根据调查报告显示有大部分人参加过志愿服务,占比高达 65.85%,愿意参加志愿服务且不需要回报的人数占比高达 56.1%,都占了大半的比例。他们的主要目的是希望自己能够为社会做点贡献。同样在志愿服务的过程中,他们也能很好地锻炼自己的能力。但很多大学生志愿者不够注重实效,表现在志愿服务活动往往形式过于简单,缺乏教育内涵,没有结合专业特长锻炼实践能力,不能达到对大学生进行教育的目的。因此,也有一部分学生认为参加志愿服务就是浪费时间,对自身的发展没有丝毫的帮助占比达到了 14.64%。但是依旧有大部分学生会积极参加志愿服务,占比为 65.85%。

2. 大学生志愿者活动缺乏资金支持,因此导致产生问题的概率为 24.39%。对于大学生志愿者来说,虽然他们有着奉献精神和自我牺牲精神。但是一味要求其奉献只能使志愿队伍流失,他们也需要适时的激励。因为服务机制导致志愿服务工作产生问题的占比为 53.66%,所以要尽快完善志愿者的服务机制,这样能让志愿者的队伍更加有组织性和目的性。对于公益活动是否有补贴的问题,一部分人认为可适当补贴,占比为 43.9%;一部分人认为,这是自己的事情可以不用补贴,占比为 56.1%。在条件允许的情况下,大家都会积极地参加志愿服务。

3. 根据调查数据显示,大学生所能接触到的志愿活动大多数是来自学校组织,占比为 70.73%,同学介绍占比也比较高,占比为 51.22%。由此我们可知,学校是大学生志愿者们最依赖的有力平台,应该尽可能为大学生创造机会,引导他们有序参加志愿活动。

(二)大学生参加志愿服务现状的原因分析

1. 大学生志愿服务活动缺少实效性

大学生在参与社会奉献、进行志愿服务的过程中能够提高精神境界,培育文明风尚,树立起社会主义核心价值观。志愿服务作为社会文明发展程度的标志,对推动人类社会进步和发展具有十分重要的意义。随着我国改革开放进程的不断加快,大学生志愿服务逐步成为大学生接触社会、服务社会、走进社会的切入点。因此,大学生所能接触到的志愿活动大多数是来自学校组织,同学和家长介绍等。但这些活动往往比较单一,很多大学生志愿者没有结合专业特点,没有得到真正的实践锻炼与能力的提高,无法达到预期的教育与服务目的。

2. 渠道与支持力度不足

近年来大学生志愿服务事业取得较快发展,志愿服务精神被广泛传播,志愿服务主体逐渐扩大,志愿服务活动丰富多彩,大学生志愿服务活动已经成为推动中国特色社会主义的有力助手。由于缺少信息渠道、学业和课程压力较重以及学校在该方面重视程度不够,但大学生与学校组织和同学的接触最为密切,校园信息的缺少导致他们不知道如何去参加,甚至参加效果平平。

3. 活动项目种类少并缺少奖彰和补贴

大学生作为我国社会主义事业的建设者和接班人,是推动社会发展不可忽视的力量,志愿者活动是引导大学生奉献社会的有效途径,一部分人想在参加志愿活动为社会做贡献、锻炼自己的能力的同时,能获得相关奖励奖彰、适当的补贴,在条件允许的情况下,这样做可以提高大学生参与社会的意识而且能促使他们在活动的过程中进一步明确自己的责任,从而促进大学生形成社会责任感,履行社会责任。在全面且完善的志愿服务活动机制的引导下,志愿项目才能更具实效性,大学生志愿者才能得到真正的锻炼与奉献。

(三)促进大学生积极参加志愿服务的对策分析

1. 开展多样化的志愿活动,学生积极选择切合自身专长的志愿活动

据调查报告显示,现在大学生参加的志愿服务活动内容较为单一,志愿者在活动中无法施展和锻炼自己的特长,发挥好自己的专业技能。学校和社会应该丰富志愿活动的种类,让大学生能够找到能够发挥自己专长、锻炼自己专业能力的机会。组织要为志愿者提供能够丰富个人经历、增加发展机会的工作。例如,加大责任,让志愿者单独负责某一项任务或者项目,以强化志愿者的"主人翁"责任感。

2. 政府设立一系列表扬以及奖励机制,鼓励大学生参加志愿服务活动

"志愿服务是一种自愿的、利他的、没有直接资金的回报活动。"在发达国家,"志愿者"具有很高的社会评价。然而在我国,由于志愿服务起步较晚,所以社会对志愿服务重视程度并未达到发达国家的高度。本次调查的数据统计反映,缺少奖励机制会导致大量志愿服务人员的流失。因此,志愿活动需要更多来自社会的关注、肯定以及各方面的帮助。政府可以设立相关的表扬机制,以此来鼓励和激励人们积极参加志愿活动。不断完善志愿活动的社会工作体系也为之后志愿活动的展开奠定了良好的基础。

3. 学校对大学生志愿服务活动予以更多重视,创设更多志愿活动机会

据本次数据调查显示,大学生的主要志愿服务活动的途径来自学校介绍,还有一部分是来自同学的介绍。由此可见,学校在大学生志愿服务活动中所起的重要作用。因此,学校应该加大对于学生社会服务能力的培养,通过志愿服务活动让学生学习社会知识和积累社会经验,为学生搭建起一座联系社会、增强社会交往能力的桥梁。

【小结】

志愿服务作为大学生的"第二课堂",是大学生社会实践的一个重要途径。为鼓励大学生积极参与志愿服务,高校纷纷出台相关制度,比如设置志愿服务学分,把志愿服务列入综合素质测评并与保研、奖学金挂钩,要求申请入党的积极分子累积一定的志愿时长,等等。大学生做志愿活动,最有价值的是在这个从学校走向社会的过程中,使青年人有一种奉献精神,使志愿服务精神长存心中,发扬青春正能量。参加志愿者行动,会让你接触到社会中不同的阶层、不同的人群。比如老少边穷地区的儿童,比如孤寡老人、孤儿、重病患者、失独家庭。通过服务这些特殊的人群,帮助大学生去了解书本之外的社会百态、人情冷暖。随着对志愿服务了解的深入,我们会更加理解人生,更加理解社会。

参考文献

[1] 于海,李亚平.第三域的兴起——西方志愿者工作以及志愿组织理论文选[M].上海:复旦大学出版社,1998.

[2] 丁元竹,江汛清,谭建光.中国志愿服务研究[M].北京:北京大学出版社,2007:102.

（作者:金雨忻;指导教师:李敏）

实践项目四　中国发展作品创作

一、活动名称

"党的百年复兴之路"作品创作

二、活动目的

开展"党的百年复兴之路"作品创作活动是《毛泽东思想和中国特色社会主义理论体系概论》的实践活动"中国发展作品创作"的系列活动之一,每学期结合时代特点确定活动主题。该活动是坚持以习近平新时代中国特色社会主义思想为指导,全面落实习近平总书记关于党史学习的重要论述,增强四个意识、坚定四个自信的重要举措。开展该项活动对于大学生成长成才具有重要意义。

首先,开展"党的百年复兴之路"作品创作活动,丰富大学生的党史知识。2021年是中国共产党建党100周年,中国共产党的百年发展是曲折的,同样也是丰富的,百年历程见证了中国共产党从小到大、从弱到强。在这百年历程中党披荆斩棘、砥砺前行、不懈奋斗,为中华民族铺就了一条复兴之路。通过本次实践活动,引导大学生主动学党史、知党情,以"百年复兴"为主题,认真梳理党的百年进程中的重大历史事件,讴歌党的光辉业绩,增强大学生对党百年历程的学习与了解。

其次,开展"党的百年复兴之路"作品创作活动,提升大学生爱国情怀。通过本次实践,引导学生读党史、讲党史,传承红色基因,赓续共产党人精神血脉,以榜样的力量引导青年学生学史崇德,培养大学生爱党爱国爱人民的情怀。以丰富的"营养剂"滋养青年学生学史增信,深刻认识到我们党先进的政治属性、崇高的政治理想、纯洁的政治品质,进一步增强大学生对中国特色社会主义的道路自信、理论自信、制度自信、文化自信,坚定对党的信心和信念,坚定对中国特色社会主义道路的信心和信念。

最后,开展"党的百年复兴之路"作品创作活动,明确大学生的历史使命。习近平总书记在庆祝中国共产党成立100周年大会上发出"新时代的中国青年要以实现中华民族伟大复兴为己任,增强做中国人的志气、骨气、底气,不负时代,不负韶华,不负党和人民的殷切期望"的号召。通过对"党的百年复兴之路"作品进行创作,使学生深刻认识到红色政权来之不易、新中国来之不易、中国特色社会主义来之不易,以时代的召唤带动青年学生以身报国,自觉团结在以习近平同志为领导核心的党中央周围,不断增强时代责任感与使命感,以党和国家的民族大业为己任,认真学习、勤于思考、甘于奉献,努力成长为社会主义伟大事业的建设者和接班人,为实现党的 2035 年"基本实现社会主义现代化"的奋斗目标贡献智慧,为实现社会主义现代化强国砥砺前行。

三、活动时间

学期第 4 周

四、活动地点

各班级上课教室

五、活动具体步骤

1. 思政课教师提前布置活动主题,即"党的百年复兴之路"作品创作。阐述活动的目的与宗旨,在教师指导下,大学生自觉学习党史、以百年党史中的重大历史性事件为线索,认真梳理党的百年发展的历史脉络,根据个人情况以其中一个或多个重要的历史事件为素材,发掘其中蕴藏的强大的党魂,并结合课程第八章与第九章的学习内容进行创作,通过作品创作实现党史学习与当下社会实践紧密结合,升华自己爱党爱国、乐于奉献的高尚情怀。创作的文体不限,可以是随笔、诗歌、小小说、美术作品、微电影等。其中随笔要求字数 600 字左右,诗歌主题鲜明,美术作品需有简洁介绍,微电影需要画面与内容清晰(引用的画面内容标注来源)。

2. 学习委员第五周发送电子版(班级＋主题命名)给本班级任课教师(纸质版课上时间交给任课教师),任课教师在批阅的同时审核挑选,优秀作品将在"概论"课程的"百年党史大学习"专栏及相关平台展示交流。

3. 以个人为单位,选取 10 名同学进行主题发言,时间原则上控制在 5 分钟以内。汇报同学要提前准备好 PPT 用于汇报讲解,汇报之后将 PPT 发给任课教师存档,为之后作品评优评奖提供佐证材料。汇报者可以针对其作品进行全面讲解,也可以在不偏离主题的前提之下进行适当扩展。

4. 其他未汇报同学可对汇报同学的讲解进行点评、交流,开展课堂内讨论,最终达到共同学习、共同进步的良好教学效果。

5. 推荐与自荐两位同学在课堂分享过程中做好记录,以备实践教学存档。

6. 思政课教师在实践过程中要对学生进行积极引导,总结好本次活动。

7. 配合本次实践教学活动,马克思主义学院将于实践活动后举办宿迁学院思政课"百年党史大学习"作品创作大赛活动,实行个人自荐与任课教师推荐相结合的方式,开展作品征集与评比。

六、活动注意事项

思政课教师做好前期活动的布置工作,对实践主题、实践目的、实践时间等进行讲解。明确本项活动由同学以个人为单位独立完成,作为《毛泽东思想和中国特色社会主义理论体系概论》课程实践教学考核基本依据。鼓励学生结合个人作品积极发言,展示自我学习成果。在课堂分享中注意学生分享时间的控制与交流内容的丰富程度,及时对学生的学习成果进行总结并汇总好相关材料。

七、活动考核评价

实践的作品创作要有一定原创性,内容紧扣主题,主旨要符合主旋律,弘扬正能量,彰显中国精神与中国力量。准备充分、发言活跃、观点明确的个人予以积极的肯定,计入平时成绩,并作为思政课先进个人的材料支撑。根据每位同学提交的作品及个人课堂表现,为每位同学打出优秀、良好、合格、不及格的分数。

八、活动附录资料

记录大学生代表性的畅想发言,可提供自拍视频、图片、感悟小文等。

范例

《觉醒年代》观后感

我们生在这盛世,长在春风里,生在五星红旗照耀下的中国,因为曾经有很多伟人在那个没落的旧社会时依然与中国相伴,才创就了如今繁荣昌盛的新中国。

——题记

在2021年的暑假里,一部以历史为题材的电视剧《觉醒年代》悄然播出,带给人们心灵上的震撼。1915年,"一战"第二年,德国在欧洲战场分身乏术,日本加紧侵华。二次革命失败,孙中山等流亡在外,资产阶级革命派无力把反帝反封建进行到底,国内政局混乱,人民痛苦不堪,中国风雨飘摇,动荡不堪,本剧讲述了李大钊、陈独秀、胡适、蔡元培等教授以及邓中夏、郭心刚、陈延年、陈乔年、赵世炎等青年学生为了中国新文化的发展以及而后发生的社会变革奋斗的历史故事。

在没有看这部剧之前,我并没有对这些历史上的革命者和事件有很大兴趣,当时就觉得为什么那个年代会发生这么多事情,我甚至不知道陈独秀有两个儿子叫陈延年和陈乔年,我也不知道郭心刚、邓中夏等人。但看完这部剧之后我感觉这些历史人物都变得鲜活起来了,我也是第一次知道原来真的有人为了今天的幸福生活不计个人代价拼尽全力来完成革命事业,有人会因为一个国家的没落一夜白头,疾病缠身。令人印象深刻的一幕就是毛泽东的出场,当他从风雨中走来时,看尽人间百态,世态炎凉,穷人的孩子在雨中看着过往的行人,眼里流露出对自由的向往。一边是富人的孩子坐在车里享受,冷漠地看向车外的一切。鱼缸里的金鱼在清澈的水中自在地游泳,而翻落在泥泞里的小鱼在无力地挣扎,仿佛在向老天爷质问为何自己的一生就这样草草结束;一旁乞丐趴在地上苟延残喘,向路过的行人讨要今天没有着落的饭,军官在一旁骑着马横冲直撞,毫不留情地将肮脏的泥点溅向四周的人。

周树人,家喻户晓;人血馒头,人人皆知。但谁知人血馒头并非虚构,而是他亲眼所见,当我看到这里:军官拿着大刀向跪在地上的罪犯毫不留情地砍去,鲜红的血液溅射到四周,但周围的看客却毫不动容,似乎倒在地上的不是这个国家的人,甚至不是人,但更多的是那些没钱买药来给小孩治病的穷苦民众癫狂般地拿着手中的碗,碗里放一个馒头向军官冲去讨要刚喷射出来的温热的人血。当时社会的封建思想,看客的冷漠无情以及民众的愚昧无知都深深地刺痛了我的心。我记得鲁迅先生的一本小说《狂人日记》里有这样一段话:"我看历史,没有年龄,每一页倾斜的纸上都写着'仁义道德'。反正我也睡不着,仔细看了半夜,只从字缝里看到了字,满满写了两个字'吃人'。"

"自主的而非奴隶的;进步的而非保守的;进取的而非隐退的;世界的而非锁国的;实利的而非虚文的;科学的而非想象的"。这是陈独秀先生所主编的《新青年》发刊词的节选,这是他对当代青年所期待的,他认为这是当代青年应该有的六个标准。这个刊报承载了一代人的希望与未来,历史上的新文化运动就是起于这个报刊。钟甫先生说:"青春如初春,如初阳,如百卉之萌动,如利刃之新发于硎,人生最宝贵之时期也。"青年就是青年,总有使不完的劲儿,总有追不完的梦,总能站在时代的前沿。正是因为这些革命青年的艰辛探索和几代共产党人的接续奋斗,才有了如今的新中国。国家总是需要有活力的青年,正如李大钊先生所说:"国家不能没有青年,青年不能没有觉醒。"

伟大的人就是伟大的人,敢走一条没人敢走的荆棘之路。有人称他们为"中国的普罗米修斯"。我不愿称其为"中国的普罗米修斯",因为中华人民的火种,从来不需要依靠神的帮助而得。伟人也并不是神。纵然马克思主义来源于俄国的十月革命,但是毛泽东同志等人还是将其改造中国化,寻找到一条特殊的、崭新的道路,我们并没有照搬照抄俄国的模式。所以中国的火,是用人们的双手摩擦出来的。经过数千次实验,无数革命者也找到了拯救国家的正确方法。因此我认为,中国的仁人志士是燧人,而非普罗米修斯。

有人问,《觉醒年代》还有续集吗?是的,今天的幸福生活是最好的续集。理想照耀着中国,一代人终将老去,但总会有年轻人。他们让中国从没落的封建社会走向如今的繁荣富强。他们的艰辛努力让我们体会到了如今的美好生活。他们勇敢地面对荆棘,使后代可以拥有幸福。我们应该珍惜我们的青春,不忘初心,牢记使命。

(作者:鲁婧;指导教师:王敏)

实践项目五 社会调查研究

一、活动名称

社会调查研究

二、活动目的

当代大学生在学习《毛泽东思想和中国特色社会主义理论体系概论》，了解和掌握毛泽东思想，邓小平理论，"三个代表"重要思想，科学发展观和习近平新时代中国特色社会主义思想形成、发展与确立的历史过程及其科学体系、精神实质的同时，也要树立正确的世界观、人生观和价值观，增强大学生执行党的基本路线和基本纲领的自觉性和坚定性，让大学生成为推进改革开放和社会主义现代化建设的接班人。

学生假期社会实践作为促进学生素质教育，加强和改进青年学生思想政治工作，引导学生健康成长成才的重要举措，作为培养和提高学生实践、创新和创业能力的重要途径，一直深受学校的高度重视。社会实践活动一直被视为学校培养德、智、体、美、劳全面发展的跨世纪优秀人才的重要途径。寒假期间社会实践活动是学校教育向课堂外的一种延伸，也是推进素质教育进程的重要手段。它有助于当代大学生接触社会、了解社会。同时，实践也是学生学习知识、锻炼才干的有效途径，更是学生服务社会、回报社会的一种良好形式。通过社会实践（调查），使学生了解社会、认识国情，加深对毛泽东思想和中国特色社会主义理论体系基本原理的理解，深化对党的路线方针政策的认识，坚定在中国共产党领导下走中国特色社会主义道路的信念，树立实现中华民族伟大复兴的共同理想，增强历史使命感和社会责任感。同时，还可以锻炼毅力、培养品格、增长才干、关注民情、服务基层、奉献社会，提高认识问题、分析问题和解决问题的能力，培育创新精神，使同学们成为中国特色社会主义伟大事业的合格建设者和可靠接班人。

由此，让大学生深入社会实践进行调查，有利于增强学生对中国特色社会主义道路的认识，有利于加深学生对党的路线、方针和政策正确性的理解，有利于提高教学效果，有利于提高大学生的团队协作能力和动手能力。

三、活动时间

学期末到假期

四、活动地点

学生自选

五、活动具体步骤

1. 思政课教师提前布置社会调查研究的注意事项,阐述活动的目的与宗旨(主题学生可灵活自选,与时事有关即可)。本学期理论课结束之前,16—18 周,任课老师按要求对所教班级学生进行布置,讲清楚本次调查报告的格式和题目、组织形式和具体要求。学生自选小组,准备每组的调查项目,讨论得出主题。

2. 暑期老师对自己所带学生进行及时辅导、沟通和交换。本次调查报告的搜集:下学期开学后的第 1—2 周,各位老师收齐自己教学班的社会调查信息反馈表和实践(调查)报告,进行批改并评定成绩。

3. 实践就近就地进行。自主社会实践(调查)的同学,建议结合故乡所在的地市县镇村相关实际情况进行调查,也可利用在校时间调查。

4. 社会实践(调查)要眼睛向下,充分占有第一手材料,利用所把握的思想政治理论知识和专业理论知识实事求是地进行研究分析,创造性地提出思考和建议。

5. 调查对象必须真实、具体。为了反映本次社会调查的真实性,要求将本次调查的对象(被调查的单位、个人及地点)用图片及相关证明材料(须签字盖章)表现出来,调查报告须插进自己的实践图片、相关证明材料。

6. 自主实践的同学应及时通过电子信箱、电话加强与指导教师的交换。

7. 本次社会实践(调查)活动时间一般 1—3 周,活动结束撰写报告,报告的撰写要明确一个主题,以事实为根据,尽可能做到内容翔实,围绕一个中心题目展开报告(报告题目可参考教师所提供的参考选题),篇幅 3000 字左右,下学期开学第 1—2 周提交指导教师(任课教师)。

8. 除学生自己调查之外,本次暑期社会实践(调查)活动也可采用学校统一组织和个人自主结合的方式进行,大多数同学可通过自主方式完成课程实践活动。学校统一组织的社会实践(调查)有三种形式:

一是学校组织的校级学生实践团队。

二是各学院组织的专业考察、科技下乡等社会实践小分队,由学院团委组织、专业教师带队指导。

三是学生自己拟题目调查。

以上各种形式的社会实践(调查),要求学生在指导教师的指导下,将"概论"课社会实践(调查)与专业、时事结合进行,并按要求撰写社会实践(调查)报告。

六、活动注意事项

1. 封面、正文、封底使用相同格式,报告用 Word 文档打印,可插进能够反映自己实践活动的照片,格式要规范。

2. 封面上需注明调查题目、个人信息、报告撰写日期等。

3. 除封面外,报告应包括内容摘要、正文、结语等。

4. 理论联系实际、观点明确、材料详实、逻辑周密、语言流畅、论据确实、论证公道。

5. 严禁以各种方式抄袭或剽窃,一经发现该报告判零分,不给予补考机会。

6. 提醒同学们要注意安全。

七、活动考核评价

调查优秀者计入平时成绩,并作为思政课优秀团队与先进个人的材料来源。每组打出优秀、良好、合格、不及格的分数。

八、活动附录资料

记录大学生有代表性的发言,可提供自拍视频、图片、感悟小文等。

范例一

社会实践报告
(××××情况调查)

学　　院 ×××××　　　学院
专　　业 ×××××　　　专业
班　　级 ×××××　　　三班
学　　号 _____
姓　　名 _____×××_____
指导教师 _____×××_____

××校园学生日常生活费情况调研

一、活动基本情况

（一）活动时间及地点

2020年10月8日—2020年10月14日

地点：学校校园内外以及网上

负责人：×××

（二）活动任务分配

1.收集相关资料与写总结报告——×××。

2.拍照记录——×××。

3.分析整理——×××。

4.采访与PPT演示——×××。

5.后期制作——×××。

6.活动记录——×××。

7.形成材料——×××。

（三）活动调查方法

采取访谈和问卷的形式

（四）活动内容

1.调查活动前的动员

组长负责通知大家集体开会，讨论这次社会实践调查的主题、成员分工、活动的时间地点、调查的方法内容、调查时要问的问题。各个成员明确各自的任务并根据自己的任务进行准备。

2.调查的主要问题

（1）学生的生活费数额

（2）学生家长的收入

（3）他们对生活费的态度

（4）他们对生活费的期待

3.活动交流

小组制作问卷，与同学老师们分享这次社会实践的收获与感悟。

二、调查报告

随着社会的不断发展，当代大学生的消费水平正逐年提高，越来越多的家庭感到供养一个大学生的压力。很多人说，大学生的消费水平基本可以赶超白领。那么，大学生的高消费到底源于何处呢？为什么大学生的花费会如此巨大呢？

本次的调查对象多为大二的学生，虽然反映出的问题不是很全面，但是也有一定的代表性。从调查数据的整体来看，大多数同学的月生活费都花在了伙食费、通信费、交通费等基本生活费用上，但是为什么生活费用会越来越大呢？我们分析，可能是社会整体消费水平的提高、物价上涨、物资丰富等原因造成的。此外，地域不同，环境消费水平的不同也是影响大学生生活费用的重要因素。

根据调查结果显示，虽然目前社会经济有所发展，人民生活水平普遍提高，但大学生的消费水平还是比较低的,增长不是很快。31%的大学生月生活费还限于1400—1600元,月生活费1600—2000元占到了59.5%,仅有7.1%的大学生每月的生活费在2000—3000元,在3000以上的只有2.4%。从此项数据显示,大学生的基本消费结构还是十分正常的。

首先,我们发现大多数大学生对家长的依赖性很强,独立意识较弱,他们的生活费来源大都仅仅来自家庭(81%),只有极少数的学生会通过自己做兼职(7.1%)来减轻家庭的负担。这一方面说明了我们的大学生独立性差,责任感弱,生存能力较低,不会体谅他人,另一方面反映了中国高校教育和家庭教育存在的普遍问题,对于综合素质和人格培养的忽视。被调查者资金主要是由父母或家庭提供这个数据还说明了一点,这种情况是当代中国大学生的普遍情况。很多社会因素我们无法改变,但是我们需要关注的是,很多人居然认为这是天经地义的事,即使做兼职,大多数学生也不是为了减轻父母的负担或是尽早经济独立,而是为了要增长个人的阅历和社会经验,大家经济独立意识之差可见一斑。比起欧美发达国家的同龄人18岁就要经济独立来说,差距较为明显。可是,换个角度思考,这也是我们提高大家经济意识的一个突破口。诺贝尔经济学奖得主罗伯特·清崎曾经说过:"理财与你挣了多少钱没关系,它是测算你能留住多少钱以及能让这些钱为你工作多久的能力。"

研究了各个方面的支出金额后,我们发现学生们花费最多的事在饮食方面,通信费用和娱乐费用与以往调查显示的结果相比,有增长的趋势,花费在学习方面的金额与其他方面相比所占比例始终较小。由表中数据可看出,饮食方面支出居于250—400的人数最多,"吃饭消费"占总消费的比例较高,因此,大学生这一群体的恩格尔系数较高,这可能是这一群体的特点。

总体来说上大学生的消费仍然处于"温饱"阶段,即吃饭穿衣仍然是支出的主要方面,但是这种"温饱"已经有向"小康"过渡的趋势了(这点由我们日益增多的娱乐、通信支出、潜在恋爱支出就可以看出)。花费在学习方面的费用所占比例不大,从侧面反映出当代大学生的学习心态不是很积极,学习欲望不是很强烈,精力过多地放在娱乐和校园生活的其他方面了。学校和社会可以对大学生进行适当的引导,多买书,多读书,努力发展完善自己,充实自己,提高自身价值。

人际交往费用的增长,说明学生越来越重视学校中的人际关系交往,这既是好事,但也有值得忧虑的地方。更进一步地思考综合以上的数据,我们可以看出,"两耳不闻窗外事,一心只读圣贤书"的时代已经过去,我们正逐渐成长为新时代全面发展的人才。在大学读书的我们,目前基本上还没有能自主负担所有生活开销的能力。所以,在花钱购物时就要时刻提醒自己,不能肆意挥霍,许多没有必要的开销都应逐一免去,在大学期间养成良好的理财习惯。

建议同学们要控制欲望,不要盲目炫耀,更不能攀比,攀比心理的形成不可避免。我们应该如何面对呢?首先,我们应树立适应时代潮流的、正确的、科学的价值观,逐渐确立正确的人生准则,为自己理性定位。大学生的确需要竞争意识,但并不是所有的事物我们都需要争,生活上次于别人,并不可耻,没有必要抬不起头来。多把心思放在学习上,购物时不要急于出手,多参考别人的意见。另外要学会理财,制定每月的开销计划,进行消费记账也是大有帮助的。理财其实也是一种管理能力,如何去管理自己的财富,进而提高财富效能,提高去规划、管理自己的生活能力。

三、活动感悟

"青年兴则国家兴,青年强则国家强。青年一代有理想、有本领、有担当,国家就有前途,民族就有希望。"青年的成长成才事关党的事业薪火相传、事关国家长治久安、事关社会发展进步。中国特色社会主义进入了新时代,广大青年更要坚定理想信念,不断加强修身养性,脚踏实地,勇攀时代的高峰,勇做时代的弄潮儿,努力彰显新时代新青年的新气象。

×××××情况调查表

您好:

我是××大学大一的一名学生,下面我将针对我×的××××情况向您做一个调查,意在了解我们××××的情况,请您认真正确填写以下调查内容,谢谢您的配合。

姓　　名	×××	性　　别		年收入	
单位名称					
通信地址				邮　　编	
年龄		联系电话			
调查内容	1:您一个月生活费多少 2:父母的收入来源 3:对生活费满意与否				

(作者:陆心怡;指导教师:裴婉婷)

范例二

大学生课后自习情况调研
——以××学院为例

目录

一、调查背景与目的

二、调查基本情况

(1)调查对象

(2)调查过程

(3)调查内容

三、调查结果

(1)大学生课后自习现状分析

(2)大学生课后自习动机与原因分析

四、对策与措施

(1)对于学校而言,提升学生课后自习效率的措施与途径

(2)对于学生而言,提升自己课后自习效率的方法

五、总结

(一)查背景与目的

大学是一个人从学生过渡到社会的重要时期,是一个人养成世界观、价值观的重要期,也是实现自我价值的重要场所。大学生自主学习能力的培养和形成关系到大学生的培养质量,也关系到国家未来的发展潜力和创新能力。作为大学生,其学习的目的已经不仅仅是为了应试,更多的是为了提升自己。大学生如何通过有效的自主学习,养成终身学习的习惯,从而适应不断发展的现代社会,这是我国高校教育教学改革面临的机遇和挑战。实际上,培养大学生自主学习能力需要学校、教师、学生本人的共同努力。为了更好地了解当代大学生的自习情况与能力,我们以××学院的学生为样本进行了一次课后自习情况的调研。

(二)调查基本情况

1.调查对象

本次研究选择了数名××学院在读大学生,就他们课后自习情况进行了问卷调查,主要研究对象为大一、大二、大三以及大四的学生。

2.调查过程

(1)制定大学生课后自习情况调查问卷

(2)网上派发问卷,并收集相关数据

(3)再运用统计学等相关方法对数据进行分析研究

(4)提出建议与对应的举措

(5)总结

3.调查内容

本次调查针对大学生课后自习现状,围绕对大学生课后自习的地点、时间的选择、课后自习的内容及目的、自习时使用电子产品的效果、对自己课后自习效率的评估、影响自习效率的因素等问题展开。

(三)调查结果

1.大学生课后自习现状分析

(1)课后自习的场所选择多样化

根据所发布的调查问卷的情况来看,图书馆、宿舍和教学楼空教室是同学们比较喜欢的自习地点。其中,选择宿舍作为自习地点的占总人数的71.43%,选择图书馆作为自习地点的人数占总人数的65.71%,选择教学楼空教室作为自习地点的占总人数的31.43%,选择求索楼和其他空教室的人数占总人数的14.29%。其他自习地点占比较小。

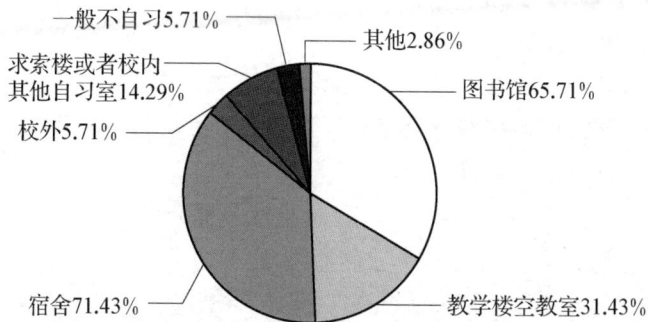

（2）选择自习地点时，一般优先考虑自习室的安静度、亮度、整洁度及舒适度

当选择自习地点时，80％的同学会将自习室的安静度、亮度、整洁度及舒适度放在首要地位。其次，51.43％同学们会考虑到自习地点的远近、处于自习地点时自习效率高低。此外，45.71％的同学还会考虑自习室的拥挤程度。较少同学关心自习时间的限制和使用电子设备的方便程度。

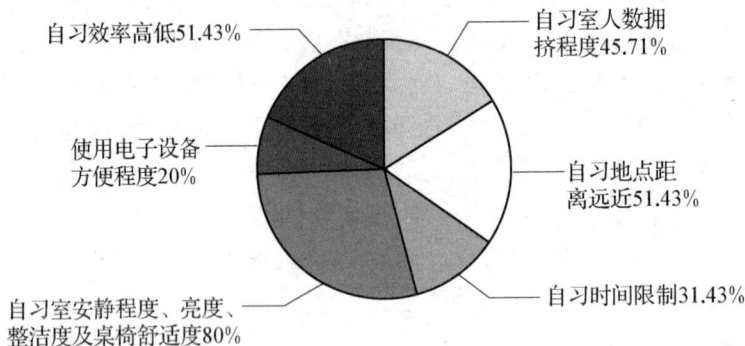

（3）图书馆是学习效率最高的地点

有68.57％的同学认为图书馆是他们学习效率最高的地点。图书馆安静而充满书卷气的氛围，是同学们自习的首选之地，从大一到大四的学生一般都会选择图书馆自习。宿舍也是比较受同学喜爱的自习地点，有14.29％的同学选择了宿舍。由于图书馆距离学生宿舍较远，所以宿舍也是一个合适的自习地点。相比之下，同学们认为在学校的空教室自习的效率并不高，占比只有5.71％。

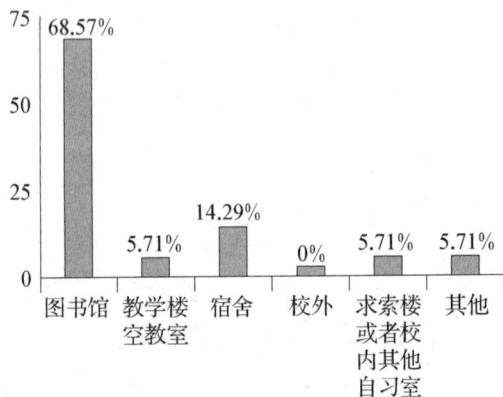

（4）同学们大都选择在复习周和双休日集中复习

同学们上自习的时间一般与空闲时间和考试等有关。有62.86％的同学选择在考前复习周进行自习，有51.43％的同学利用周末和节假日去自习。其中，有42.86％的同学选择在白天或者晚上没课的时候去上自习。

白天无课时 42.86%
晚上无课时 42.86%
中午 5.71%
周末及节假日 51.43%
考前复习周 62.86%

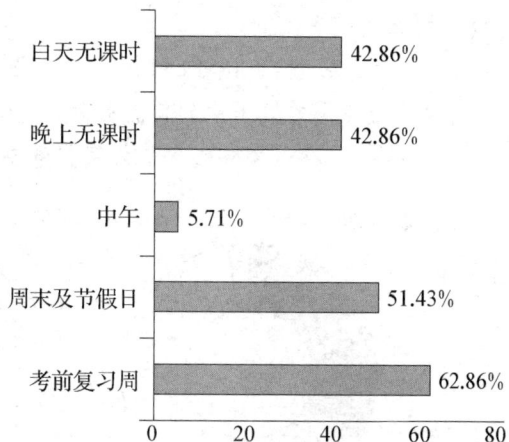

（5）自习时间一般在2—3小时之间

40%的同学的自习时间为2—3小时，34.29%的同学的自习时间为1—2小时，17.14%的同学的自习时间大于3小时，有8.57%的同学的自习时间则在1小时以内。

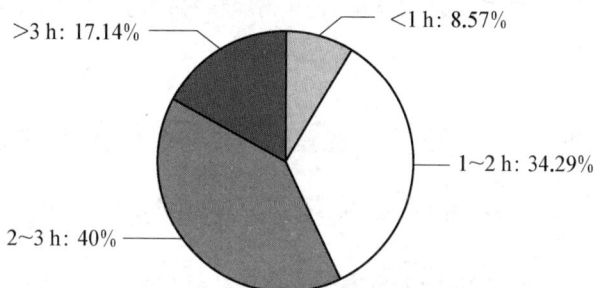

>3 h: 17.14% <1 h: 8.57%
2~3 h: 40% 1~2 h: 34.29%

（6）自习的主要内容是完成课后作业、准备考试和复习巩固课堂的学习内容

有85.71%的同学利用自习的时间完成课后作业，77.14%的同学主要利用自习来进行复习，为考试做准备。还有62.86%的同学利用自习的时间巩固课堂学习的内容。此外，有40%的同学会用课后自习的时间来提升专业知识与技能，扩充自己的知识储备量。

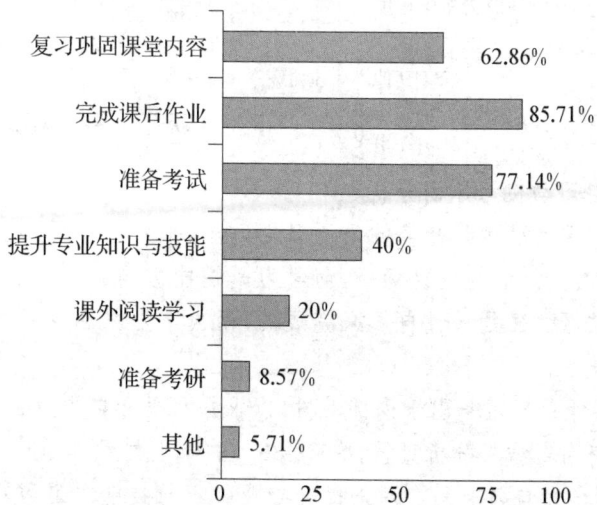

复习巩固课堂内容 62.86%
完成课后作业 85.71%
准备考试 77.14%
提升专业知识与技能 40%
课外阅读学习 20%
准备考研 8.57%
其他 5.71%

（7）同学们对于自习效率的看法大多不同

其中，大多数同学认为自习的效率一般，占比48.57%。有40%的同学认为自己在自习时的效率较高，有5.71%的同学认为自习的效率比较低。另外，有2.86%的同学的自习效率对比明显，其中一部分认为自习效率非常高，有一些人认为自习效率非常低。

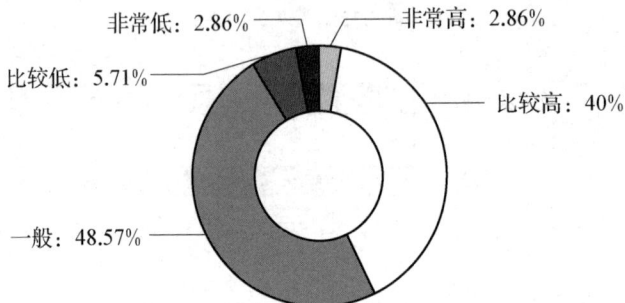

（8）影响自习效率的因素有很多，包括自身精神状态、周围环境和注意力集中程度

有80%的同学在自习时受自身精神状态的影响，这肯定导致无法集中注意力。77.17%的同学容易受周围环境的影响。自学能力、所需学习的内容量的大小、学习时间的长短也是影响自习效率的因素。

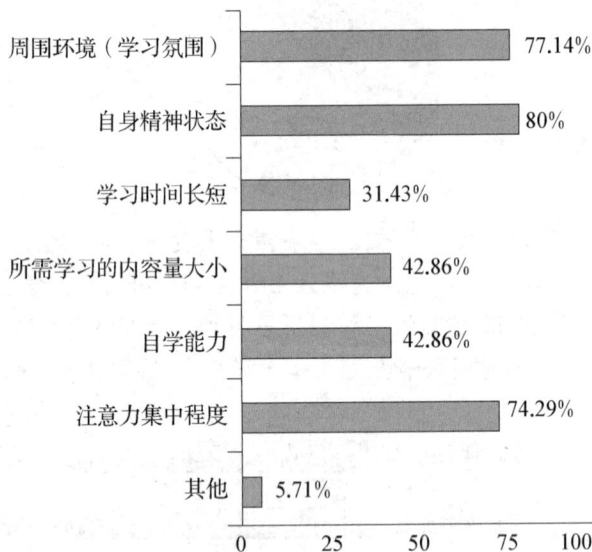

2. 大学生课后自习动机与原因分析

大学是一个人从学生过渡到社会的重要时期，是一个人世界观、人生观、价值观形成的重要时期，也是实现人生价值的重要场所，而学习是最能影响一个人气质、性格的形成的因素之一。大学生的学习往往是通过自习来完成的，而大学生课后自习的原因与动机也是多种多样的。

（1）大部分同学课后自习是出于内部动机，以求知和提升自我为目的

根据本次的调查问卷结果分析可得，有62.86%的学生利用自习时间复习巩固课堂所学的内容，有40%的同学在自习时间会用来提升专业知识与技能。复习巩固课堂所学内容是

为了内化成为自己的东西,提高自己的专业知识能力。大学时期是一个综合能力提升的时期,也是不断提升自己的实力,拓宽自己知识面的良好时期。大部分大学生会利用这段时期不断开阔自己的视野,增长自己的知识,提升自己的竞争力,满足自己对知识的渴求。或是培养自己的业余爱好与兴趣,学习一些自己从前感兴趣却没有机会学习的东西。

罗素说过:"兴趣,是最好的老师。"图书馆里有各种各样的书籍供同学们借阅研究,满足同学们不同需求的学习。在空闲时间,学生根据自己的需要进行自习,以求知为目标,在知识的获得中得到满足,按照奥苏贝尔的成就动机理论,这属于认知内驱力。认知内驱力是一种要求理解事物、掌握知识、系统地阐述并解决问题的需要,在学习过程中,体验到满足需求的乐趣,逐渐巩固最初的求知欲,形成比较稳固的学习动机。这种动机往往最稳定、最可靠,具有持久的效力。

(2)部分同学课后自习可能是出于一些外部动机

绝大多数同学课后自习是以应付考试为目的。有85.71%的同学利用自习的时间完成课后作业。在每天课结束的时候,老师可能会布置一些作业,及时地提交课后作业是这些学生进行课后自习的原因。同时,有77.14%的学生用自习时间进行复习,为考试做准备。很多大学生的学习以不挂科为原则,所以很多人是为了考试过关而进行自习。

对于英语/英师专业来说,除了学校安排的期中、期末考试,还有一些必须要考取的证书,例如大学四、六级以及英语专业的专四、专八证书等。升学的压力迫使这部分同学们进行课后自习,以获得相应的证书。按照奥苏贝尔的成就动机理论,这可划分为自我提高内驱力。

还存在部分同学进行课后自习只是为了响应学校和老师的号召,或者只是因为身边的人都在自习而跟风前去。这些同学进行课后自习的动机不直接指向知识和学习任务本身,对课后自习抱有无所谓的态度。也有部分同学把学业成就看作赢得地位和自尊的工具,他们以提升自己威望为目的,希望通过课后的认真学习来取得赞许与认可。

(四)对策与措施

美国心理学家伯纳德·韦纳认为,人们对事情成败原因的分析可归纳为以下六个原因:能力,根据自己评估个人对该项工作是否胜任;努力,个人反省检讨在工作过程中曾否尽力而为;任务难度,凭个人经验判定该项任务的困难程度;运气,个人自认为此次各种成败是否与运气有关;身心状态,工作过程中个人当时身体及心情状况是否影响工作成效;其他因素,个人自觉此次成败因素中,除上述五项外,尚有何其他事关人与事的影响因素(如别人帮助或评分不公等)。我们从稳定可控的因素出发对提高大学生自主学习能力提出以下对策:

1.对于学校而言,提升学生课后自习效率的措施与途径

(1)期末期间加设零点教室

所谓"零点教室",其实就是全天24小时开放的专门的自习教室。

临近期末,课业负担重,考试压力大,大部分同学可能会进行高强度、长时间的复习。加之考虑到宿舍学习氛围不够浓厚、环境不佳等因素,学校应加设几个零点教室,供同学们备战期末。虽然我们应该提倡适度学习、合理规划学习的健康作息安排,但是不可忽略大部分同学们熬夜复习的需求。

此外,根据心理学上的前摄抑制与后摄抑制可知,一天中"早晚"学习,记忆的效率最高、

效果最好。所以,零点教室的开设不仅仅是满足学生们(特别是考研的学生们)的意愿,更是为提升学生们学习效率创造了新的途径。

(2) 延长图书馆教学楼的开放时间

目前,图书馆的开馆时间为 8:00—22:00。不少同学反映图书馆开馆时间较短,学习时间不够。为营造良好的学习氛围,满足广大学生对延长学习时间的实际需要,不打压学生们的学习热情,学校应适度延长图书馆教学楼的开放时间,帮助同学们更加有效地开展学习工作。

咨询 我想问,为什么图书馆总是10点不到就关门了,别的学校都是11点关门?	咨询 图书馆能不能晚上11点关门啊?,
图书馆 | 2020-11-22 20:19 答复	图书馆 | 2020-11-25 09:22 答复
咨询进度 单号:1330486062048481280	咨询进度 单号:1331407780178956288
● 公开回复 2020/11/22 21:04	● 公开回复 2020/11/25 17:16
***(***) 咨询单位:图书馆	***(***) 咨询单位:图书馆
图书馆开馆时间为8.00-22.00,严格执行《图书馆规程》规定。欢迎你提出自己的建议。如你所说如有不到10点就关门的,将严肃处理责任人。	8.00-22.00是图书馆开放时间。符合图书馆规程要求。来日方长。早睡早起身体好,学习也会更快乐!

(3) 取消大四的熄灯制度

目前,我校规定,大四学生的熄灯时间为晚上 12 点。但是,现在的情况普遍是由于繁重琐碎的考研与实习任务,即便是熄灯之后,大部分学生仍然会在台灯下进行学习作业,并不会因为熄灯伴随的断网断电而停止学习。一方面,便携式台灯这种小范围的高强光容易伤害同学的眼睛,长时间的使用会造成同学们视力下降;另一方面,随着当今科技的迅猛发展,手机等电子产品已成为学生们学习生活中不可或缺的一部分,学生们往往可以通过网络获取大量所需资源,十分便捷与快速。然后,熄灯后,往往会出现网络拥堵、信息不通畅等问题,大大降低了学生们的学习效率与学习积极性。

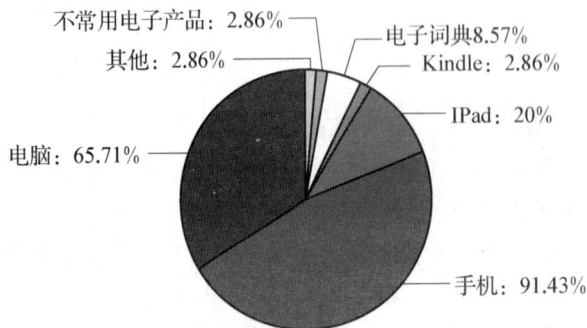

咨询 大四的宿舍可不可以不熄灯啊?每天从图书馆回去了都还想再学一会儿,但是很快就断电了,能不能满足这个小小的要求啊(我的室友都是考研人,都想再学一会儿。)
学生处 | 2020-11-17 22:07 答复
咨询进度 单号:1328701210500403200
● 公开回复 2020/11/18 07:44
***(***) 咨询单位:学生处
同学,你好!根据学生宿舍管理规定,实行宿舍限时供电与定时熄灯制度,根据学生作息时间,学生宿舍在正常在晚上11点熄灯。因大四学生复习考研,为配合做好服务工作,大四学生宿舍推迟到晚上12点熄灯。

不常用电子产品:2.86%
其他:2.86%
电子词典8.57%
Kindle:2.86%
IPad:20%
电脑:65.71%
手机:91.43%

（4）健全自习室资源设施，规范自习制度

一方面，要健全图书馆与自习室的资源设施，给学生们提供最有利的学习与自习环境。例如，图书馆应该尽可能地扩充图书资源，完备有助于学习的电子设施；自习室应该保证环境的整洁与舒适，营造安静的学习氛围。

另一方面，构建合理的自习室使用规章制度。规章制度是确保自习活动有序进行的基本保障。从构建图书馆和自习室的工作规章制度到建立具体实施制度，都需要学校各个工作人员与进入自习室学习的学生们遵章守则与互相配合，才能够确保图书馆和自习室各项管理工作的规范与高效运行。

（5）学校要创造自主学习氛围，着重提高学生自主学习意识

学校要积极引导大学生进行自主学习。学校应订阅各类专业书刊，因特网进校园以方便查阅文献资料，创造有利于学生自主学习的软、硬件环境。改进学校管理，加强理论与实践性质课程的结合，提高学生学习积极性与参与度，逐步完善适合大学生自主学习的成绩评级体系，杜绝"一张试卷"的应试体系；逐步建立成绩淘汰机制，抵制"60分万岁"的消极思想。学校作为学生学习生活的大环境，应全力促进学生形成自主学习能力。

2. 对于学生而言，提升自己课后自习效率的方法

（1）树立良好目标和自我管理能力

微生物学家、化学家巴斯德说过："立志、工作、成功是人类活动的三大要素。立志是走向成功的大门，工作是登堂入室的旅程，这旅程的尽头就有一个成功在等待，来庆贺你努力的结果。"作为一个大学生，应该学会把握时代的脉搏，面向未来，立振兴祖国之志，立自我成才之志，还要逐步培养和树立自己的专业方面的志向和理想。有了远大的志向抱负，就有自

主学习、力争上游、奋斗成才的强大动力,刻苦学习,努力争取优异的成绩。学习积极性的根源在于学生内部学习动机,而这种积极性一旦被调动起来,学生将主动参与到学习活动中去,学习也将是高效的。学习动机在大学生的学习中起决定性的作用。可说,学习态度决定一切。

大学生的学习动机、学习策略等主观因素在自主学习的效果中都起着重要作用。学生应端正学习动机,积极主动地争取课后自习的时间和机会,并建立一套行之有效的学习策略,如合理使用网络学习平台或时间管理软件,以此获得更好的学习效果,提高自习效率。但是,调查显示有约34%的同学在进行课后自习时容易被电子产品分散自己的注意力。合理使用电子产品对学习确实大有神益,但前提是必须克服对其的过度依赖,加强自我监控和管理能力,保证高效率自习的完成。在自习过程中,我们可以将手机或其他电子产品调至飞行模式,避免注意力轻易被某个消息分散。因此,加强自我监控和管理能力是提高自主学习能力与效率最为关键且有效的途径。

(2)掌握正确的自主学习方法

大学生要学会选择和运用网络课程进行学习的方法,使自己的自主学习能力和学习效率得到一定提高。在当下互联网时代,网络直播与录播的形式在各高校中陆续被运用推广。我们在进行课后自主学习时,切忌一味地"死读书""背死书",我们应该学会选择并利用网络课程来进一步提升巩固知识,尤其适用于备考英语四六级、教师资格证、会计证等的同学。能够被我们利用的网络学习课程不仅有学习通等学习平台上各个名牌高校的学习课程,还包括有道、新东方、粉笔等平台的付费课程。多途径、多形式、多元化的网络课程能够对我们的自主学习起一定的引导作用,从而提高自主学习的效率。

(3)提高对学习环境的控制能力

一个良好的学习环境对自习效率有很大的影响,良好的学习环境可以让我们更好地静心学习,同时也能提高自习的效率。良好的学习环境包括自习环境、网络大环境、教学环境等,其中自习环境是影响我们自习效率的关键因素。从调查中的数据可以看出,大部分同学自习的地点都选择在宿舍或图书馆。我们就以这两者为例,宿舍是为学生提供休息的场所,很难保证宿舍的氛围是适合学习的,并且像零食、电子产品等外界诱惑太多,不适合作为进行高效率自习的场所;图书馆是学校为学生提供自习的地点,环境相对来说比较安静,但某些外界杂音等不可控因素也是无法避免的。在这样相对良好的学习环境中我们应进一步加强学习的专注程度,高度集中注意力,这样就不易受到外界因素的干扰而造成学习效率的下降。所以,主动提高对学习环境的控制能力是能够有效提高自习效率的一种手段。

(五)总结

通过本次调研,我们了解了××学院大学生课后自习的相关情况,对这些情况产生的原因进行分析,并就如何提升大学生课后自习的效率提出了以下措施:学校应创造良好的自主学习氛围,着重提高学生的自主学习意识,健全自习室资源设施,规范自习制度;学生应提高自控力,树立良好目标,掌握正确的自主学习方法,提高对学习环境的控制能力。

当下的我们拥有着最令人羡慕的青春年华,身为祖国未来的中坚力量,我们应当志存高远,利用好课后的自习时间,提高自主学习能力,努力学习汲取知识,向梦想的方向前进!

参考文献

张娜娜,陈静."互联网＋教育"背景下大学生自主学习能力策略研究[J].教育现代化,2019(6):78.

(作者:吴卓芸、邓浩等;指导教师:李敏)

实践项目六　热点问题分析

一、活动名称

热点问题分析活动

二、活动目的

通过"热点问题分析"活动,思政教师引导大学生对当下社会热点问题进行观察、分析和评析,引导大学生树立正确的世界观、人生观、价值观,提升大学生对社会问题的敏感性,培养大学生的独立思考与明辨是非的能力,进一步增强社会责任感,构塑新时代背景之下大学生的家国情怀与爱国担当,培养大学生理论联系实际的能力、团队合作能力、价值判断能力等。

三、活动时间

学期第 13 周

四、活动地点

各班级上课教室

五、活动具体步骤

1. 在这一实践过程中,思政教师应提前布置,并在课堂上组织学生讨论,对所选内容进行指导,对学生所选主题进行启发与引导,帮助学生自我确定主题,保证作业完成的独立性。班级学习委员应该按照团队分组先报给教师各个小组所选主题,小组内应以分工合作的形式展开探讨与分析,由专人负责资料搜集、资料整合、文章撰写与成果汇报,最后小组内由组长考核或以组内表决的方式确定最终贡献率。本项活动由思政课学习小组集体完成,作为实践教学考核基本依据。

在第 13 周,各班级各学习团队在线下课堂开展"社会热点问题分析"交流活动。学习团队选出代表就本组所关注的社会热点汇报交流点评,要求主题明确,内容清晰等,时间在 5 分钟左右。思政教师可以组织学生代表在汇报人汇报过程中进行评审打分。在热点分析结束后学习委员整理收齐小组热点分析文本(文本要求 1000 字以上),并对学生汇报内容进行总结与主题升华,以达到良好的思政教学效果。教师按专业推荐一两个优秀小组参加全校比赛。

2. 学习委员第 12 周报送电子版(班级＋主题命名)给本班级任课教师(纸质版第 13 周课上交给任课教师),任课教师在批阅的同时审核挑选,优秀作品将在"概论"的线下课程的"社会热点问题分析"专栏及相关平台展示交流。

3. 以小组为单位,每小组内选派 1 名代表作为汇报人对完成作业进行汇报发言,时间原则上控制在 5 分钟以内。汇报人要提前准备好 PPT 用于汇报讲解,汇报之后要将 PPT 发给思政教师存档,为以后的作品评优评奖提供佐证材料。汇报者可以针对所选主题进行全面讲解,也可以在不偏离主题的前提之下发表一些自己的见解或者扩展内容,还可以此为主题引发课堂内讨论,让更多的学生参与进来最终达到互相学习、互相教学的良好教学效果。

4. 其他未发言同学要认真听讲,并做好记录工作,听取汇报内容,并做好记录工作。汇报人全部汇报完之后如果尚有剩余时间,可以让同学对汇报人汇报内容进行点评与探讨。

5. 推荐与自荐两位同学做好记录,以备总结。

6. 思政课教师积极引导,总结好本次活动。

六、活动注意事项

思政课教师要做好前期活动的部署工作,处理好教与学的关系,并以此作为实践教学考核基本依据。在思政课堂上教师要让学生明确汇报主题,并鼓励学生积极发言,主动展示自我形象,彰显当代大学生风采。同时,教师课堂中注意时间的控制与交流主题的突出,及时做好总结,汇总好相关的材料。

七、活动考核评价

实践的作品创作要有一定原创性,并在此基础上尽量做到有一定的创新性与逻辑性,同时,要保证内容紧扣主题,主旨要符合主旋律,树立正确的社会主义核心价值观,彰显中国精神与中国力量,积极传播正能量。思政教师要引导学生积极发言、建设开放式课堂,只要观点明确的发言均要予以积极的肯定,并计入平时成绩,作为思政课先进个人评选的材料来源。最后,为每位同学打出优秀、良好、合格、不及格的分数,作为最后综合成绩计量来源。

八、活动附录资料

范例

为救轻生者牺牲，到底值不值得

最近一消防员为救轻生女子与其一同坠楼的新闻登上了各大媒体的热搜。有人惋惜年仅 24 岁的消防员英年早逝，有人替救死扶伤者感到不值，有人愤恨女子"自己死就不要连累其他人"，也有人指出消防员的保护措施是否到位？这一切议论都指向一个问题——消防员到底该不该牺牲？或者说该不该为轻生者牺牲？有人持肯定态度，也有人提出质疑，但更多的人选择分情况讨论，认为遇到天灾，消防员牺牲，那是英勇献身，我们向英雄致敬，但若是因轻生之人而牺牲，那实属不值啊。之所以会这么想，原因有二。第一，觉得生命的交换不对等，消防员和轻生者都只有一条命，然而一个选择轻生，一个选择救命，结果却是一命换一命，救命者竟为轻生者殒命，这种置换极其不公平。相比之下，在地震时救出几条无辜生命而牺牲，在洪水时挽救国家财产而牺牲，都显得更加壮烈而伟大。第二，出于价值观的考量，认为轻生是自私行为，是对生命的亵渎，这种行为本身就不可饶恕，和天灾完全没有可比性。关于第二点，自杀及对自杀的评判，这是一个极其复杂的话题，我们今天先不讨论。我们今天就先聊聊牺牲的价值。我们之所以会感到消防员牺牲不值，是因为我们觉得消防员的生命是有价值的，同时，消防员挽救的生命和财产也是有价值的，且可以进行比较排序，国家利益和人民生命财产安全都很有价值，但轻生者的生命一文不值。但我们有没有想过，消防员的生命也只有一次，它真的能用价值来衡量吗？生命其实是无价的啊。所以，我们提出牺牲是否值得，这个问题本身就是错误。既然消防员的生命不能用价值衡量，那处于险境中的人财物又能否用价值来衡量呢？能否根据价值再决定是否施救呢？比如，这个人遭遇了洪水，很不幸，我舍身去救他，这个人在楼顶徘徊，是个懦夫，不救也罢。然而灾难面前、在人命关天的时候真有时间进行价值判断吗？就算有时间，一定能做出正确的价值判断吗？标准能让所有人都认同吗？轻生者不值得救助，那禁止戏水区域的落水者是否值得救助呢？监狱失火，死刑犯要不要救，救或不救都得死？医院失火，轻症患者是否比重症患者更值得优先救助呢？想回答这些问题，根本不可能，事实上，这些问题的提出，本身就违背了消防救援的价值。我们对轻生者感到愤恨，我们又对谁不感到愤恨呢？是故意纵火者、失职导致火灾的人，还是因为购买伪劣充电器导致火灾的无知群众？哪个更可恶？哪个又情有可原呢？实际上，哪个都不可取，无论什么原因，无论原因多么值得原谅，牺牲的生命都已逝去，原因之间的比较就不再重要；重要的是，无论什么原因，如果当时不立刻舍身开展营救，就还会有更多生命和财产损失，这就是消防救援的价值，也正是消防员值得敬佩之处。那么消防员就必须出生入死吗？怎么样才能最大程度保护消防员？其实冷静的观众已经发现了，在这次救援行动中，如果消防员的安全绳被妥善固定，即使他舍身扑救，自己也不会坠落高楼。在火灾救援中，升级灭火设备，加强防护等级，甚至运用机器人救援，都是可以探索的方向。当然了，实践层面的建议交给专业的人提出。我们可以做的，是加强宣传和学习，提升防火防灾意识，单位、学校、社区、家庭等加强关怀和教育，减少轻生、纵火、失职等行为的发生，有关部门加强监管，消除火灾隐患，社会各界齐心协力，共同提升防灾抗灾能力。

（作者：吴星宇等；指导教师：蒋红艳）

实践项目七　"概论"课学习汇报演出

一、活动名称

"百年峥嵘　红心向党"课程学习展演

二、活动目的

大学生广泛运用"概论"课程所学理论知识,如"中国梦""五位一体""四个全面""中国特色大国外交""国防和军队现代化""党的领导"等主题,自选题目,以多样的表达形式,设计丰富多彩的节目(演讲、话剧、歌曲、舞蹈、相声、小品、说唱、微视频制作等),展示学生学习课程的成果。

通过各种灵活的形式展示课程相关主题内容,在联系实际中进行文艺作品创作,加强对新时代中国特色社会主义思想的理解,以实现马克思主义理论的时代化、大众化、生活化。在理论联系实际中,大学生提升理论思维与实践创新能力、组织协调能力。

三、活动时间

学期第 17 周

四、活动地点

各班级上课教室

五、活动具体步骤

1. 思政课教师可以提前布置。17 周思政第一次课,在教师的指导下,学习小组围绕习近平新时代中国特色社会主义思想的相关章节的主题内容,如"中国梦""五位一体""四个全面""中国特色大国外交""国防和军队现代化""党的领导"等主题,自选题目,以多样的表达形式,相关主题内容设计节目,可以以歌曲、舞蹈、朗诵、演讲、微型辩论、相声、小品、情景剧、话剧、微视频等形式。

2. 实践活动第二次课,学生走上舞台展示小组学习成果。班级演出时,教师组织学生评委打分。节目时间 5 分钟以内。团队负责人根据小组成员贡献情况给出贡献率并进行排序。

3. 各班级需要成立演出剧组,明确导演、主持、道具、节目统筹、摄像等演职人员,并尽早开始节目编排。

4. 学期 17 周课堂或课外,各班级所有学习小组积极准备。整台节目主张灵活创新,允许部分小组可以联合展演节目。

5. 实践教学结束后,授课教师结合各班级节目展演情况,按专业遴选一两个节目,参加本学期全校思想政治理论课学习汇报演出。

六、活动注意事项

思政课教师做好前期活动的布置工作,让学生明确主题并鼓励展示自我形象。课堂中注意时间的控制与展示主题的突出,及时做好总结,汇总好相关的材料。

七、活动考核评价

综合表现突出的小组与个人予以积极的肯定,计入平时成绩,并作为思政课优秀团队与先进个人评选的材料来源。每组打出优秀、良好、合格、不及格的分数。

八、活动附录资料

范例一

《少年》(1921 版)

表演成员(17 人):陈敏、陈舒、陈慧、王心慈、邱宸佳、姜婷、段双洋、杨心悦、何昱桦、温梦如、唐秋雪、张志垚、李双江、梁壨、乔浩强、杨志颖、李井乐

舞蹈分工

成员:陈敏、陈舒、王心慈、何昱桦、姜婷、唐秋雪

从歌曲开始到梁壨演唱　进行舞蹈表演

歌词分工

齐:(手举红旗　放至胸前)

我还是从前那个少年

没有一丝丝改变

时间只不过是考验

种在心中信念丝毫未减

眼前这个少年还是最初那张脸

面前再多艰险不退却

把我们百年梦想去实现

WU OH OH

WU OH OH

梁壘：

五四风雷新青年冲破封锁

1921开天辟地点燃星火

觉醒少年为了新的中国

五湖四海去赴汤蹈火

段双洋：

求真理激荡历史长河

保家卫国英雄　谱下壮丽诗歌

天安门楼　宣告东方崛起

赤旗插满祖国山河

WU OH OH(左右摆动)

李双江、张志垚：

我还是从前那个少年

没有一丝丝改变

时间只不过是考验

种在心中信念丝毫未减

段双洋、温梦如：

眼前这个少年　还是最初那张脸

面前再多艰险不退却

把我们百年梦想去实现

WU OH OH(左右摆动)

张志垚：

不忘初心新时代朝气蓬勃

蛟龙嫦娥飞天入海一起探索

汶川救难武汉的逆行者

牢记使命生死的选择

乔浩强：

百年的奋斗依然继续着

看华夏五千年长出新的枝芽

先辈的话呵护我们长大

因为有你国才伟大

WU OH OH

女：

我还是从前那个少年

没有一丝丝改变

时间只不过是考验

种在心中信念丝毫未减

男：

眼前这个少年 还是最初那张脸

面前再多艰险不退却

把我们百年梦想去实现

张志垚（RAP）：

追逐信念里照亮世界的每道光

这世界因为你的存在变得闪亮

梁壨（RAP）：

告别父母我在前线并不辛苦

不怕险阻这是我的义无反顾

段双洋（RAP）：

敢想敢做不管经历多少风雨

有你有我看看我们今日盛举

陈敏（RAP）：

不会因为磨难停住少年脚步

坚持住最终迎来属于你的蓝图

WU OH OH（左右摆动）

WU OH OH（左右摆动）

李双江、段双洋：

我还是从前那个少年

没有一丝丝改变

时间只不过是考验

种在心中信念丝毫未减

张志垚、温梦如：

中国永远少年因你们永远向前

面前再多艰险不退却

把我们百年梦想去实现

男：

从前那个少年嘿呀（嘿呀的时候举起红旗）

女：

我还是从前那个少年嘿呀（嘿呀的时候举起红旗）

齐：

我还是眼前这个少年嘿呀（嘿呀的时候举起红旗）

我还是从前那个少年嘿呀（嘿呀的时候举起红旗）

朗诵分工

结束演唱后（红旗收回放置胸前）

杨志颖、邱宸佳走到队列第一排朗诵

杨：总有一种活力让我们感动

邱:总有一种生活让我们向往

杨:总有一种力量让我们奋进

邱:总有一种精神让我们昂扬

杨:一样的青春,一样的活力,让我们相约在这明媚的日子

邱:一样的拼搏,一样的追求,让我们相逢在这振华的沃土

杨:欢声笑语融入了我们心灵的呼唤

邱:梦想信念铸就了我们奋斗的目标

杨:让我们共同祝愿,祝愿我们党迈步前进,永创辉煌

邱:让我们共同祝愿,祝愿我们国家旭日东升,光芒万丈!

全体鞠躬 结束表演

(表演:陈敏、邱宸佳;指导教师:唐献玲)

范例二

《风声》双语话剧

编排过程:小组分工,先在网上找片段,讨论,然后把台词打出来,编排,再翻译成英文,同时制作PPT,同学们以话剧的表现形式,最后展示出来。

第一幕

背景

【日军特务机关长武田怀疑这一暗杀行动是地下共产党老鬼策划的。武田为找出潜伏在伪军司令部里,代号为"老鬼"的共产党员,发出了一份假集会密电,电文分别经由李宁玉与顾晓梦。"老鬼"信以为真,将情报传出。武田由此断定,老鬼就在经手过电文的李宁玉、顾晓梦等人之中,于是将他们软禁并逐一审问,这天三人共处一室。吴志国唱出了抗日地下组织的秘密口令——空城计片段,使顾晓梦明白,原来吴志国也是共产党。】

The Japanese secret service chief Takeda suspects that the assassination was planned by the underground communist Old Ghost. In order to find the communist code-named "Old Ghost" who was lurking in the fake army headquarters, Takeda sent a fake rally telegram via Li Ningyu and Gu Xiaomeng respectively. The "Old Ghost" believed the information to be true and passed it on. Takeda thus concluded that the old ghost was among Li Ningyu and Gu Xiaomeng, who had handled the message, and placed them under house arrest and expelled them for interrogation, the three sharing the same room on this day. Wu Zhiguo sings a fragment of the secret password of the anti-Japanese underground-the Empty City Scheme-which makes Gu Xiaomeng understand that Wu Zhiguo is also a communist.

武田:各位昨晚休息得可好啊?

Did you all have a good rest last night?

吴志国:别那么多废话。我告诉你,待会要是查不出来,小心我弄死你。

Cut the crap. I'm telling you, if you don't find out the Old Ghost later, I'll kill you.

武田:吴大哥少安勿躁,我为了你们不知多少天没睡过一个好觉,眼下就差你们三位,你

们谁是老鬼?

Take it easy, Captain Wu. I haven't had a good night's sleep for many days for your sake, now it's just the three of you, which one of you is the old ghost?

顾晓梦:你这么说老鬼就在我们之中咯。

So you mean that the Old Ghost is among us?

武田:到底要死多少人你们才能招? 我就给你们一个小时抓不出老鬼,你们三个都得死。还有,老鬼抓不出来,没有一个人可以活着走出这栋楼,包括我。

How many people have to die before you confess? I'll give you one hour to catch the Old Ghost, or all three of you will die. Also, if you don't catch the Old Ghost, no one will be allowed to leave this building alive, including me.

旁白:武田假意离开实则进入暗室偷偷监视。

Takeda pretends to leave but actually enters to darkroom to watch everything.

吴志国:别耍花招了,你们两个到底谁是老鬼? 别连累我。

Don't play tricks, which one of you two is the old ghost? Don't drag me down.

顾晓梦:吴大队长,你不会是贼喊捉贼吧?

Captain Wu, you're like a thief yelling:"Catch the thief!" Are you?

吴志国:你这话什么意思?

What is that supposed to mean?

顾晓梦:吴志国,那天,我去给金部长送文件你也在吧,照理说这个密电,是不能看的,可非但你没有回避,还上前看了一眼,你是不是心里有鬼啊。

Wu Zhiguo, you were there the other day when I went to deliver documents to Minister Jin, and as a rule, you can't read this secret telegram, but you didn't avoid it and even went up to take a look at it.

吴志国:小娘们你可别诬陷我!(激动)

Little pussy, don't get me wrong!

李宁玉:你干什么? 你要是心里没鬼这么激动干嘛。

What are you doing? If you don't have a ghost in your heart,why are you so excited?

吴志国:哼(冷笑一声)。李宁玉啊,李宁玉。你那个男朋友他人去哪儿了,听你说他失踪了是么。他其实没有失踪,他人在军队里,和共产党。

Where is your boy friend? You said he was missing. He's not missing, he's in the army, with the Communists.

李宁玉:你胡说,他不会骗我。

You are telling bullshit! He never cheat me!

吴志国:如果说你的枕边人有问题,那你也脱不了干系,还是说你就是老鬼啊。

If there's something wrong with your bed fellow, you can't get away with it, or you just the Old Ghost?

李宁玉:你胡说!

That's a load of baloney.

（两个小兵上前把李宁玉拖走。顾晓梦上前拉扯被推倒在地。）

吴志国：李小姐他怕是免不了受些皮肉之苦了。

I'm afraid that Miss Li will not be spared some flesh and skin suffering.

顾晓梦：玉姐是清白的！你才是老鬼。

Miss Li is innocent! You are the ghost!

吴志国：小娘们我告诉你啊，你这好认清楚形势，趁现在赶紧给我说，不然待会有你好受的。

Bitch I'm telling you, you'd better know the situation well, hurry up and tell me while you can, or you'll be in for a treat later.

顾晓梦：你别过来。

Don't you come over.

吴志国：你别逼我。

Don't force me.

顾晓梦：你放手你放手。

You let go, let go.

吴志国：你过来我们有话好好说。不然待会儿撕烂你的嘴。

Come over and let's talk. Or I will rip out your tongue.

旁白：顾晓梦和吴志国假装在争吵，实际上在偷装窃听器。

Gu Xiaomeng and Wu Zhiguo are pretending to be arguing, but are actually surreptitiously installing a wiretap.

顾晓梦：好好好，我给你个机会再想一次。

Fine, fine, fine. I give you one more chance.

「灯光变暗，聚焦在吴志国与顾晓梦身上」

吴志国：没想到你竟然也是共产党。

You are Communist too.

顾晓梦：情况紧急，我必须马上把消息传出去。

The situation is urgent, I must get the message out immediately.

吴志国：你举报我，我来拖延时间，然后再想办法。

You report me, I'll stall for time and then think of something else.

顾晓梦：不行消息是我传出去的，必须由我来负责。

No. I'm the one who got the news out, I must be responsible for it.

吴志国：你扛不住的。

You can't make it out on your own.

顾晓梦：不行，这是老枪的命令，对不起。

No, it's Old Gun's order. I must obey.

吴志国：我就是老枪！现在我命令你举报我！（说完把自己口袋里的烟给了顾晓梦。）

I am the Old Gun! Now I order you to report me!

（顾晓梦下定决心，向前走一步）

顾晓梦举起烟:你中午掉了支烟,上面有暗号!

You dropped a cigarette at noon, it has a code word on it!

吴志国:你现在想好一定要诬陷我是吧? 我不等了! 我现在就弄死你,我现在就弄死你! 你给我去死吧! (狠狠掐住顾晓梦)

You think you must frame me now, don't you? I'll kill you right now, I'll kill you right now! Go to hell!

(武田进入房间,拖走吴志国)

吴志国:他诬陷我,他诬陷我!

She set me up! She set me up!

顾晓梦(倒在地上,精疲力竭地对着武田):他就是老鬼,他就是老鬼。这根烟上有摩斯密码上面有个字——撤。

He is the old ghost! He is the old ghost! This cigarette has Morse code on. This represents a single word——abort.

武田:谢谢你救了我们大家的命。

Thank you for saving all of our lives.

第二幕

背景

【李宁玉被严刑拷打后放出,伤心欲绝的她通过猜疑得知顾晓梦才是真正的老鬼。】

[Li Ningyu is released after being severely tortured. The heartbroken woman learns through that suspicion that Gu Xiaomeng is the real Old Ghost].

顾晓梦:你是怎么知道的?

How did you know?

李宁玉:刚才。我是瞎猜的。(吸一口气)

为什么一直在利用我,为什么是我? 你们太可怕了,到底什么才是真的?

Just now. It was a blind guess. Why me? This is beyond me was anything real?

顾晓梦:我是真的把你当姐姐。

I've always thought of you as a sister.

李宁玉:你真的把我当姐姐?

(扇了顾一巴掌,哭着推开她)

As a sister? If they knew about this conversation, do you think I'd make it out alive? They already got Liu. Had you heard? Huh?

顾晓梦:你去哪里?

Where are you going?

李宁玉:我要去揭发你! 我要去揭发你! (假装生气)

To turn you in. I'm going to turn you in.

顾晓梦:非常好,如果能死在你的手里,我无话可说。我只是在执行任务,我也不想把你变成今天这个样子。现在谁是老鬼已经不重要了,重要的是把消息传出去。现在只有一个办法,你来举报我。

Fantastic! To die by your hand is probably the best I can hope for. (假笑)

I was the one who sent out the bad information. Now I need to get the word out to my comrades. There's only one way. Turn me in. (悔恨)

李宁玉:我怎么可能去举报你? 你在想什么? 难道一个情报就比你的命重要么? 其他人是死是活我不管。我把你当亲姐妹,晓梦我想让你活着。(哭)

I would never do that! What are you thinking? How could a message be worth more than your own life? Hun? Your life? Huh? What other people do with their lives, I don't care. but I want you to live.

顾晓梦:但是我没时间了,玉姐你快举报我,求求你必须去! 玉姐! 玉姐! 帮帮我吧。

For the first time, I can finally open up to you if only for a few more days and nights to talk with you heart to heart, but there's no time left. Do you understand? no time...

I'm begging you... Turn me in...

李宁玉:(下定决心,绝望地走向武田)我举报! 这是我在顾晓梦被子里发现的,吴志国是被陷害的。

I found this under Officer Gu'pillow. The chief captain is innocent!

旁白:信息成功铲除,组织免遭破坏。

Message is successfully eradicated, organisation is saved from destruction.

吴志国颤颤巍巍走出。

李宁玉:吴志国,你出来了。

Captain Wu, you are out.

吴志国颤抖地说:晓梦,晓梦呢?

Xiaomeng, where is Xiaomeng?

李宁玉:晓梦她……(哭腔)

Xiaomeng... She has been killed by Wutian...

吴志国深深地低下了头

第三幕

【1945 年 8 月 15 日,抗日战争胜利,日本宣布无条件投降,在虬江码头上,日军在中国军队的监督下,乘船撤出中国的武田大佐在一个不起眼的角落里等待渡轮。】

【On 15 August 1945, when Japan declared its unconditional surrender in the victory of the war against Japan, Japanese troops were evacuated from China by boat under the supervision of the Chinese army at the pier of the Qiujiang River, where Osamu Takeda was waiting for the ferry in an inconspicuous corner.】

武田:当年明明已经抓到顾晓梦了,已经抓到了! 为什么! 为什么! 可恶,赶快赶快回到故乡吧。

Aya, back then, they had already caught Gu Xiaomeng, they had already caught her! Why! Why! When I return home...

吴志国压低帽子,悄悄接近武田。

吴志国:(低着头然后突然抬起,冷笑)回家? 我来送你上路。

Return home? Huh! I'm here to shorten the trip.

（说完讲刀刺向武田）

吴志国：哼，你以为杀害了这么多中国人以后还可能回得去吗？晓梦她是为了捍卫中国国土而慷慨赴死的英雄！我不会忘记，组织不会忘记，人民不会忘记！国家不会忘记！

Do you think it's possible to return after killing so many Chinese? Xiao Meng she was a hero who died generously to defend the Chinese land! I will not forget, the organisation will not forget, the people will not forget! The country will not forget!

【bgm 响起】

【我身在炼狱留下这份记录，是希望家人和玉姐原谅我此刻的决定。我把消息缝在了我的内衣里，我要用我的尸体去传递，但我坚信你们终会明白我的心情。我亲爱的人，我对你们如此无情，只因民族已到存亡之际，我辈只能奋不顾身。我的肉体即将陨灭，灵魂却将与你们同在。敌人不会了解，老鬼、老枪不是个人，而是一种精神，一种信仰。】顾晓梦的声音响起……

〔I am in Purgatory leaving this record in the hope that my family and Jade will forgive me for my decision at this moment. I have sewn the message into my underwear and I will use my corpse to deliver it, but I am confident that you will eventually understand how I feel. My dear ones, I am so heartless towards you only because the nation has come to the end of its existence and I am sad that I can only rise to the occasion and fight. My flesh will soon perish, but my soul will be with you. The enemy will not understand that the Old Ghosts and Guns are not individuals, but a spirit, a faith.〕

以情景剧的形式，展现共产党人不怕牺牲、英勇抗争，为了民族的未来、人民的和平生活，奋不顾身与敌人顽强抵抗的优秀品格与坚贞的的爱国情怀。

（表演：安琪、包永妍等；指导教师：张祖晏）

参考书目

[1] 马克思,恩格斯.共产党宣言(马列主义经典作家文库著作单行本)[M].北京:人民出版社,2015.

[2] 毛泽东.毛泽东选集(第 2 卷)[M].北京:人民出版社,1991.

[3] 邓小平.邓小平文选(第 3 卷)[M].北京:人民出版社,1993.

[4] 人民日报评论部.习近平用典[M].北京:人民日报出版社,2015.

[5] 中华人民共和国宪法[M].北京:人民出版社,2018.

[6] 教育部社政司编写.高校思想政治理论课实践教学的探索与思考[M].北京:高等教育出版社,2005.

[7] 国务院法制办公室.新编中华人民共和国常用法律法规全书[M].北京:中国法制出版社,2018.

[8] 王利明.民法(第 7 版)[M].北京:中国人民大学出版社,2018.

[9] 余双好.青少年思想道德现状及健全措施研究[M].北京:中国社会科学出版社,2010.

[10] 钱焕奇.《思想道德修养》教师教学参考用书[M].北京:高等教育出版社,2004.

[11] 社会主义核心价值观研究丛书[M].南京:江苏人民出版社,2015.

[12] 黄斌.思想道德修养与法律基础学习指导[M].南京:东南大学出版社,2008.

[13] 张勤,余达淮.实践如是说——思想道德修养与法律基础案例解析[M].南京:南京大学出版社,2015.

[14] 李明建.思想道德修养与法律基础探索[M].南京:南京大学出版社,2016.

[15] 许汝罗,王永亮.思想道德修养与法律基础学生辅学读本[M].北京:高等教育出版社,2011.

[16] 关于培育和践行社会主义核心价值观的意见[M].北京:人民出版社,2014.

[17] 习近平.决胜全面建成小康社会　夺取新时代中国特色社会主义伟大胜利——在中国共产党第十九次全国代表大会上的报告[M].北京:人民出版社,2017.

[18] 习近平.习近平谈治国理政(第 1 卷)[M].北京:外文出版社,2018.

[19] 习近平.习近平谈治国理政(第 3 卷)[M].北京:外文出版社,2020.

[20] 习近平.在纪念红军长征胜利 80 周年大会上的讲话[M].北京:人民出版社,2016.

[21] 王沪宁,林尚立,孙关宏.政治的逻辑[M].上海:上海人民出版社,2016.

[22] 杨耕,吴向东.社会主义核心价值观理论与方法(上、中、下)[M].成都:四川人民出版社,2017.

[23] 邓曦泽.唯思想不可随波逐流[M].北京:东方出版社,2017.

　　［24］本书编写组.行政法与行政诉讼法学(第2版)［M］.北京:高等教育出版社,2017.

　　［25］曲新久,张明楷等.刑法学(第6版)［M］.北京:中国政法大学出版社,2016.

　　［26］林鸿潮.行政法与行政诉讼法学［M］.北京:中国政法大学出版社,2017.

　　［27］李明建.思想道德修养与法律基础实践探索［M］.南京:南京大学出版社,2018.

　　［28］中共中央宣传部理论局.新时代面对面［M］.北京:学习出版社,北京:人民出版社,2018.

　　［29］柳礼泉编著.大学思想政治理论课实践教学研究［M］.长沙:湖南大学出版社,2006.

　　［30］吕志等编.面向社会,实践育人——高校思想政治理论课实践教学探索［M］.广州:华南理工大学出版社,2009.

　　［31］张蔚萍等编.思想政治教育教学实践实训编程［M］.北京:北京理工大学出版社,2007.

　　［32］戴钢书著.高校思想政治理论课实践教学研究［M］.北京.中国人民大学出版社,2015.

　　［33］刘明合,闫良础主编.思想政治理论课项目化实践教学教程［M］.北京:化学工业出版社,2017.